Marianne Sägebrecht

AUF DEM WEG NACH SURINAM

Marianne Sägebrecht
AUF DEM WEG NACH SURINAM

Autobiografisches und
geheime Rezepte aus meinem
Zauberkessel

nymphenburger

2. Auflage 2015

© 2015 nymphenburger in der
F. A. Herbig Verlagsbuchhandlung GmbH, München.
Alle Rechte vorbehalten
Schutzumschlag: atelier-sanna.com, München unter Verwendung
eines Motivs von der Photo- und Presseagentur GmbH Focus
Satz: EDV-Fotosatz Huber/Verlagsservice G. Pfeifer, Germering
Gesetzt aus: 11/15pt Sabon LT Std
Druck und Binden: GGP Media GmbH, Pößneck
Printed in Germany
ISBN 978-3-485-02843-1

Auch als

www.nymphenburger-verlag.de

INHALT

ICH TRÄUME MEIN LEBEN – SEHNSUCHT NACH SURINAM

Fange den Wind in den Segeln – Forsche Träume.
Mark Twain

Nach zweijähriger Reifungs- und Gärungszeit, ausgefüllt mit publikumsbejahenden Leseabenden, einer unvergesslichen *Omamamia*-Filmpremiere und erfüllenden Dreharbeiten für ein *Petterson und Findus*-Filmprojekt, finde ich mich plötzlich, nach kräuterumflorten, kommunikativen Gezeiten, von meinem schon seit Jahren auserkorenen Schreibplatz am Gartenfenster magisch angezogen. Die Essenzen zu meinem neuen Buchprojekt *Ich träume mein Leben – Auf dem Weg nach Surinam* wurden mir seit Kindheitstagen geheimnisvoll, aus tiefen Seelengründen in mein Tagesbewusstsein eingeträufelt, von Weltenlicht getauft, um bis zum heutigen Tage in einem kontinuierlichen Prozess zu einem einmaligen Gebräu zu reifen, das ich Ihnen heute mit heißem Herzen kredenzen darf.

»Ich komme aus Surinam, Mama. Da wartet jede Nacht ein Regenwald mit vielen Tieren und Kokosnüssen auf mich. Viele Flüsse laufen herum und ein großes Meer und viele freundliche Menschen mit schwarzer Haut, gelber Haut und weißer Haut. Du, ich besuche mein Traumland jede Nacht«, zwitscherte ich, fünfjährig und siegessicher, bei einer Morgenwäsche auf den akkuraten Scheitel meiner Mutter hernieder, während sie meine Stiefeletten mit selbst gemixter Kohlepaste auf Vordermann zu bringen versuchte. »Natürlich kommst du aus Surinam, mein kleiner Engel, aber jetzt hat dich der Himmelpapa von ganz weit her zu mir geschickt, und dein Vater ist im Krieg geblieben«, antwortete sie und hüllte mich zärtlich in ein adrettes Lodenmäntelchen, von Muttern selbst geschneidert, versteht sich! Ja, in nächtlichen Träumen residierte ich damals zusammen mit Menschenkindern aus China, Indien, Afrika und dem westlichen Kontinent in einem fernen Land am Meer mit einem großen Regenwald. Exotische Pflanzen und Tiere, würzige Speisen tauchten da in vielen Traumweltnächten in meiner Anderwelt auf. Schon in den ersten Wochen meiner Schulzeit vertraute ich meine surinamischen Traumerlebnisse meinem hochverehrten Herrn Pfarrer an und versprach ihm, dieses Geheimnis, wegen der zu erwartenden Befremdlichkeit, niemals vor meiner Schülerrunde preiszugeben.

Geliebtes Kind trägt viele Namen. (Russisches Sprichwort) Mit einem Jahr im schützenden Biotop der Großfamilie

9

Auf einem alten, dickbäuchigen Globus zeigte er mir mein Regenwald-Traumland Surinam, auch Dutch Guyana genannt, an der atlantischen Küste Südamerikas. »Holland hatte diese Kolonie, mit vielen Bodenschätzen und einer üppigen Vegetation ausgestattet, im Jahre 1667 im Tausch mit New Amsterdam, dem heutigen New York, erhalten. Ein Großteil der Bevölkerung war, als Sklaven aus allen Teilen der Welt nach Surinam verschleppt, an die holländische Regierung übergeben worden. Bis zu ihrer Befreiung im Jahre 1863 wurden diese unterdrückten Menschen, in China, Afrika, Indien, den Südseeregionen geraubt, immer noch sträflichst behandelt«, wusste der Priester einem staunenden Mädchen mit bebenden Nasenflügeln zu berichten.

»Die Menschen, denen ich in meinen Träumen begegnen darf, sind jetzt alle ganz frei«, rief ich aufgeregt, die roten Wangen glühend vor Eifer.

»Marianne, du hast bestimmt eine ganz alte Seele, die in einen bayerischen Körper hineingetaucht ist, vielleicht sogar aus einem früheren Leben in Surinam, und bestimmt aus freiem Entschluss.« So sprach ein katholischer Pfarrer, man stelle sich das heute vor. »Du bist anders als die anderen, Marianne, das wird nicht leicht werden auf deinem Lebensweg. Solange ich am Leben bin, werde ich dir mit Rat und Tat zur Seite stehen.« So sprach er tröstlich und hielt dieses Versprechen auch tatsächlich ein.

Bis zu meinem 15. Lebensjahr behielt ich das surinamische Geheimnis tapfer für mich, dann teilte ich es schon einmal mit meinen Mitschülerinnen der Realschule, ausgesuchten Lehrern und Freunden. Ein graues Haar zu meiner angeblich alten Seele war nicht zu entdecken. Mit neunzehn Jahren entdeckte ich im Ärztewartezimmer meines Lehrherrn ein Buch über die Dichterin, Biologin und Malerin Maria Sibylla Merian, *Die Reise nach Surinam 1699*.

Seitdem verehre ich die Naturforscherin und Tochter des berühmten deutschen Malers und Kupferstechers Matthäus Merian aus Frankfurt am Main aus tiefstem Herzen. Im Jahre 1699 hatte sie, zusammen mit ihrer Tochter, couragiert eine Forschungsreise nach Surinam angetreten, um die Metamorphosen, die stetige Verwandlung der Insekten, vor allem auch der Schmetterlinge des Regenwaldes, zu studieren und durch Malen und Beschreiben zu dokumentieren – und das schon hundert Jahre vor dem legendären Forscher Alexander von Humboldt!

Liebe Leser, in diesem Buch werde ich unter anderem diese verehrte Künstlerin vor Ihren Augen in vollem Glanz auferstehen und Sie im Siebenjahreszyklus an geheimnisvoll verwobenen Berührungspunkten unserer beiden Biografien und der meines Sehnsuchtslandes Surinam teilnehmen lassen.

Delikate exotische Rezepte mit Gewürzen aus dem Multikulti-Zauberkessel des Landes, kombiniert mit meiner bayerisch-surinamischen Küchentradition, werden Ihr Herz erwärmen und Ihre Gaumen verwöhnen. Hinzu kommen die geheimnisvolle Urwaldapotheke der eingeborenen Maroons und der Tiriyo-Indianer des surinamischen Regenwaldes. Schmetterlinge, verehrte Geschöpfe göttlicher Wandlungen, werden Ihnen ihre Aufwartung machen.

Lassen Sie sich auch von meinen aktuellen Gedankengängen und Erkenntnissen überraschen, die ich nun mit siebzig Jahren auf dem beschwerlichen Weg zum Palast der Weisheit täglich schöpfen will.

Ich lade Sie hiermit zusammen mit meiner Seelenschwester Maria Sibylla Merian von Herzen auf eine abenteuerliche Reise in die sehnsuchtsvollen Gefilde meines Traumlandes ein.
Aloha!

So viel vermag die Fülle der Natur
ihren Liebhabern auszurichten,
dass sie ihre Beschauung höher
als ihre gesammelten Schätze achten.
MARIA SIBYLLA MERIAN

1

ALLES HAT SEINE ZEIT, SAGT SALOMON

Dampfende Nebelschwaden, von einem satten tropischen Umfeld ausgeschwitzt, haben sich nach einem Gewitterregen über dem großen Strom am Fuße eines tiefen Regenwaldes versammelt. Schon brechen die ersten Sonnenstrahlen durch die üppige Vegetation und vermählen sich mit vielen Regentropfen, die auf sattgrünen Blätterdächern um die Wette blitzen. Rhythmisches Vogelgezwitscher und -gezeter übernimmt nun in einer Klangfarben-Fontäne das Zepter, der Taktstock des Konzertmeisters ist wohl im brüllenden Wolkenbruch enerviert über Bord gegangen. Während ein Heer von Insekten seine Propeller anschmeißt, um summend und brummend auf Bestäubungs-Route oder Betäubungs-Raubzug aufzubrechen, kommt wieder Leben in eine Lichtung nahe des Flussufers, an dem sich der bedrohlich erhöhte Wasserspiegel gurgelnd zur Stelle meldet.

Der Häuptling einer einheimischen Maroons-Familie geht zur erloschenen Feuerstelle, auf deren Gitterstäben ein angerösteter Totenkopfaffe auf der Flucht vor Blitz und Donner zurückgelassen wurde. »Tapamahoni!« Vergebens versucht der Sippenvater den aufgebrachten Strom mit großen Gesten zur Räson zu bringen, und sein angenässter Blasebalg vermag das erloschene Feuer nicht mehr zu entfachen. In der Familienhütte seiner Hauptfrau, aus Palmenstämmen erbaut, mit Palmen- und Bananenblättern eingedeckt, sitze ich auf einer der Kokosmatten, die den lehmigen Boden der Behausung bedecken. Meine Hand spürt kräftige Stöße beim Streicheln des prallen Bauchs von Aloha, der blutjungen, hochschwangeren Tochter des Hauses, die ihren schmerzerfüllten Leib einer brüchigen Hängematte anvertraut. »Der Name Aloha steht für Achtung, Respekt vor dem Leben und ist eine Verneigung vor der universellen Liebe, die alles durchströmt. Ich bleibe an deiner Seite, Aloha, bis das Weltenlicht dein frischgeborenes Kind begrüßt«, verspreche ich der werdenden Mutter, die meine Sprache nicht teilt, aber mit dem Herzen versteht und mit einem plötzlichen Aufschrei meine freie Hand ergreift. »Das Kind wird bald kommen, wo sind all die Frauen, die Kinder, die Männer der Sippe abgeblieben? Wir müssen Wasser abkochen, Tücher, wo sind die Tücher?«, bitte ich Alohas Mutter, die nicht reagiert und auf der Hüttenkochstelle völlig gelassen einen bitteren Kräutersud für das Kraftfeld ihrer Tochter bereitet. Der brodelnde Sud domestiziert den überhitzten Hüttenraum gerüchlich, eine Batatensuppe gibt ihre Duftnote dazu.

»You have watch, I have time«, entgegnet die zahnlose Frau, holt aus einer Kiste sechzehn Tierknochen, wirft diese kreisförmig auf den Boden, um einem Orakel ein gutes Gelingen für die anstehende Niederkunft abzutrutzen.

»Jetzt ist's an der Zeit, Marianne, bring mich nach Hause, dein Großvater wartet mit einem Boot am Mangroven-Delta auf uns. Ich will raus aus deinem Surinam«, verschmilzt die Stimme meiner Mutter Agnes, die völlig erschöpft und durchnässt in einem Korbsessel am Hütteneingang auf mich wartet, mit dem ersten Schrei eines neuen surinami-

schen Erdenbürgers. Im Nu hat sich ein großes Menschen-
rund formiert, um die Ankunft eines kräftigen Knaben für
die Auffrischung des Stammes zu zelebrieren. Männer
trommeln ekstatisch, Frauen und Kinder tanzen, singen,
jaulende Hunde, gackernde Hühner und trillernde Papagei-
en beschallen das dicht bewaldete Urwaldrund.

Meine Mutter sitzt schon selbstversunken im Bug, die kräftige Hand des Großvaters erleichtert mein Einsteigen in ein
geschnitztes Holzboot, das auch meinem abschiedsschwe-
ren Herzen Asyl zu gewähren gedenkt.

»Nawimi dimi suhugu«, singen die tanzenden Frauen im
Chorus.

»Gott segne euch«, umhüllt mein Abschiedsruf das traurige
Antlitz der zurückgebliebenen Aloha, die in der Hütte ihren
neugeborenen Sohn im Arme wiegt. Dem Maroons-Stam-
mesfürsten kommt meine Abreise aus seiner auferlegten
Bannmeile sichtlich ungelegen. Wild entschlossen, unsere
Fluchtpläne zu durchkreuzen, hat der Herr über fünfzehn
Ehefrauen am Uferstreifen Position bezogen, während mein
Großvater das entliehene Boot, im Pfeilregen des vor Wut
schäumenden Patriarchen, mit kräftigen Paddelschlägen
aus dieser Gefahrenzone zu manövrieren versucht und
plötzlich stoppt.

»Schaut euch diese Mangrovenbäume an. Auf ihrer Rinde
wachsen Pflanzen, deren Früchte schon am Baum die neue
Wurzel treiben. Die Schnecken auf den Wurzeln sind ende-
misch, lebenslang an einen Platz gebunden«, erklärt er wie
in alten Kindheitstagen, die Gefahr gänzlich ignorierend.
»Lebenslang, lebenslang«, äfft eine krächzende Papageien-
stimme in unseren Rücken. »Lebenslang an einem Platz,

nichts für mich«, ergießt sich meine Antwort auf die Was-serfläche, die den Umriss meiner eingeschlafenen Mutter spiegelt. »Marianne, schau dir die traumhaften Korallen-bänke an, jahrhundertelang von Schöpferhand gestaltet«, ermuntert mich Großvater gelassen.

Interessiert rücke ich an den Bootsrand, um seinem Rat zu folgen. Der Abgesandte eines Pfeilregiments verpasst sein anvisiertes Ziel und passiert mit einem schmerzhaften Riss meine Hüfte. Kopfüber ins Wasser gestürzt, finde ich mich, erstarrt vor Schreck, in der ausufernden Wurzelhöhle eines riesigen Mangrovenbaums. Ich sehe mich im Fokus eines gelbgrünen Augenpaars, dessen halb geschlossene, schläfri-ge Lider nichts Gutes verheißen. Ich stelle mich erst mal tot, bis mich ein nötiger Atemholer wieder an die Wasserober-fläche zwingt. Unfassbar, das Boot mitsamt Mutter und Großvater ist nicht mehr auf der Wasserfläche auszuma-chen! Meine angeritzte Hüfte brennt schmerzhaft, meine Hilferufe reiten verzweifelt über Wellenkämme, rufen aber nur das bis dahin dösende Krokodil auf den Plan, das sich jetzt zielgerichtet in Bewegung setzt.

Meine Hände ziehen an dem geblümten Kleid, das ich ver-zweifelt, nackt wie Gott mich schuf, aus dem miefigen Ra-chen des Tieres ziehe. Mit einem Eckzahn weniger zieht Kroko erst mal Leine. »Kleid alt, loslassen, schwimmen!«, erschreckt mich eine herrische Stimme, die im zahnlosen Schnäuzchen eines Krokodilbabys Wohnung bezogen hat. Mit einem Salto verabschiedet sich das naseweise Kerlchen wendig in Richtung Muttertier. Ich lasse los und kraule stromaufwärts um mein Leben. Mein altes Kleid wird von einer Strömung mitgerissen, als ich jäh aus unheilvollem Schlaf erwache. Noch immer mit der Angst im Nacken, finde ich mich auf meiner bauchigen Chaiselongue wieder. Meine abgerutschte Angoradecke wärmt nun den kalten Boden, mein Ischiasnerv rebelliert schmerzhaft.

Die im Schlaf abgerissene, geblümte Gardine, die in meiner verkrampften Hand um ihr Überleben ringt, wird umgehend begnadigt und in Freiheit entlassen.

TRÄUME SIND SPRACHE DER GÖTTER, IN IHNEN WENDET SICH DIE SPIRITUELLE WELT AN UNS MENSCHEN

Die Traumbotschaft meiner Mutter und meines Großvaters, die beide schon das Zeitliche gesegnet haben, signalisiert mir ihre schützenden Impulse nur bis zu einem bestimmten Punkt. »Alte Seelenmuster aus der Vergangenheit sollten durch Erkennen der Zusammenhänge aufgelöst werden. Du musst neuen Lebensräumen, die schon in einer Warteschleife harren, durch couragierte Eigeninitiative Platz machen, aber nur wenn es an der Zeit ist«, höre ich immer noch die Ermahnung meines medizinischen Ausbilders aus frühen Lehrjahren.

Eigeninitiative übernehmen! Welche Domäne wäre jetzt vorrangig angesagt? In der vernachlässigten Ich-Du-Zone müsste ich alte Jungfrau-Oma nach Jahrzehnten durch die Single-Häfen strolchen, um mir ein männliches Fossil zu angeln. »Lebenshungriger, angegrauter Wassermann angelt alteingesessene Nixenmatrone und verkauft sie als Schafscherin an einen neuseeländischen Sklavenhändler.« So geschehen in einer früheren aufregenden Traumsequenz.

Spaß beiseite, die Single-Märkte haben mich, dank meines runden Körpers, seit mehr als dreißig Jahren erst gar nicht gelistet und kommen sehr gut ohne mich aus. »My face was never in this book, my body was never in this shape and my heart is always open for everyone«, gab ich vor ein paar Wochen bei einem internationalen Interview für den aktuellen Doku-Spielfilm aus der Schweiz, *Der Kreis,* zu Protokoll, der im Oktober 2014 in Deutschland startete und gerade weltweit auf internationalen Festivals Furore macht.

Lebenslauf,
ich warte auf dich. (Marianne)
Meine freudig erwartete
Einschulung im sechsten Lebensjahr

Wieder bahnt sich hier ein Mirakel an, das glückhaft von den Inspiratoren der Milchstraße getragen und gefördert wird. Im Laufe der letzten Jahre konzentrierten sich meine kontinuierlichen Aufgaben auf meine Arbeit als Buchautorin, mit Leseabenden und deren musikalischer Bereicherung, auf meine propagierte Rückkehr auf die Kinolein-

wand im Jahr 2012, mit der einmaligen Komödie *Omamamia*, und auf engagierte Kinderfilme wie *Frau Holle* und *Petterson und Findus*, dessen zweiter Teil, eine Weihnachtsgeschichte, schon bald wieder in der Abteilung Kinderfilm brillieren darf. Die Liebe des Publikums umflort mich seit über dreißig Jahren. Mein Herz sagt zu einem neuen Projekt nur dann Ja, wenn sich Seele und Körper, gepaart mit einer humanen Botschaft, garniert mit einer kräftigen Prise Humor und Selbstironie, in das Zelluloid eines Filmstoffes eingießen oder auf die Bretter einer Bühne ergießen dürfen. Ich nenne diese filmische Sparte »Abteilung Dramödie«, eine Mischung aus Drama und Komödie. Bei den meisten Angeboten aus der Filmbranche, o ja, da gibt's noch manchmal Futter für mich neunundsechzigjährige Matrone, dreht sich der Spieß oft herum: »Alte Hebamme foltert schwangere Mädchen«, »Ultrarechtsgesinnte Bäuerin beleidigt türkische Familie und lässt deren Haus in die Luft fliegen«. »Laborbesitzerin einer fiktiven Weltbeherrschungs-Elite produziert Designer-Babys für eine Organspenden-Mafia!« Diese letztere angebotene Rolle wäre sogar in einem Londoner Filmstudio auf meine immer noch strammen Beine gestellt worden. »This is an exciting fiction-movie and a very funny part for you too«, übermittelte mir die englische Casting-Direktorin enthusiastisch. In diesem Film bezahlt der mir angebotene weibliche Charakter militante Jugendgruppen dafür, alte Menschen in Rollstühlen die Treppen zu U-Bahnhöfen hinabzustürzen. Auf ihren geschwungenen Fahnen prangt der Spruch: »You old people eat our future, go to hell!«
Ich habe die eingeschleuste Botschaft schon begriffen, die dieser Film dem jugendlichen Publikum vermitteln will.

Diese Rolle würde sich in mehreren Komponenten an meiner ethischen Grundhaltung versündigen, die ich seit meiner frühesten Jugend im Zusammenleben mit meinen Mitmenschen praktiziere und die im Laufe meines Lebens immer mehr gewachsen und gereift ist. Dieses Angebot kam, trotz schwieriger wirtschaftlicher Situation, für mich damals nicht in Frage. »Nur über meine Leiche«, erkläre ich meiner besorgten Tochter am Telefon meine Absage.

»Aber deine Rente ist so karg, Marianne, denk an deine Tiere, die Miete, Krankenkasse, Versicherungen. Du stemmst das alleine, die meisten deiner älteren Kolleginnen parken ihr Mutterschiff durch Partnerschaften in einem sicheren Hafen, aber du hast ja alles verschenkt, du nennst ja nicht mal einen Ruderkahn dein Eigen.«

»Ich werde wieder Eigeninitiative übernehmen und den schon in meinem letzten Buch vorgestellten kulturellen Platz das Licht der Welt erblicken lassen«, lege ich meiner Tochter enthusiastisch dar. Ein Platz für meine Lese- und Tafelrunden, eingesäumt von feinsten musikalischen Klängen, bereichert durch delikate Speisen und edle Getränke, mit einem Zugang zu einem Überlebens-Kräutergarten: »Condo survivo«.

»Dieser Platz soll circa hundert Gästen Raum bieten, ein Sponsor müsste aufgetan werden«, höre ich mich Tage später bei einer Theaterprobe begeistert in das Ohr meines Künstlerkollegen platzieren.

»Unter vierhundert Plätzen fängt doch ein Sponsor erst gar nicht an, ich hab da meine Erfahrungen. Also vergessen wir's. Einen Sponsor für eine Kapazität von hundert Leut', in Zeiten wie diesen. Wachen wir mal a bisserl auf, Frau Sägebrecht. Ein Sponsor für den Sport, ja, da läuft ja des ganze Geld hin, auch beim Fernsehen werden nur noch Krimis und Sport gesponsert, für die Kleinen Künste gibt's gar nichts mehr. Vergiss es, vergiss es, Freundin, geh stempeln wie ich«, kontert er.

Ich hab in meinem Leben noch nie gestempelt, Herr Kollege. Der Versuch des Schauspielkollegen, mir mit seiner Tirade den Wind aus meinem frisch aufgetakelten Lebensschiff-Segel zu nehmen, schlägt gründlich fehl. »Was der Schöpfer plant, muss das Leben halten«, diesen tröstlichen Satz des Dichters Rilke rezitiere ich in unserer Runde, wie so oft in den letzten Monaten, halblaut vor mich hin.

»Wos host g'sagt?«, antwortet ein älterer Kollege, ein bayerisches Urgestein, mit stocksteifem Gamsbart bestückt.

»Nix hob i g'sagt, nur laut denkt«, springt's sogleich aus meinem Mund. Ich beschließe, künftig meinen Zukunftsentwurf für mich zu behalten und erst wieder etwas über meinen existenziellen Lebensplan über meine Lippen zu lassen, wenn man bei mir tafeln und spielen und kommunizieren kann. Aber Sie, liebe Leser, werden es aktuell erfahren!

Jetzt darf ich Sie erst einmal mit auf vergangene Stationen meiner Lebensreise ins Jahr 1976 mitnehmen. Nach vier Jahren wurde das von uns in Starnberg aufgebaute, erfolgreiche, legendäre Spinnradl-Lokal mit Kleinkunstbühne vom Besitzer, unter trauerbeflaggtem Protest der Stammgäste, verkauft. Wir, mein Ex-Ehemann und ich, fungierten damals als leidenschaftliche Geschäftsführer. Mein Aktions- und Lebensraum wurde danach, auch nach meiner Ehescheidung, in die Metropole München verlagert. Künstlerfreundin Cosy, vielgeliebte Ex-Schwabinger Künstlerwirtin, operierte mit Engelszungen, und schwupps agierte ich, diesmal ohne Ehegespons, wieder als Geschäftsführerin des geschichtsträchtigen Künstlerlokals Mutti-Bräu, das mitten in Schwabing über die Jahre seinen Platz verteidigte. Ehe ich michs versah, war ich als Art-Direktorin mit Leidenschaft wieder verantwortlich für Musik, Entertainment, Ausstellung, Speis und Trank, schon war ich, geschützt und umringt von liebevollem Freundesrund, wieder mittendrin in einem herrlichen Lebenskarussell.

Muse Cosy, jetzt als Malerin erfolgreich, war aus dem Zentrum des Geschehens nicht wegzudenken. Molekül beflügelte Molekül. Viele Künstler traten damals in mein Leben, die ersten Mitglieder des André-Heller-Zirkus Roncalli, die Künstler des Grand Magic Circus, geleitet von Jérôme Savary. Konstantin Wecker in der Blüte seiner Jahre und der singende und steppende Tommy Piper, unsere unvergessene Manuela Riva tauchten und traten mit vielen anderen Überraschungsgästen in unserem Mutti-Bräu-Künstlerdomizil auf. Der Dichter Martin Sperr und der Schauspieler Peter Kern wurden für mich, in dieser Ära 1976/77, gute Freunde und künstlerische Mitstreiter. Percy Adlon entdeckte mich 1979 in einem Theaterstück von Martin Sperr, um mir danach schicksalhaft und zukunftsträchtig drei maßgeschneiderte Filmrollen auf den barocken Leib zu komponieren. Die Bestattungsinstitut-Angestellte namens »Zuckerbaby« – die Dreharbeiten fanden übrigens 1984 in München statt – wurde in Tokio und New York von den Verleihern und Kinogängern ins Herz geschlossen, um erst danach das heimische Publikum zu gewinnen. Schon zwei Jahre später lud »Jasmin Münchgstettner« einen cineastischen Besucherstrom weltweit zur Stippvisite ins legendäre

Bagdad Cafe. In Vollendung des Dreigestirns trat die große Schwester »Rosalie«, peace-time war-bride mit amerikanischem Pass und bayerischer Geburtsurkunde, auf den Plan. »Wenn du zwanzigtausend Mark Schulden bei der Bank hast, hast du ein Problem, wenn du eine Million Mark Schulden bei der Bank hast, hat deine Bank das Problem«, schreibt Rosalie an den pinkfarbenen Zelluloid-Shoppinghimmel, ertrutzt sich dank Computermanipulation einen Millionenkredit von einer Bank ihres Vertrauens, erwirbt damit für ihren arbeitslosen Ehemann einen kleinen Flughafen inklusive eigenem Flugzeug. Jetzt kann er sich selbstständig machen, was sich das Drehbuch nicht zweimal sagen ließ. Eigeninitiative »at its best«! – wieder von einem weltweiten Publikum freudig begrüßt.

Alle drei Filme zeichnen lebensbejahende, moderne Märchen, in denen es charakterstarken, couragierten Frauen gelingt, über ihren Schatten zu springen und ein selbstbestimmtes Leben mit neuer Lebensqualität zu erkämpfen – unser Zelluloid war hingabefähig, elastisch und empathisch. Das berufliche Glück blieb mir all die Jahre hold. Viele heiße Kastanien wollten in heißen Zeiten von Managements für mich aus den glühenden Feuern der internationalen Produktionsstätten und Werbegesellschaften geholt werden. Durch mein besonnenes Jasagen und instinktives Ablehnen landeten so nur vom Schicksal bestimmte Filmprojekte, mit glückhafter Schicksalslinie, auf meiner Lebensbahn. *Der Rosenkrieg* mit Michael Douglas zieht bis heute, zusammen mit *Out of Rosenheim*, international *Bagdad Cafe*, seine markante Spur am Firmament und beschenkt mich seit Jahren mit Michael Douglas' freundschaftlicher Treue.

Bis heute habe ich mich für jede angebotene Rolle frei entschieden und ließ ich mich, zum Leidwesen eines speziellen
Anwärters, partout in kein Management-Netzwerk flech-
ten. »Ohne Netz kein doppelter Boden, ohne Netz kein ro-
ter Teppich, Frau Sägebrecht. Unsere heißen Maroni werden nur noch im Netz angeboten, ansonsten ist in Zeiten
wie diesen der Kuchenboden weg, wenn Sie wissen, was ich
meine«, signalisierte er mir und machte zusammen mit seiner Lobby sein Versprechen wahr. Die genauen Zusammenhänge und -spiele werde ich Ihnen in einigen Jahren auffä-
chern, wenn wir gemütlich in meinem geplanten Überle-
bensgarten – »Condo survivo« –, an einer meiner geplanten
Tafelrunden oder im Rahmen einer inszenierten Lesung
oder Theateraktion an meinem lebendigen Platz zusam-
menkommen.

Also, wie wäre es, zu meinen zukünftigen Garten-Ideen, neben der Geburtshilfe für mein Buch *Auf dem Weg nach Surinam*, das mich für die nächsten Monate innig in Beschlag
zu nehmen gedenkt, eine eigene Filmproduktion »Surinam
Film« zu gründen? Filmtitel hab ich schon: »Gegen den
Strom heim nach Surinam«. Treatment verfassen, Drehbuch schreiben, Fernsehsender suchen, Finanzierung auf
die Beine stellen, Kreditanfrage bei der Botanica-Bank, För-
derung beantragen.
Mir wird ganz schwummerig bei dem anfallenden Initiati-
ven-Plansoll einer angehenden Jung-Filmproduzentin und
amtierenden Rentnerin. Das können meine Traum-Schutz-
patrone nicht gemeint haben, das ist auch nicht im Sinne
meiner Tochter Daniela, die den jüngsten Kopf-Flausen ihrer Mutter eine mentale Nahrung verweigert.

Nach der Fertigstellung meines Buches für den Verlag meines Vertrauens, mein Mutterhaus, wie ich es gerne nenne, eine eigene Filmproduktion ins Leben zu rufen, nach Surinam zu reisen, den Film in eigener Regie und Verantwortung, ohne jahrelanges Know-how einer Produktionserfahrung auf die Beine zu stellen, und das mit fast siebzig Jahren auf dem Buckel, das findet Dani abgefahren. »Schreib dein Buch und nimm uns so mit auf die Reise in dein surinamisches Seelenland. Karl May hat seine großen Reisen und Abenteuer nur auf mentalen Ebenen im Knast absolviert. Surinam mit seinem schwül-feuchten Klima, Malaria, Krokodile, Menschenhändler, das ist gefährlich, Mam«, beschwichtigt sie mich mal wieder besorgt, als sich dieses Thema zum wiederholten Male zum Nachtisch eines Dinners gesellt.

»Aber Leni Riefenstahl hat noch mit siebzig Lenzen im afrikanischen Nuba-Kral der mitgebrachten Waschmaschine den Marsch geblasen und für ihre Unterwasserfilme blutrünstigen Haien Kopf und Kragen angeboten«, befinde ich mich immer noch im Verteidigungsstand. Später höre ich Ähnliches in einer neuerlichen Traumsequenz: »Setze keinen Fuß auf Surinams Urwaldgrund im Hier und Jetzt, solange die heutigen Berater deines Maroon'schen Häuptlings deine Wege kreuzen, du weißt schon, was ich meine«, vernahm ich vor ein paar Tagen die geliebte Stimme meiner Mutter aus dem Mündchen eines wunderschönen, blaufarbschillernden Schmetterlings, der im Gewächshaus eines botanischen Gartens auf meiner Schulter saß. Flamboyant-Bäume, die in den Himmel wachsen, Schmetterlingsreiche, wilder Hibiskus, gefiederte Akazien, aus der Tiefe des Meeres gestiegene Vulkane, Voodoo-Priester, Red Snapper, indisches

Basilikum, ein Schwein in Bananenblättern gebraten, Kokosöl, Süßholz, Orchideen und Bambuswälder – all diese Bilder tauchten jahrelang beim Erklingen des Wortes »Surinam« vor meinem inneren Auge auf. Seit meiner intensiven Traumsequenz hat sich eine geheimnisvolle seelische Leuchtspur aus vergangenen Zeiten in den Themenplot mit eingegossen. Meine historischen und naturphilosophischen Recherchen brachten, neben der Freude über die erhaltene Selbstbestimmung des Landes und die erkorene Regenwald-Schutzzone – durch Bestimmung zum Weltkulturerbe möglich gemacht –, auch dunkle Wolken, die sich um Verletzung der Menschenwürde durch die Gräueltaten in der Zeit der unseligen Sklavenhaltung und die Ausbeutung der Naturreservate gebildet haben.

Gleichzeitig entstanden in diesem multikulturellen Konglomerat delikate Rezepte, von denen ich in diesem Buch eine interessante Mixtur auftischen werde. Indische, chinesische, ghanaische, brasilianische und kreolische Küche, in bezwingender Eintracht mit meiner bayerisch-surinamischen: ein schon fast orgiastisches Unterfangen. Seit der Erhebung des Landes zum Weltkulturerbe gibt es bei mir, wegen der zu erwartenden Stabilisierung und Sicherheit, ernsthafte Überlegungen, dieses Fleckchen Erde baldigst in Augenschein zu nehmen und das surinamische Geheimnis meines gewurzelten Seelenrefugiums zu lüften. Doch nach weiterem In-mich-Gehen habe ich meinen Lebensplan nun vernunftbezogen neu ins Visier genommen. Erst nach Erscheinen des Buches werden meines Schusters Rappen für eine aufregende Wanderung in meinem Regenwald-Morgenland gesattelt, eingehüllt in den Schutzmantel eines erfahrenen Fernsehteams – ist doch klar wie Hechtsuppe,

Daniela, signalisiere ich meiner Tochter, deren Blick sich gerade auf meinen Buchstaben festgesaugt hat.

Morgen früh mache ich mich mit einem Holunderblüten-saft-Mix zum Assoziieren und Wachträumen auf den Weg zum Bachlauf meiner Kindheit, von dem aus ich siebenjährig mein kleines Boot auf eine Welten-Reise nach Surinam geschickt habe. Ich wünsche eine gute Nacht bis morgen früh, ich gehe schon mal wieder träumen.

Übrigens, vorhin brachte ein Telefonanruf die frohe Botschaft: Die Verwirklichung des surinamischen Filmprojekts wird ein erfahrenes Produktionsteam unter seine Fittiche nehmen. Ich darf das Drehbuch mitschreiben, und einen interessierten Fernsehsender gibt es auch schon. Meine Tochter strahlt und ist dabei, wieder freudig auf den Zug mit aufzuspringen. Doch Hand aufs klopfende Herz, Mariannchen, »one after the other«. Zuerst die Vollendung des Buches, dann der Film mit dem realen Reise-Abenteuer, und der Kreis kann endlich geschlossen werden.

> Wer seinen Traum verwirklichen will, wartet nicht darauf, dass die Dinge passieren. Er sieht die Probleme von gestern als Möglichkeit von heute, um sich neu zu orientieren.
> PAULO COELHO

Gerade bin ich dabei, mich zur Erstarkung meiner traum-verzehrten Lebenskräfte an meiner angesetzten Apfel-Rettich-Holunderblüten-Mixtur, mit Vanille-Essenzen veredelt, zu laben. Mein wohlschmeckendes Kartoffelbrot wartet schon neben einer Glasschüssel, in der sich seit dem Vortage eingelegte Tofu-Scheiben mit Zimt, Koriander, Ingwer, Chili, Minze und grünem Pfeffer vermählt haben, um gleich einen warmen bayerischen Fenchelsalat, mit Birnenspalten umlegt, zu krönen. Gleich habe ich eine gute Idee: Während ich vor unserem bezaubernden Spaziergang an das Bachufer meiner Kindheit – Sie kommen doch mit? – eine Schnabulier-Pause einlege, werde ich Ihnen hurtig die beiden Rezepte erstellen und Ihrem bestimmt schon reichhaltigen Rezeptarchiv liebevoll anvertrauen.

Beinahe hätte ich's jetzt verschwitzt. Durch einen Vorfall, der sich als Zufall ausgab, kommunizierte ich eine Woche nach meiner kostenfreien Surinam-Traumreise, die sich im Nachhinein mit einer schmerzhaften Entzündung des Ischiasnervs verabschiedete, mit der Mutter eines guten Freundes, Psychologin und Traumdeuterin, über die umfassende Auslegung des Geträumten.
»Unsere Träume weisen uns oft auf seelischen Pfaden den Weg in frühere Lebensgefilde und -abläufe, die sich in geheimnisvollen Musterungen im Hier und Jetzt eines neuen Lebens wiederholen. Deine Mutter hatte sich auf seelischer Ebene schon in den surinamischen Bereich begeben, um dich dort abzuholen. Dein Großvater hatte als Stammesfürst seiner Ahnenreihe die Aufgabe, dich schützend bis zu einer bestimmten Markierung zu geleiten. Bei deinem Sturz hast du nach meinem psychologischen Erfahrungskatalog

in deinem letzten Leben das Leben verloren, und deine Seele wurde vor Ort von deiner Mutter empfangen. Deshalb war sie auch bei deinem Auftauchen nicht mehr auf der Spielfläche, ebenso hatte ja auch dein Großvater seine Aufgabe souverän eingelöst und glänzte danach ebenfalls durch Abwesenheit. Die erlittene Verletzung durch den Pfeil deines Besitzers, dessen Sklavin oder eine der Ehefrauen du gewesen sein konntest, kann sich durchaus durch den verletzten Feinstoff im neugeborenen Körper wieder zu Worte melden, was auch vom medizinischen Aspekt her interessante Schlüsse zulassen würde. Auch das Lebensmuster einer patriarchalen Übermacht trieb bestimmt für Jahrzehnte, bis zu einer schicksalhaften Wandlung, sein Unwesen in deinem Lebensmodell. In meiner lebensphilosophischen Betrachtung begegnet man sich wieder, um eine nicht erlöste Beziehung zu versöhnen und dadurch die Nachkommen der Familienstämme von karmischen Wiederholungen zu befreien, falls man dazu vom Bewusstsein schon über die richtige Reife verfügt. Das Orest-Syndrom mit seinen Rachegöttern, im Zeitgeist von hohen Interessensträgern in die medialen Arenen verpflichtet, liegt ja konstant auf der Lauer, um sein Gift in das Schicksalsgefüge der Menschen zu träufeln. Bei dir habe ich keine Sorge, ich kenne und akzeptiere deine christliche Lebensart, die zwar nicht meine ist, sich aber Gott sei Dank nicht nur rhetorisch äußert, sondern sich auch auf dein gelebtes Leben erstreckt.«

Ein stilles, zustimmendes Lächeln war bei ihren weisen Auslegungen über mein Antlitz gehuscht, und meine Gänsehaut mochte allerdings vor Schreck über das Vernommene ihre Position erst mal gar nicht mehr verlassen.

Nach so viel Philosophie ist's jetzt an der Zeit, mein schon angepriesenes, seelenaufbauendes Erfrischungsgetränk auf einem Holunderblüten-Urgrund zu brauen und Ihnen dabei in einem Handstreich mein Rezept zu vererben.

Frau Holles Morgentau

1 Rettich
200 g Bienenhonig
1 Sträußchen Thymian

FÜR DEN HOLUNDERBLÜTENSIRUP:

1,5 kg brauner Zucker
2 l Wasser
1 Vanilleschote
1 Zitrone (Bio)
1 TL Ascorbinsäurepulver
30 Holunderblüten

1,5 kg Zucker mit 2 Liter Wasser aufkochen, das Mark der Vanilleschote, die in Scheiben geschnittene Zitrone, das Ascorbinpulver und die Holunderblüten dazugeben, leise köcheln lassen, schon steigt die erste Duftnote verführerisch in unsere Nase. Nach etwa 20 Minuten durch ein Sieb gießen, das mit einem sauberen Tuch ausgelegt ist, schnurstracks in ausgespülte Flaschen füllen, gut verschließen und nicht länger als 6 Monate aufbewahren. Dieser aromatische Sirup stellt das Mark des beliebten Longdrinks »Hugo« dar, der zu seinem Auftakt in angesagten Bars die durstigen

Kehlen illustrer Gäste überraschte. In hübsche, beschriftete Flaschen gegossen, eignet sich der Sirup vorzüglich für eine persönliche Morgengabe, z.B als Mitbringsel für liebevolle Einladungen.

Kleines Geheimnis, unser Rezept steckt den etablierten Hugo in die Tasche. Hugo kusch, jetzt ist Frau Holle dran!

Im Vorfeld haben wir einen Rettich ausgehöhlt, mit feinem Bienenhonig aufgefüllt, mit einem kleinen Sträußchen Thymian bestückt, danach in eine Glasschüssel gelegt, diese mit Alufolie abgedeckt. Nach einer Woche laden wir einen Teil des sich bildenden köstlichen Safts ein, sich unserem Mix anzuvertrauen.

Der Rest wird in ein Glas abgefüllt und dient, in kleinen Portionen eingenommen, als prima Hustenstiller!

Jetzt geht's ans Eingemachte!

FÜR DEN APFEL-HOLUNDERBLÜTEN-SAFT:

2 l trüber Apfelsaft

2 EL Rettich-Honig

Saft und Schale von 2 Zitronen (Bio)

250 ml Holunderblütensirup

1 kräftige Prise Zimt

10 Zitronenminzeblätter

1 l Mineralwasser mit Kohlensäure

1 Apfel für Deko-Apfelspalten

In ein großes Glasgefäß geben wir 1 Liter des natürlichen Apfelsafts, die andere Hälfte dieses Safts geben wir in einen

Topf, erhitzen ihn ganz vorsichtig, geben 2 Esslöffel von dem angesetzten Rettich-Honig, den ausgepressten Zitronensaft, ein bisschen von der Zitronenschale, den Holunderblütensirup, eine Prise Zimt zu und lassen alles einmal kurz aufwallen, bevor man den Topf zur Seite zieht, die Hälfte der Zitronenminzeblätter zufügt und das Ganze in Ruhe abkühlen lässt.

Dann ist's an der Zeit, diese gesättigte, duftende Mischung durch ein Sieb abzugießen und mit der sehnsüchtig wartenden, zweiten unbehandelten Hälfte des Apfelsafts zu verschmelzen. Vor dem endgültigen Genuss gesellt sich noch das kalte Mineralwasser dazu. In die Gläser geben wir jeweils einen Eiswürfel, übergießen mit der fertigen Mixtur, steuern noch ein paar frische Zitronenminzeblätter und eine saftige Apfelspalte dazu, das Mineralwasser kann man auch, je nach Stimmung oder für Party-Gäste, gegen einen spritzigen Prosecco eintauschen.

Liebe Leser, bevor ich Sie gleich zu einem geheimen Fleckchen Erde, an einen Bachlauf meiner Kindheit mitnehme, will ich schnell noch einen Gewürzsud um meinen Tofu gewanden, den ich heute Abend einer guten Freundin ans Herz und auf die Zunge legen will: nämlich mit einer Spinat-Koriander-Petersilien-Sauce, durch Kokosmilch veredelt, mit einem frischen Melonen-Mango-Paprika-Gurken-Salat mit Spinat und Brennnesselblättern. Läuft Ihnen auch schon das Wasser im Munde zusammen wie mir, oder können Sie sich dieses bayerisch-surinamische Gemisch noch gar nicht vorstellen? Bei meinem kürzlichen Besuch in Tokio, im Schlepptau meines Films *Omamamia*, der sich zurzeit anschickt, wie der Film *Bagdad Cafe*, eine Weltreise anzutreten, gab es in einem Park in der Stadtmitte eine aufregende Begegnung mit einem Schmetterlingsblütler-Strauch, der mich mit vielen violett-weißen Blüten, in Kompanie mit schon ausgewachsenen Bohnenhülsen, begrüßte. Die Bohnen glänzten in ihrem Inneren in weißem, braunem, gelbem und schwarzem Farbenspiel. Mein pflanzlicher Empfangschef war ein Sojastrauch in seiner ganzen Schönheit, von Schmetterlingen umworben. Wissen Sie es schon? Eine Sojabohne trägt ca. 35 Prozent pflanzliches Eiweiß in sich, das weitaus gesünder und bekömmlicher als tierisches Eiweiß ist, welches bei zu hoher Dosis den Körper übersäuert und Fäulnisstoffe bildet. Nach Aussage eines erfahrenen Arztes baut sich in so einem Falle sogar eine kausale Ausgangsposition für rheumatische Beschwerden und Herzerkrankungen auf. Nach seinen Erfahrungen besteht durch den Schwerpunkt, der auf eine einseitige tiereiweißhaltige Ernährung gelegt wird, die Gefahr einer konstanten Eiweißvergiftung, die unser Gehirn in Mitleidenschaft ziehen und als mutmaßlicher Mittäter einer Demenz-Erkrankung in Frage kommen könnte.

Ist doch eine interessante Theorie und für mich als gelernte medizinisch-diagnostische Assistentin durchaus nachvollziehbar.

Da lobe ich mir meine geliebte Sojabohne, die als zusätzliches Geschenk auch noch Lecithin enthält, ein Balsam für den Zellenaufbau des Körpers. Gepresst wird die Sojabohne zu verträglicher Milch, diese dann durch natürliche Gärung in einen wohlverdaulichen Quark verwandelt, der in Japan auf den uns bekannten Namen »Tofu« getauft wurde. Weitgereist, weltgewandt und rundum gesund, wartet mein »Tofito«, so nenne ich meinen verquarkten Herzensbuben, im Kühlschrank bis zu seiner rituellen Einverleibung wieder auf das Abenteuer einer würzigen Einlegung.

Tofu-Würzmischung: gemahlen oder gemörsert!

1 TL Chilipulver

1 TL Ingwer

1 TL Koriandersamen

1 TL Kurkuma

1 TL Minze, getrocknet

1 TL grüner Pfeffer

1 TL Zimt

300 g Tofu

2 frische Borretschzweige mit Blüten

7 EL Sonnenblumenöl

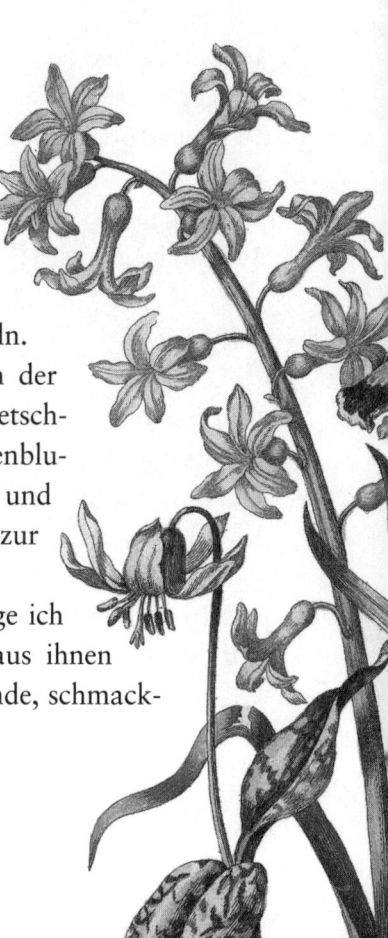

Die gemahlenen duftenden Gewürze
in einem Steingutgefäß versammeln.
Den Tofu in Scheiben schneiden, in der
Würzmischung wenden, mit den Borretschzweigen bedeckt in eine mit Sonnenblumenöl eingestrichene Alufolie legen und
für einige Stunden dem Kühlschrank zur
Einwirkung anvertrauen.
Für die Salat- und Saucen-Beilage lege ich
mir schon die Zutaten bereit, um aus ihnen
nach unserer Rückkehr eine aufregende, schmackhafte Gaumenfreude zu zaubern.

Sauce Aloha – Salat Surpriso

250 g Spinat
25 g Butter
1 Knoblauchzehe
1 Frühlingszwiebel
5 Stängel Koriandergrün
5 Stängel Petersilie
150 ml Kokosmilch
½ TL brauner Zucker
2 EL Zitronensaft
1 gelbe Paprika
1 Salatgurke
1 Honigmelone
1 Mango
50 g junge Brennnesselblätter
Salz, Zucker
3 TL Himbeeressig
3 EL Sonnenblumenöl

DIE SALATSAUCE:

Den Spinat putzen, abspülen, 100 g davon für die Sauce bereitstellen, den Rest für den Salat verwenden.
Die Butter in einem Topf auslassen, darin die geschnittene Knoblauchzehe und die Frühlingszwiebel andünsten. Spinat, die Hälfte der Korianderblätter und Petersiliengrün zugeben, mit Kokosmilch aufgießen, Zucker und Zitronensaft zugeben, kurz aufkochen lassen und zum Auskühlen von der Platte ziehen.

DER SALAT:

Kurz vor dem Anrichten Paprika, Gurke, Melone und Mango in Stifte schneiden. In einer Pfanne die Paprika kurz anbraten, den restlichen Spinat und die Brennnesselblätter kurz zum Andünsten dazugeben, Gurke, Mango und Melone zugeben, mit Marinade aus Salz, Zucker, Himbeeressig und Sonnenblumenöl übergießen und mit frischem restlichen Koriandergrün bestreuen.

ZUM FINALE:

Den eingelegten Tofu in Scheiben schneiden, mit etwas Maismehl bestäuben, in Öl beidseitig kurz heiß anbraten, mit grünem Pfeffer leicht bestreuen und auf dem Salat anrichten.

Die delikate Sauce werde ich dem jeweiligen Gedeck in einer eigenen Keramikschale zugesellen. Dazu habe ich ein duftendes Kürbisbrot besorgt und einen trockenen Secco mit Himbeergeschmack schon mal für heute Abend kühl gestellt.

Ich hoffe, liebe Leser, Sie vertrauen mir und komponieren dieses kleine surinamische Intermezzo nach Ihrem Gusto. Meine Seelenschwester Monika, die ich heute Abend als Gast erwarte, mit dieser Rezeptkreation zu überraschen, bereitet mir jetzt schon Freude.

Alles ist vorbereitet, und schon habe ich wieder Zeit für meine kulinarische Überraschung verbraucht. Mein geplantes Tête-à-Tête mit dem Platz meiner Kindheitstage werde ich aber vorher noch einlösen. Bevor wir uns auf den Weg machen, darf ich noch schnell die intensive Botschaft eines Briefes mit Ihnen teilen, den ich heute von meinem Postillion samt inhaltsschwerem Blick ausgehändigt bekommen habe. Da schreibt mir eine vertraute Freundin, die sich vor einem Jahr zusammen mit ihrem indischen Gatten für einen Lebensbereich in Neu-Delhi entschieden hat. Ihre liebevollen Nachrichten aus fernen Landen kitten langsam das Leck, das der Wegzug dieser seelisch vertrauten Person hinterließ. Aus dem gesamten Textvolumen darf ich Ihnen eine auch für mich stimmige Essenz anvertrauen, die sich aus vier hinduistischen Gesetzen der Spiritualität zusammensetzt. Lassen Sie es einfach mal auf sich wirken.

Das erste Gesetz sagt:
»Die Person, die dir begegnet, ist immer die richtige.«
Das soll heißen, dass niemand zufällig in unser Leben tritt. Alle Personen, die uns umgeben, die sich mit uns austauschen, stehen für etwas, entweder um uns etwas zu lehren oder um uns in einer Situation voranzubringen.

Das zweite Gesetz sagt:
»Was passiert, ist das Einzige, was passieren konnte.«
Nichts, absolut nichts von dem, was uns passiert, hätte anders sein können. Nicht einmal das unbedeutendste Detail. Es gibt kein »Wenn ich das anders gemacht hätte, dann wäre alles anders gekommen …« Nein, das, was passierte, ist das Einzige, was passieren konnte, damit wir vorwärtskommen.
Alle, ja jede einzelne der Situationen, die uns im Leben widerfahren, sind absolut perfekt, auch wenn unser Verstand und unser Ego sich widersetzen und es nicht akzeptieren wollen.

Das dritte Gesetz sagt:
»Jeder Moment, in dem etwas beginnt, ist der richtige Moment.«
Alles beginnt genau im richtigen Moment, nicht früher, nicht später!
Wenn wir dafür sind, dass etwas Neues in unserem Leben passiert, ist es bereits da, um es zu beginnen.

Das vierte Gesetz sagt:
»Was zu Ende ist, ist zu Ende.«
So einfach ist es!
Wenn etwas in unserem Leben endet, dient es unserer Entwicklung. Deshalb ist es besser, loszulassen und mutig vorwärts zu gehen, beschenkt mit den bis jetzt gemachten Erfahrungen!

So, meine liebe Seelenschwester, lass es dir gut gehen, dein Weg ist schwer, aber richtig und vom Schöpfer so vorgesehen. Liebe uns Menschen weiter mit deinem ganzen Sein, sei zufrieden und glücklich.
Alles wird gut, alles ist im Fluss, Marianne, panta rhei, vermischt sich. Die Abschiedsworte meiner Freundin mit dem wohltuenden Plätschern des Lüßbaches, an dessen Rand ich, unter einem üppigen Weidenbaumdach, ein kuscheliges Plätzchen inmitten eines duftenden Mädesüßkraut-Plateaus gefunden habe.
In meinen jungen Jahren hatte meine Nachbarin daraus, zusammen mit Bachminze und Zitrone, ein feines Getränk gezaubert, dessen anregender Duft mir plötzlich in die Nase steigt, während meine nackten, müden Füße von dem flie-

ßenden, immer noch moorhaltigen Wasser quirlig umspült und verwöhnt werden.

Ja, genau hier an dieser Stelle habe ich mit sieben Jahren, im Jahre 1952, einen Sanella-Karton dem Bach übergeben. Den Karton bekam ich vom Krämer des Dorfes unter dem Siegel der Verschwiegenheit ausgehändigt und bestückte ihn mit Pausenbrot, Himbeermarmelade im Glase, meinen kleinen Sandalen, einem von Mutter Agnes genähten Sonntagskleidchen aus blumenübersäter Seide und dem über alles geliebten Pucki-Buch. Mein Bärchen Suri, vor Ort durch eine handgefertigte Urkunde mit dem Kapitänspatent ausgestattet, bekam den großen Auftrag, Surinam, das Land meiner sehnsuchtsvollen Träume, anzusteuern und dort für mich, meine Schwester und Mutter ein Haus als Bollwerk zu bauen. Die Trennung von meinem pelzigen Freund und Beschützer fiel sehr schwer, doch um meinem Stiefvater zu entfliehen, der sich damals seit einem Jahr selbst zum Familienhäuptling ausgerufen hatte, nahm dieser Plan in meiner feinfühligen Kinderseele immer mehr Form an. Sechs Jahre waren ins Land marschiert, nachdem mein leiblicher Vater in einem unseligen Krieg sein Leben im April des Jahres 1945 auf dem Schachbrett der Kriegsherren opfern musste. Erst im darauffolgenden August durfte ich zum Ende des unsäglichen Kriegs, nach der »Stunde null«, das Licht der Welt erblicken. Ich war in den darauffolgenden Jahren vom vaterlosen Kind auch zur Beschützerin und Freundin meiner Mutter und kleinen Schwester geworden. Mein Stiefvater war für mich hier fehl am Platze.

»Ahoi, Suri!«, rief ich mit tränenerstickter Stimme von meinem kleinen Holzsteg, den ich zur Kommandobrücke umfunktioniert hatte. Vom Bach zum Fluss, zum Strom, zum

Meer reiste ich schon in Gedanken mit ihm in die surinamische Ferne, von der mir mein Großvater in den ersten drei Lebensjahren so bildhaft berichtet hatte.

»Aha, da haben wir ja unsere Ausreißerin«, rief meine Mutter, als sie mich nach stundenlanger Suche, schuhlos und nur noch mit einem Unterhöschen bekleidet, auf dem Steg vorfand. Darüber war sie gar nicht begeistert. Über den Verbleib der Klamotten schwieg ich eisern, Krieg ist Krieg. Mein Kapitän Suri hatte samt seiner Sanella-Flotte schon das Weite gesucht und sich, zumindest soweit ich es beobachten konnte, erfolgreich durch die Bachkurve manövriert. »Auf Wiedersehn, Suri, meine Mama, Schwester Renate und ich kommen nach, sobald du uns ein schönes Holzhaus gebaut hast«, rief ich ihm damals hinterher. Auf zu neuen Landen! Seit ich denken konnte, reiste ich in kindlichen Tag- und Nachtträumen in ferne exotische Lande, die immer von Meeresufern umsäumt waren.

Diese Sehnsucht erfüllte sich in den Achtzigerjahren, als ich für Dreh- und Promotionsarbeiten mit Percy Adlon, Paul Mazursky, Jiří Weiss, Michael Douglas, um nur einige zu nennen, als Wanderbärin fast die ganze Welt bereisen durfte. Mit der Einlösung der Sehnsuchts-Reise nach Surinam im nächsten Jahr wird mein größter Wunsch Erfüllung finden.

Jetzt sitze ich wieder in der kleinen Bucht meiner Kindheits-Hafenmole, auf einem schon angemorschten Baumstumpf. Wäre ja spannend zu entdecken, ob mein geliebter Suri-Bär sein Versprechen aus alten Kindheitstagen, uns ein Haus zu bauen, wahr gemacht hat, plätschern die Gedanken schmunzelnd durch meinen Kopf, als plötzlich ein weißer Zitronenschmetterling mit zittrigem Flügelschlag auf meinem Arm für eine Weile Quartier bezieht. Heute schreiben wir den 29. April 2015, hierher komme ich auch im jährlichen Ritual, um der Befreiung der Menschen vom Todesmarsch des Konzentrationslagers Dachau des 29. April 1945 zu gedenken, der streckenweise hier an dem Bachlauf entlangführte. Es waren ehemalige Lagerinsassen gewesen, auch mein späterer Mentor, ein katholischer Pfarrer, Sinti, Roma und jüdische Menschenbrüder und -schwestern. Die Wiese vor diesem Platz diente den erschöpften, gedemütigten Menschen kurz vor ihrer Befreiung noch einmal als Ruheplatz. Ich hatte diese Wiese ab meinem sechsten Lebensjahr oft besucht, ohne von diesem geschichtlichen Hintergrund etwas zu ahnen. Erst an meinem zwölften Geburtstag sollte ich von meinem Religionslehrer aus seinem leidvoll geprägten Erfahrungstunnel geschichtliche Aufklärung erhalten.

Der Schmetterling, schon bei den alten Griechen als Sinnbild der unsterblichen Seele gesehen, erweist sich als sehr zutraulich und nimmt kess auf meiner Nasenspitze Platz, sein Saugrüssel kitzelt mich. Diese Saftbar ist für heute geschlossen, denke ich, aber auch einem kräftigen Hatschi-Nieser widersteht der elfenhafte Bote aus einer anderen Welt, der keine Anstalten zu einem Abflug macht. Von silbrig-violettem Schimmer ist sein filigranes Flügelkleid durchwoben, seine Fühler vibrieren und surren, als wollten sie mir etwas kundtun.

Plötzlich tut sich vor mir das Antlitz eines etwa siebenjährigen Mädchens auf.

»Was ist das denn, so viele perlgraue Raupen, und eine spuckt einen langen Faden aus ihrem Mund, warum macht sie das?«, tönt die Stimme des Mädchens durch den Äther.

»Sie spinnt sich mit einem kräftigen Seidenfaden ein, Maria Sibylla, dann werden sie zu Kokons. Diese werden von uns abgenommen und später zu feinsten Seidenstoffen verarbeitet«, perlt eine Frauenstimme durch den Raum.

»Aber dann frieren sie doch, die Raupen, und was ist dann mit eurer Bezahlung für die vielen Seidenfäden?«, dringt die besorgte Stimme der jungen Maria Sibylla an mein Ohr.

»Dafür werden sie von uns gefüttert und nur die Exemplare behalten, mit denen wir weiterzüchten, der Rest wird am Ende geröstet und verzehrt«, antwortet jetzt die leicht genervte Stimme der Fugger-Fürstin, deren Antlitz gerade Pinselstrich für Pinselstrich von dem holländischen Maler Marell, dem Stiefvater von Maria Sibylla Merian, auf Leinwand gebannt wird.

»Das ist aber nicht korrekt von euch, warum müssen so viele sterben?«, ruft Maria Sibylla aufgeregt, während sie eine größere Kokon-Gruppe nicht mehr aus den Augen lässt.

»Da ist nicht alles verloren, Kind, aus den Raupen werden kleine Vögelein, die dürfen weiterleben, es wandelt sich. Vielleicht kannst du es einmal mit ansehen, wenn sie wiederkommen darf, Fürstin?«, richtet der beschäftigte Porträtist seine Worte an sein Klientel.

Die Fürstin bleibt eine Antwort schuldig, posiert und schweigt, doch heute sollte für Maria Sibylla eine gravierende Weiche für ihre weitere Lebensbahn gestellt werden. Ganz versunken hat sie die Kokons betrachtet, als sich plötzlich ein kleiner Seidenspinner, ausgestattet mit fleißigem Beißwerkzeug, einen Weg in die Freiheit bahnt, wackelig auf dem Handrücken des aufgewühlten Mädchens landet und schon die knittrigen Flügel ausbreitet, um seinen ersten Kurzflug anzuvisieren.

Tief hatte sich dieses Erlebnis, Zeitzeugin einer Metamorphose geworden zu sein, in die junge Seele des Mädchens eingegossen. Die Sommervögelein, wie sie die schillernden Seelenfreunde mit ihren lautlosen Flügelschlägen zwischen Himmel und Erde so gerne nannte, waren hinfort aus dem spannungs- und facettenreichen Lebensprofil der späteren Naturforscherin und Malerin Maria Sibylla Merian, geboren in Frankfurt im Jahre 1647 als Tochter des berühmten Malers und Kupferstechers Matthäus Merian und seiner zweiten Frau Johanna Catharina Merian, nicht mehr wegzukupfern. Maria Sibylla und ich haben uns im Jahre 1961 den ledernen Ohrensessel in der Bibliothek meines Mentors und Ganzheitsmediziners geteilt, nachdem es mir gelungen war, ihr Buch namens *Die Reise nach Surinam 1699*, das seit Jahrzehnten Schulter an Schulter neben dem des vielgerühmten Kollegen Alexander von Humboldt vor sich hin vegetiert hatte, zu entstauben und mich wissensdurstig in einen für mich aufwühlenden Buchstaben-Cocktail hineinzustürzen. Maria Sibyllas Angebot auf eine lebenslange Freundschaft wurde von mir nicht in den feuchten Wind des Regenwaldes geschlagen, sondern mit offenem, neugierigem Herzen aufgenommen und bis heute immer mehr vertieft.

Liebe Leser, neben humorvollen kleinen Geschichten im Rahmen dieses Buches wird Ihnen meine entdeckte Seelenschwester und außergewöhnlich starke Frau, die unvergessene Spuren im Sand unserer Weltengeschichte hinterlassen hat, in meinem Begleitschutz und zu Ihrer Freude, ihre interessante Aufwartung machen.

Wie die Raupen sich verwandeln,
die durch ihre Sterblichkeit
wiederum lebendig werden,
gleich den Toten auf der Erden.
MARIA SIBYLLA MERIAN

2

EIN HERZ UND EINE SEELE SEIN

Marianne, deine Augen sind der Spiegel deiner lichten, alten Seele, die du unwissentlich zum Ausdruck bringst. Du malst, schreibst mit deinen zwölf Jahren schon Geschichten und Gedichte, weinst oft vor Freude. Du bist voller Mitgefühl für deine Mitmenschen, liebst Tiere und Pflanzen, das kommt vom Gärtner-Großvater. Auf deinem Schulweg sollst du gestern samt Schulranzen im Regen getanzt haben, so hat mir ein Ministrant berichtet. Du nährst deine Seele instinktiv, das ist ein Geschenk des Himmels, weißt du das? Vielen Menschen ist gar nicht bewusst, dass sie sich aus einer dreiteiligen Einheit zusammensetzen, Körper, Seele und ihr Geist, der alles zusammenhält.

Die Bedürfnisse dieser Menschenkinder bleiben tief in der körperlichen Welt verhaftet. Auf der Jagd nach Geld und Macht werden sie oft krank an Leib und Seele. Unsere kirchliche Seelsorge findet hier schon seit Zeiten keinen Nährboden mehr. Wie gefühlvoll und überzeugend du heute zur Messe wieder aus dem Korinther-Brief von unserem Apostel Paulus gelesen hast! Die Leute waren ja wieder ganz berührt, wie jeden Sonntag. Viele von ihnen glauben nicht mehr recht an Gott, aber der sonntägliche Kirchgang ist, zwölf Jahre nach Kriegsende, für unsere Landbewohner immer noch ein Muss. Sehen und gesehen werden, da passen unsere Moralapostel schon aufeinander auf wie Haftelmacher. So, unser Altar wär mal wieder stubenrein gemacht«, beendet mein verehrter Religionslehrer und unser amtierender Gemeindepfarrer jetzt seinen Monolog, den er nach erfüllter Kirchenzeremonie, während der Verstauung seines Messweins, wofür er sich ordentlich Zeit genommen hat, für mich gehalten hat.

Wenn der wüsste, von wegen Regentanz, habe ich währenddessen in mich hinein gedacht. Als er nach einiger Zeit aus der offenen Sakristei-Türe wieder zu mir in den Kirchenraum heraustritt, bittet noch der wunderschöne Kelch, samt geweihtem, nicht ausgegebenem Hostienbestand der beichtmüden Kirchengemeinde-Mitglieder um respektvolle Aufräumung.

Herr Hochwürden hat seiner Brokat-Soutane samt golddurchwirktem Gewande keine Aufmerksamkeit mehr geschenkt. Sein hungriger Magen ist schon während seiner leidenschaftlichen Predigt zum Knurrhahn mutiert. Nun drängt es ihn an den gedeckten Mittagstisch, wo schon ein Sonntagsbraten auf ihn wartet.

Heute jedoch macht die junge Marianne keine Anstalten, das Kirchenschiff in Richtung Heimat zu verlassen.

Das sieht so gar nicht nach lebensfrohem Tanzen im Regen aus, denkt sich Herr Hochwürden im Stillen. Die traurigen Augen seiner wachen Schülerin sind ihm heute nicht entgangen.

Auch alte Seelen weinen, Herr Pfarrer, geht es Marianne durch den Sinn.

Noch vor der Kirchenfeier hatte sie ihm eine Einladung zu ihrer Geburtstagsfeier zugesteckt, die zum 13. Lebensjahr mit einem Surinam-Gartenfest, samt Abschiedszeremonie von der Hauptschule, zelebriert werden sollte.

»Ist doch schon vorbestimmt, dass ich dir, meiner ehemaligen Schülerin und weiterer Messdienerin, zu deinem geplanten bayerisch-surinamischen Happening, wie du es immer nennst, im Kreise deiner Familie inmitten von Freunden, Mitschülern, Nachbarn und Zaungästen meine Aufwartung machen werde. Deinen verehrten Herrn Hauptlehrer habe ich dann auch im Schlepptau, ebenso die feinen Mohnnudeln aus Kartoffelteig, die dir immer so munden, wenn du bei uns bist. Sie werden deine Geburtstagstafel beglücken, und mein feines mitgebrachtes Weinerl aus Maxens Schatzkiste wird die verwöhnten Gaumen der Erwachsenen streicheln«, ließ er schon einmal eine Katze aus dem Sack.

»Bin ja nur gespannt, ob dein Stiefvater Alois kommt, nachdem wir ihn, was deinen angehenden Schulwechsel auf die Realschule betrifft, zusammen mit dem Jugendamt vor vollendete Tatsachen gestellt haben. Das war aufregend, sag ich dir. ›Entweder die Realschule für die Marianne und ihre ordentliche Kriegswaisenrente bleibt im Familientopf, oder das Mädchen kommt in ein Internat, wo sie ihre Mittlere Reife in Ruhe erreichen kann, und die Rente ist für die Familie weg‹, stellten dein Oberlehrer und ich deinem Stiefvater, der ja gar keine Erziehungsberechtigung hat, wie wir feststellen mussten, vor zwei Monaten das Ultimatum, weißt du noch?«

»Ja«, sage ich, »unser selbsternannter Familien-Pate hat vermeintlich klein beigegeben. ›Du darfst die Schule besuchen‹, erklärte er mir, ›aber deine Hausaufgaben dürfen nicht in meinem Hause – man höre und staune, er sagte *in meinem Hause* – gemacht werden. Schulbücher hätte ich auch gerne gehabt, aber der Krieg hat unser aller Bücher und Seelen aufgefressen. Sag deinen neuen Büchern, sie sollen mir ja nicht unter die Augen kommen‹, drohte er mir, Herr Pfarrer. ›Dann parke ich halt meinen Lesestoff bei meiner Nachbarin Maria, bei der ich auch mein Fest feiern darf‹, konterte ich da noch frech, denn nach eurem Besuch war der Alois doch etwas kleinlaut geworden. Ich hatte aber nur für kurze Zeit Oberwasser«, wusste ich aufgeregt, etwas lauter, Richtung Sakristei zu berichten und klatschte, einem plötzlichen Impuls folgend, in die Hände.

Erschrocken erschien Herrn Pfarrers Antlitz im geschnitzten Türrahmen, tauchte aber mit einem »Ich höre ja, bin gleich wieder bei dir« sofort wieder ab.

Das dauert wohl noch ein Gläschen, dachte ich mir im Stillen. Jedenfalls würde ich ab September die Realschule besuchen, eine Mädchenklasse; mein größter Wunsch würde wahr werden, nachdem der angepeilte Einzug aufs Gymnasium per Veto meines Ersatzvaters nicht angegangen werden konnte.

Da hatten meine beiden vom Himmel gesandten Lehrkräfte die Sache in die Hand genommen, und jetzt hatte er gekuscht. Sitz! Platz! Du bist nicht mein Fleisch und Blut, du darfst mich nicht zu meiner Kommunion begleiten, die Seele meines gefallenen Vaters Georg wird neben meiner Mutter an meiner Seite sein.

Er blieb meiner Initiierung fern.

Seit einem Jahr hatten sich die Wolken über unserem Familienverhältnis verdüstert. Das war wohl damals sehr hart für ihn, aber durch das Auftauchen dieses Mannes in unserem Dreifrauen-Familienbund war auch das Schicksal sehr hart zu mir. Bis zum sechsten Lebensjahr war ich als erstgeborene Tochter auch die beste Freundin und Beschützerin meiner Mutter gewesen, in Vertretung meines gefallenen Vaters Georg, bis sich dieser fremde Mann in unseren Familienbund und in Mutters Doppelbett drängte. Diesen meinen angestammten Platz musste ich jetzt gegen eine alte nierenförmige Couch eintauschen, die schon aus den letzten Springfedern pfiff. Die kleine Schwester Renate durfte mit ihren vier Jahren unbedarft im Kinderbettchen des ehelichen Schlafzimmers nächtigen.

Ich weinte in der ersten Zeit still in mein Kissen, tobte mich beim Schulsport aus, wanderte nach Schulschluss durch Wälder und Felder, Mutter kam erst am späten Nachmittag von ihrer Arbeit als Leiterin einer Krankenhausnähstube nach Hause. Viele Wochenenden durfte ich nach Absprache mit ihr und meinem Stiefvater, »Ein Esser weniger«, so seine Worte, bei unserer Nachbarin Maria und ihrem Mann Hans verbringen, herzliche Menschen, deren beide Kinder ihr Leben auf der Flucht aus dem Sudetenland lassen mussten. 1946 wurden sie als Flüchtlinge im Nachbarhaus eingewiesen, im Jahre 1953 kam unsere zusammengeschusterte Familie dazu, so betitelt von einer anderen Nachbarin, »Frau Immeraufstreitaus«, wie ich diese Zeitgenossin taufte, und so war für mich einer zweiten Elternschaft, mit liebevollster Absegnung meiner Mutter Agnes, Tür und Tor geöffnet worden.

Die Sommerferien verbrachte ich jedes Jahr im Gärtnerei-Refugium der Familie meines Großvaters Franz-Xaver, in dessen Schutzzone ich mit Mutter Agnes meine ersten drei Kindheitsjahre verbringen durfte und danach seelisch gestärkt und sehr selbstsicher die ganze Welt umarmen wollte. Vier Jahre versuchte Agnes, mit zwei Kindern alleine zu überleben, wegen der zweiten Schwangerschaft musste sie die Großfamilie mit mir verlassen. Sie hatte sich geweigert, das kommende Wesen zur Adoption freizugeben. Bei meinen Abschiedsküssen ahnte ich lachendes Geschöpf noch gar nichts von der schweren Zeit, die auf meine Mutter zukommen sollte. Ihre Ehe mit dem Stiefvater war anfangs von Mutters Liebe durchdrungen, sicherte ihr auch, nach schweren Zeiten als Alleinerziehende, eine existenzielle Lebensgrundlage, scheiterte aber nach Jahren an einer seelischen Erkrankung dieses Mannes, die durch schwere Kriegstraumata ausgelöst worden war. Hätte ich ihm nur die Patenschaft zur ersten Kommunion an meiner Seite angeboten, so wie es mir mein Oberlehrer und der Herr Pfarrer nach einer persönlichen Information über das Konzentrationslager, in dem er selbst als katholischer Pfarrer und mein Stiefvater als Halbjude gelandet waren, vorgeschlagen hatten, wäre vieles leichter gewesen. Aber vielleicht auch nicht.

Jedenfalls werde ich meinem Stiefvater in nächster Zeit mit viel Respekt und Nachsicht begegnen, geht es mir während des Wartens auf Herrn Hochwürden durch mein stures, pubertäres Köpfchen. Jetzt spüre auch ich den Hunger an meinen Magenwänden kratzen.

Mein eigener Aufschrei reißt mich aus tiefen Gedanken. Die kalte Hand meines Mentors hat sich auf meine Schulter gelegt, um auf einen schnellen Aufbruch aufmerksam zu machen. »Auf geht's, Marianne, ich muss heim, wir seh'n uns ja zum nächsten Sonntag wieder, dann folgt ja schon dein Geburtstag. Auf, auf!«, drängelt er jetzt.

Aber jetzt bin ich dran, nach all dem Warten. »Ich bin so froh, dass ich trotz neuer Schule im Familienrund verbleiben kann, samt Waisenrente, die der Haushaltstopf der Familie gut gebrauchen kann. Wissen Sie, Herr Pfarrer, diese Rente hat sich aus dem unseligen Sterben eines siebenundzwanzigjährigen deutschen Soldaten errechnet, der noch in den letzten Kriegswirrungen, am 7. April 1945, in Ehren für sein Vaterland gefallen war. So stand es geschrieben in dem durchschossenen Wehrpass meines, wie Sie ja wissen, unsäglich vermissten Vaters Georg, welcher meiner hochschwangeren Mutter, zusammen mit zerbrochenen Augengläsern, im August desselben Jahres, kurz vor meiner Geburt, samt Rentenantrag von Amts wegen übergeben worden war. Wissen Sie, Herr Pfarrer, ich will als beschützende Freundin weiter in der Nähe meiner geliebten Mutter bleiben, vor allem wegen der konstanten psychischen Veränderungen, die sich seit einem Jahr bei meinem Stiefvater abzeichnen. Von seinen rigiden Verboten werde ich meiner Mutter erst gar nicht berichten. Dieses Kind werde ich schon schaukeln, Herr Pfarrer!

Eigentlich wären, trotz Schulwechsel, meine sonntäglichen Kirchenlesungen noch möglich, wie von Ihnen geplant, wenn nicht ... wenn ich nicht ... jetzt nicht mehr ... geht nicht mehr, Herr Pfarrer«, sinke ich wie eine verlassene Kirchenmaus in die Kirchenbank und fange hemmungslos zu weinen an.

Herrn Hochwürden übermannt das Beichtgeheimnis einer Schülerin, und fürsorglich bittet er sie, heute die sonntägliche Mittagstafel mit ihm und seiner Köchin zu teilen, um den Trauerschleier zu lüften, der das Herz von Marianne zu umschlingen scheint.

»Die Sonntagslesungen der Apostelbriefe, die ich seit einem Jahr so voller Freude machen darf, müssen wir einstellen,

Herr Pfarrer. Die Ministranten sind angefressen. Das sei ein männliches Privileg, wo kämen sie denn da hin, meckerten die Buben von Schulbank zu Schulbank. Die Mädchen sind eifersüchtig darauf, dass Sie diese Aufgabe zum ersten Male in der Geschichte unserer Dorfkirche einem Mädchen übergeben haben, so mosern und zicken sie schon seit Wochen. ›Marianne ist kein richtiges Mädchen, das vermuten wir schon lange, die redet ja immer so siebengescheit daher, vielleicht ist sie ja gar kein Mensch‹, flüsterte die aufmüpfige Tochter unseres Herrn Rechtsanwalts, Sie wissen schon, wen ich meine, tagelang auf dem Pausenhof in die Ohren der Klassenkameraden, bis diese Unterstellung Früchte trug. Und wie es fruchtete, Herr Pfarrer! Nach einer dreitägigen Hetzjagd, die nach dem mittäglichen Schulschluss durch eine ausgesuchte Truppe unserer Klasse durchgezogen worden war, wollte man nun diese Unterstellung endgültig auf ihren Wahrheitsgehalt hin überprüfen. Von den Mädchen und Jungen gefangen genommen, wurde ich anschließend an einen Baum gebunden, von der Anführerin, die im Spielfeld als Staatsanwältin fungierte, einer eingehenden medizinischen Untersuchung unterzogen und danach von allen Verdächtigungen freigesprochen. Ja, Herr Pfarrer, ich bin ein richtiges Mädchen, mit den gleichen Geschlechtsmerkmalen wie meine Mitschülerinnen ausgestattet. Dieses Resultat wurde vor der einberufenen Schüler-Schöffengruppe schriftlich bestätigt und an mich ausgehändigt. Um des Gruppenfriedens willen sollte ich danach hoch und heilig versprechen, die weiteren sonntäglichen Lesungen rapido einzustellen, was ich auch getan habe. Heute war's also das letzte Mal. Nicht traurig sein, Herr Pfarrer.«

Der Suppenlöffel der in der Küche lauschenden Köchin klatscht auf dem Fußboden auf. Den Absturz der Suppenterrine samt duftender Hühnersuppe kann sie gerade noch verhindern. Die Köchin selbst ist, kreidebleich über das Vernommene, wieder an ihren sicheren Herdplatz zurückgekehrt.

»Die Mitschüler waren es leid, so ein altkluges Mädchen wie mich dauernd an der Backe zu haben«, weiß ich. »Ich habe ihnen allen verziehen, Herr Pfarrer. Meine Mutter hat mir geraten, so wie Sie auch, eine versöhnliche Haltung einzunehmen. ›In ein paar Wochen darfst du ja schon auf die Mädchen-Realschule wechseln‹, hat sie gesagt. Das wird ein neuer Lebensabschnitt für dich, da wirst du geborgen sein. Du bist halt anders als die anderen Kinder, reifer, weiter. Als du fünf Jahre alt warst, hast du auch mich mit deinen Gleichnissen aus der Bibel und Fragen, auf die ich keine Antwort wusste, ins Schwitzen gebracht, meine große Surinam-Prinzessin.‹ Das gab mir Kraft, Herr Pfarrer«, mache jetzt ich meinem schweren Herzen Luft. »Stellen Sie sich mal vor, nach fast sieben Jahren Pause hat sich mein magisches Seelenland Surinam, ausgesprochen von meiner Mutter, wieder durch aufsteigende Bilder in meinem mentalen Lebensraum angesiedelt. Ich bitte Sie um Ihre weitere seelische Fürsorge, um unsere mich geistig fördernden Gespräche, aber unser gemeinsames sonntägliches Ritual muss ich nun leider zurücklassen. Herr Pfarrer, ich bitte Sie um die Absegnung«, erbettele ich mit zittriger Stimme eine Absolution der besonderen Art.

Mein priesterlicher Schutzpatron hat meine Entscheidung mit feuchtem Augenglanz schon durch sein Nicken geheiligt und meine kleine, zitternde Hand in seine genommen, als sich plötzlich noch die schützenden Arme der Köchin um meine Schultern legen. Und so schmeckt auch mir der delikate Sonntagsbraten, mitsamt feinster Nachspeise, die Köchin Hilde so wohlmundend auf die Teller zu zaubern weiß. Jetzt muss ich einfach auch die Küchenchefin und weibliche Seele des Hauses in meine Geschichte einweihen, die ja mein Seelsorger schon seit Jahren kennt. »*Surinam-Prinzessin* hatte mich meine Mutter plötzlich genannt. Nach Jahren stand dieses klingende, schwingende Wort für mich wieder so vertraut im lichtumflorten Raum: ›Natürlich kommst du aus Surinam‹, sagte sie, ›aber jetzt ist deine Seele weit übers Meer zu mir geflogen, um mit mir zu sein.‹ Sie hatte mein kindliches Geständnis, das ich ihr mit sieben Jahren machte, nicht eine Sekunde in Frage gestellt, können Sie sich das vorstellen, Hilde? Seit dieser Zeit befinde ich mich in meinen nächtlichen Traumwelten immer wieder in den Gefilden des Regenwaldes, kommuniziere mit den exotischen Tieren, bewundere die spezielle Pflanzen- und Früchtewelt und weiß nach diesen traumhaften Nächten meiner Mutter und Schwester von Menschenantlitzen aus verschiedenen Kulturkreisen zu berichten. Dunkelhäutige Einwohner wechselten sich mit negroiden, indianischen, indischen, chinesischen Gesichtern ab. Aber auch von hellhäutigen Einwohnern träume ich, und oft streichen seit dieser Zeit fremdländische Gewürze und Düfte wie Zimt, Kokos, Curry und Koriander gleich nach dem Aufwachen noch um meine Nasenflügel herum«, berichte ich meinen Gastgebern aufgeregt, während der delikate Duft von Bratäpfeln mit Zimt, Vanille und Marzipan meine Nasenflügel zum Beben im Hier und Jetzt verführt.

»Erinnern Sie sich noch, Herr Pfarrer«, fahre ich hellauf begeistert fort, »als Sie mir in der ersten Schulklasse dieses Traumland auf einem alten beleuchteten Globus vorgestellt haben? Es liegt an der Grenze über Brasilien, direkt an der Küste des Atlantischen Ozeans.«

»Ja, und dann hast du geweint und geweint wie ein Schlosshund, weil dieses Surinam, auch Dutch Guyana genannt, auf dem Globus so weit von deinem Lebensbereich hier in Deutschland entfernt war. Ich habe dir gesagt, dass du eine alte, reife Seele bist und mit vielen Hunderttausenden gleich nach dem Kriegsende hierhergekommen bist, um zusammen mit lieben Seelenverwandten die vom Krieg traumatisierten Menschen in die Arme zu nehmen und die selbstverständliche Nächstenliebe mit ihnen zu praktizieren. Ich schlug dir also vor, außer deiner wunderbaren Mutter und mir niemanden in dein Surinam-Geheimnis einzuweihen, vor allem nicht deine Mitschüler, sie hätten es schon gleich gar nicht verstanden, kannst du dich daran noch erinnern?«, erinnert sich der Herr Pfarrer und ist ebenfalls schon bei der wunderbaren Bratapfel-Nachspeise angelangt.

»Wissen Sie, Herr Hochwürden, was ich herausgefunden habe? Mein geliebter Großvater, der Gärtner Franz-Xaver, hat mir während meiner ersten drei Lebensjahre immer wieder vom Regenwald und seiner tropischen Pflanzenwelt erzählt. Er liebte besonders die Mangrovenbäume mit ihren langen Wurzeln, die sich so schützend über wundersame Korallenriffe ausbreiten und Krokodil-, Schnecken- und Langustenfamilien eine sichere Trutzburg bieten. Er verehrte die exotischen Tierarten, Gewürze und Früchte des Regenwaldes, kultivierte einige davon in seiner Gärtnerei, tauschte mit Kollegen und pflanzte das Wort »Surinam« schon in ganz frühen Kindheitstagen in meinen Seelengarten ein. In ein paar Wochen werde ich mit einem Geburtstagsfest à la Surinam dem wieder auferstandenen Seelen-Zauberland eine Ehrung angedeihen lassen und mich bis dahin über dieses Fleckchen Erde informieren. Eine Essenz meiner Recherchen werden wir dann an meine Gäste mit surinamisch-bayerischen Speisen weitertragen. Ich habe Sie ja beide schon herzlichst eingeladen. Jetzt ruft die Pflicht, ich muss nach Hause, meiner Mutter beim Abwasch helfen. Ein großes Dankeschön für Ihre Gastfreundschaft, das war wieder einmal Balsam für meine Seele!«

Was gegen die Natur ist, ist gegen Gott. (Friedrich Hebbel)
Großvater Franz-Xaver, Gärtner, Schamane und Schutzpatron

Mit diesen Worten und einem kräftigen Schluck Rotwein, psst, mache ich mich, ein kleines Büchlein namens *Die grüne Schatzkammer Surinam* als handverlesenes Geschenk meines Mentors unter dem Arm, durch ein neues Zeitfenster, wie ich es später in meinem roten Büchlein notiere, auf den Weg nach Hause, wo ich schon von zwei hochgezogenen männlichen Augenbrauen und einer herzlichen, weiblichen Umarmung empfangen werde.

Meine Gedanken schlagen Purzelbäume, als ich nachts unter der Bettdecke, assistiert von meiner kleinen Taschenlampe, konkrete Pläne für den Ablauf und das Menü meiner ersten Party außer Haus schmiede. In meinem Kulturrefugium hinter unserem Haus und im angebotenen Nachbarsgarten meiner seelenverwandten mütterlichen Freundin Maria – der Ehemann hat sein Ja dazu gegeben, auch aktiven Beistand als Grillmeister angemeldet –, bei der ich oft nach der Schule die Nachmittage verbringe, darf ich also meine surinamische Multikulti-Sause auf die Beine stellen. Mit Papierblock und Bleistift ausgestattet, sitze ich im kultigen Schneidersitz mit Maria an unserem runden Tisch, der schon viele unserer geheimen Gespräche mit aufzeichnen durfte, um unseren Generalstabsplan erst einmal einem geduldigen Papierblatt anzuvertrauen.
Also erst einmal einen Essens- und Ablaufplan entwerfen. Als meine nächste Herzensfreundin nach meiner Mutter habe ich auch ihr von der Untersuchungs-Tortur meiner Schulkameraden erzählt.
»Wie gut, dass du mit deinen fast dreizehn Jahren schon in der Lage bist, Zusammenhänge zu verstehen, um zu verzeihen. Jeden Augenblick, der uns widerfährt, müssen wir so

sein lassen, wie er ist in seiner absoluten Wahrheit. Weißt du, mein Schatz, das große Universum ist heilig für mich, man kann es nicht verbessern. Wenn man versucht, es willkürlich zu verändern, wird man es verderben; wenn man versucht, etwas festzuhalten, hat man es schon verloren. Für mich zählt nach unserer unsäglichen Flucht aus meinem unvergessenen Sudetenland immer nur noch ein Tag, den ich mir verantwortlich, nur noch nach vorne schauend, mitgestalte und die Aufgaben annehme, welche dieser Tag mir abverlangt. Lange bin ich mir schon im Klaren darüber, dass wir nur Reisende auf unserem Planeten sind. Das Leben nimmt seinen eigenen Gang, und manche Menschen sind wie Hunde, die glauben, durch bloßes Anbellen eines jeden Lüftchens die Welt zu verändern. Jetzt beginnt für dich ein neuer Zeitabschnitt, meine Große. Komm, lass uns vorher noch ein tolles Fest feiern, mit aufregenden Speisen, Gewürzen und Getränken, mit deinen Freunden, deiner Familie, den Nachbarn, deinen Lehrern und Mitschülern und und und! Also ich schreibe«, beendete sie wieder einmal schmunzelnd ein für mich so weises Referat, das ich wie immer Wort für Wort förmlich in mich einsog.

»Den Herrn Pfarrer darfst du ja nicht auf deiner Liste vergessen!«, ereiferte ich mich. Maria hatte seit ihrer Flucht dem Glauben abgeschworen, nie aber versucht, mir meine Begeisterung für Jesus Christus madig zu machen. Ich konnte sie nur nicht mit ihr schwesterlich teilen, dafür hatte ich ja des Herrn Pfarrers offenes Ohr. »Ich stelle mir vor, Maria, den Auftakt soll ein Lied von Caterina Valente bilden, ›Wo meine Sonne scheint‹, das du mit deiner wunderbaren Stimme so schön singen kannst. Ich werde dich mit meinem Kammorchester begleiten. Die letzte Strophe – ›Ich hoffe, dass bald die Stunde schlägt, wo mich ein Schiff zu der Insel trägt, vorbei die Angst und Not und Pein, dort wollen wir still und zufrieden sein‹ – erlaube ich mir vorzuschmettern, dein Trommelfell steht's durch. Dann würd ich gerne eine kleine Abhandlung über Surinam aus einem Büchlein lesen. Diesen Platz in der Welt können die meisten Gäste bestimmt noch gar nicht orten, noch gar nicht kennen. Zum Beispiel, dass man dieses Land in Südamerika, mit der Hauptstadt Paramaribo und fast 500 000 Einwohnern, an der atlantischen Küste, über der Grenze von Brasilien finden kann, es früher Dutch Guyana hieß und zwischen English Guyana und French Guyana liegt, dass unter holländischer Herrschaft Tausende von Sklaven aus Indien, Afrika, Indonesien, den Philippinen nach Dutch Guyana verschleppt und zu schwerster Sklavenarbeit gezwungen wurden. Ich werde meinen Gästen berichten, dass die dunkelhäutigen Einwohner, die Maroons genannt werden, von Sklaven abstammen und neben den anderen Sklaven unter unmenschlichen Bedingungen überleben mussten, aus denen sich um 1800 nach einem Sklavenaufstand Tausende von ihnen befreien konnten. Ich habe recherchiert, dass in Surinam das Zuckerrohr beheimatet ist, das man in Massen angebaut, erntet, als Rohzucker und Rum-Extrakt in großen Mengen in die westliche Welt exportiert, dass man Reis, Kopra und Kokosnüsse erntet, Kokosöl raffiniert, das ebenfalls in den hungrigen Schlund der restlichen Welt exportiert wird. Gold- und Diamantminen werden abgebaut, Bauxit- und Mangan-Vorkommen gnadenlos ausgebeutet, davon möchte ich erzählen.

Dem Regenwald wird seit Jahrhunderten Kopf, Kragen und Körper geraubt. Ich möchte auch den Regenwald mit seiner

Pflanzenwelt schildern, von den Indianerstämmen, wie z.B. den Akoerios oder den Tiriyos, und ihrer Urwaldmedizin berichten und unseren Gästen das Land meiner Sehnsucht auf dem beleuchteten Globus, den mir Herr Pfarrer ausleiht, vorstellen – das alles noch vor dem Schnabulieren. Ich nenne nämlich seit Kurzem ein kleines Büchlein über Surinam mit vielen Schilderungen über das Land und seine Historik mein Eigen. Was hältst du von meiner Dramaturgie, Maria?«, beende ich meine Ausführungen mit heißen Wangen.

»Du musst dich aber knapper fassen, Marianne, sonst sehe ich deine Gäste bis zum Ende deiner Erläuterungen einen dramatischen Hungertod sterben. Lass uns jetzt erst mal die Multikulti-Speisenabfolge unseres Festes festlegen«, bestimmt sie, und da gibt's keine Widerrede bei meiner Maria aus dem Sudetenländle, wie ich sie immer neckisch nennen darf. Jetzt geht's ans Eingemachte, das wird mir klar, und wenn ich an meinen Kassensturz von heute Morgen denke, der nach einem halben Jahr Sparen mit gerade mal 58 D-Mark zu Buche schlug, schlägt mir das Herz bis zum Hals.

»Also, Maria, ich mache einen gefüllten Zitronenkuchen, da lege ich auf den Guss noch Verbenen-, Veilchen- und Gänseblümchen-Blütenblätter drauf. Hab's schon gekostet, die sind alle essbar und gesund, sagt mein Gärtner-Opa, der Franz-Xaver, nach diesen Blüten sind ja auch die braunen Nacktschnecken ganz wild. Meine Schwester Renate und unser Familienoberhaut Alois haben gar nicht erst probiert, aber meiner Mama hat der Kuchen mit den Blüten auf seinem Dach beim ersten Probelauf so was von geschmeckt, sag ich dir.«

Die Mimik meiner Freundin zeugt nicht gerade von Begeisterung, was ich einfach ignoriere und fortfahre. »Weißt du, Maria, meine Mama liebt alle fremden Gewürze, wie z.B. Galgant, Kurkuma, Kardamom und Zimt, meistens Geschenke von Opa, die ich oft von meinen Besuchen oder den Ferienaufenthalten bei der Großfamilie strahlend mit nach Hause bringe und zielsicher in meine Kochtöpfe mit den meistens fremdländisch duftenden Inhalten zu platzieren weiß. Ja, einmal wöchentlich kocht am Abend das Marianderl zur Entlastung von unserer Mutter Agnes mit Familie und Freunden, was du ja auch peu à peu zu schätzen gelernt hast. Alois kriegt dann seine sprichwörtliche Extrawurscht, probiert aber schon hie und da ein Enterl in Kokos-Sauce oder ein Huhn mit Ananas-Sauce, meine Schwester hab ich schon auf meine Gewürzinselseite herübergezogen, aber Blütenköpfe! Mit Geduld und Spucke werde ich sie auch davon noch überzeugen!«

»Jetzt hast du dich wieder mal verquatscht, Marianne, und wir haben erst über den Kuchen geredet … Ich bin für den zweiten zuständig und werde meinen berühmten Käsekuchen, den ihr alle so liebt, in eine Kokos-Käsetorte verwandeln. So, die Turmuhr hat schon acht Mal geschlagen, um acht Uhr dreißig musst du zu Hause sein. Jetzt aber ab die Post, mein Frolleinchen«, übernimmt Maria das Kommando über meinen Zeitplan, den wir heute, nach Rücksprache mit Mutter Agnes, um eine halbe Stunde überziehen durften. Unsere Schatzliste konnte sich wirklich sehen lassen, zumindest auf dem Papier, was ja geduldig ist, und siehe da, später wurden dann alle Rezeptideen in die Realität umgesetzt, fast alle, würde ich sagen.

Opa Franz-Xaver hatte sich, zusammen mit seinem Schwiegersohn Kurt, der im Verkauf einer kleinen, feinen Metzgerei tätig war, für das Fleisch zuständig erklärt, was sich für unsere gegrillten Spareribs à la Suriname als glückhafter Umstand herausstellte. Feinste Schweinerippchen und Schweinelendchen, schon am Vorabend genüsslich mariniert und vorbereitet, wurden in Begleitung von gebratenen Ananasscheiben, übrigens meine Idee, zu unser aller lukullischen Überraschung.

Opa hatte für das Fest seiner Enkelin eine eigens komponierte exotische Würzmischung mitgebracht und sich schon zusammen mit Onkel Kurt zum Grillmeister-Team erkoren. Die Schweinerippchen wurden von Profi Kurt bereits am Vortag in einem feinen, leichten Salzwasser-Sud vorgekocht, den er mit Zwiebeln, Lorbeer, einer Prise Chili und einer Prise braunem Zucker angereichert hatte. Die Schweinefilets hatte er zur gleichen Zeit mit Opas neu kreierter Chilisauce bepinselt, mit durchwachsenem Speck umwickelt und in Alufolie gepackt. Die aus dem Sud genommenen Rippchen wurden, bis zum nächsten Reise- und Verzehrtag, ebenfalls mit Folie umwickelt und zusammen mit den marinierten Filets seinem vollgepackten Kühlschrank anvertraut. Das wehe Bein meiner Tante Rosa schloss ein trautes Beisammensein in unserer feierlichen Runde aus. So hatte sie für uns saftige Ananasscheiben geschnitten und schon am Vorabend in Limettensaft mit Minze und braunem Zucker eingelegt. Dieses Rezept aus meiner Versuchsküche hatte sich in ihrem umfangreichen Rezeptbüchlein schon einen Ehrenplatz erkoren. Ein delikater Nachtisch aus Mango-Milchreis, meine jahrelange Lieblingsnachspeise, die sie für uns noch gezaubert hatte, brachte schon beim Auspacken

Freude in die erste Probierrunde. Ich wollte ja unsere Gäste, neben meinen mundigen Grill-Kokos-Spießen und meiner Überraschungstorte, noch mit einer zweiten Nachspeise überraschen, einer Avocado-Orangen-Creme.

Dieses Rezept der anderen Art war mir von Opa, meinem seelischen Weltenbummler, schon vor längerer Zeit zugeflüstert worden. Ich versteckte es sogleich in meinem immer dicker werdenden Sammelbüchlein, wo es auf den Tag X seines Erscheinens wartete. Zum Leidwesen Opas konnte er mit dieser süßen Variante der Avocado bei seiner zweiten Ehegattin aus der Oberpfalz keinen Staat machen. »Heute feiern wir Premiere für unseren Avocado-Nachtisch, unsere süße Surinam-Variation mit Orangensaft, Zitronensaft, Orangenfilets, einem Schuss Sahne und einem Honighäubchen«, rief ich in die Runde, was bei manchen Gästen allein schon bei diesen Worten für schmale Lippchen sorgte. Eine Verwandlung in »Mmh«- und »Oh«-Schleckermäulchen-Töne ließ während der späteren Verzehrstunde nicht lange auf sich warten.

Schon wuselte Mutter Agnes eilig um die Ecke, um ihre gerade noch rechtzeitig fertiggestellte Süßkartoffelsuppe auf das Buffet zu hieven. Gott sei's gedankt, denn sie konnte sich vor dem Fest unter einer Süßkartoffel, auch Batate genannt, die ich bei ihr in Auftrag gegeben hatte, so gar nichts Rechtes vorstellen. Der Herr Kramer des Ortes und seine Frau hatten mich quirliges Mädchen mit den abenteuerlichen Geschichten, die ihm nie ausgehen wollten, ins Herz geschlossen. Süßkartoffeln, Chilischoten, Knoblauchzehen oder gar Kokosmilch gingen ganz selten über ihre Ladentheke – nur für Mariannes Fest, zu dem die beiden auch, wie es sich gehörte, eingeladen waren, wurde diese rare Ware bestellt. Die Spießchen, die wir zu unserer Suppe reichten, hatte ich natürlich schon zu Hause vorbereitet, um Muttern zu entlasten.

»Gibt's für unsereins heute auch was zum Essen? Du weißt schon, was der Bauer nicht kennt …«, hatte Vater Alois noch vor ein paar Stunden bang gefragt und glaubte seinen Augen nicht zu trauen, als meinem Kuchen, den ich sehr gelungen fand, mit einem Wiesenblumen-Kränzchen von mir das Krönchen aufgesetzt wurde.

»Alles paletti«, beruhigte ich ihn. »Opa hat für euch hungrige, stramme Mannsbilder eine frische Riesen-Milzwurst nach seiner Rezeptur zusätzlich zum Grillen mitgebracht. Da haben sich Schweinefleisch, Kalbsmilz, Bries, Leber, Thymian, Zwiebel, Muskat, Pfeffer, Petersilie, Eier und eine Semmel zu einer kräftigen Gemeinschaft verschworen. Das wird dir schmecken, zusammen mit Omas bestem Kartoffelsalat mit Zwiebeln, Gürkchen, Brühe und einer Prise Zucker. Dann gibt's noch geräucherte Ripperln von unserem Nachbarn Hans, der heute in Grill-Ferien gehen kann, und Lammkoteletts, nach eigenem Gusto zu würzen. Da kommst du schon auf deine Kosten, Vater. Vielleicht probierst du ja auch meine neue Salatkreation aus Linsen, weißem Spitzkohl, Birnen und Schimmelkäse, die ich heute Morgen, bis auf die Zugabe der Birne, schon vorbereitet habe«, warb ich wieder einmal für eine meiner frechen Mixturen. »Oh, den Salat muss ich jetzt noch ganz schnell zusammenmischen und rüber zur Maria bringen«, stellte ich erschrocken fest.

»Wenn ich schon wieder Weißkraut mit Birne hör«, raunzte der alte Meckerer in seinen nicht vorhandenen Bart.

»Da gibt's auch noch Mohnnudeln von der Pfarrersköchin und eine herrliche Kokos-Käsetorte, die die Maria zu unserem Surinam-Fest beisteuert, die schmeckt … ein Gedicht«, versuchte ich ihn noch einmal zu überzeugen.

»Du meinst *dein* Surinam-Fest, dass das klar ist. Dass sich die Nachbarin für das Mädel so eine Arbeit macht, die hat doch einen Narren an ihr gefressen«, redete er wieder in sich hinein.

»Du hast ja recht, das ist mein Geburtstag, nicht unserer«, sagte ich laut, und leise dachte ich mir: Du bist nicht der Verursacher, dass ich hier auf dieser Erde leben, atmen und lachen darf, aber dafür, dass ich seit einem Jahr manches Mal weinen muss. Seit ich durch meinen Pfarrer von seinem traurigen Kriegsschicksal als Lagerinsasse wusste, betete ich jeden Abend für meines Stiefvaters traurige Seele.

»Du bist herzlich eingeladen«, übermittelte ich ihm, während ich mich, nach Vollendung meines speziellen Salates, den ich unter meinem Arm platziert hatte, hastig auf den Weg zum Schauplatz des Geschehens begab. Und wissen Sie was? Unser männliches Familienoberhaupt folgte meiner Einladung, zu unser aller Freude!

Mariannes Geburtstagsmenü

Agnes' Kokos-Kürbis-Süßkartoffel-Suppe
mit marinierten Putenspießen

Mariannes exotischer Spitzkohlsalat

Onkel Kurts eingelegte Schweine-Spareribs und
-lendchen gegrillt, mit Mariannes gebratener Ananas

Mariannes Avocadocreme –
Surinam-süß

Tante Rosas Mango-Milchreis

Marias Kokos-Käsetorte –
Mariannes Zitronen-Joghurt-Torte

Agnes' Kokos-Kürbis-Süßkartoffel-Suppe mit marinierten Putenspießen

4 Zwiebeln
4 Knoblauchzehen
250 g Petersilienwurzel
2-3 EL Sonnenblumenöl
1,8 l Hühnerbrühe, ausgekocht
700 g Süßkartoffeln
300 g Hokkaido-Kürbis
Salz, Pfeffer und Koriander, gemahlen
Saft und abgeriebene Schale von 1 Zitrone (Bio)
450 ml Kokosmilch

FÜR DIE SPIESSE:

1 kg Putenfleisch
2 Chilischoten
3 Knoblauchzehen
Saft und abgeriebene Schale von 1 Limette (Bio)
½ TL Currypulver
Salz und grüner Pfeffer
450 ml Kokosmilch
6 EL Kokosflocken
2–3 EL Sonnenblumenöl

Für die Suppe hatte Agnes schon am Vortag Zwiebeln, Knoblauch und Petersilienwurzeln gewürfelt und in einem großen Suppentopf in Öl angedünstet, was eine intensive Duftfahne den Hausgang hinunterwehte, zum Leidwesen des unteren Mieters Johann, der gerade dabei war, seine frisch geschlachteten, ausgeweideten kleinen Kitzlein – ein Schreckensbild für uns Kinder – an Deckenhaken zu befestigen, und den Knoblauch seit seiner Kriegsgefangenschaft in Russland partout nicht mehr abkonnte, wie er immer zu bemerken pflegte. Schon kam meine Mutter seiner Schimpfkanonade durch kräftiges Ablöschen mit der Hühnerbrühe zuvor. Jetzt stürzten sich die geschnittenen Süßkartoffel- und Kürbisschnitten vom 30-cm-Brett mit in die kochende Brühe und wurden nach 20 Minuten, weich wie Butter, von Muttern, nach meiner Anweisung, kopfschüttelnd mit Salz, Pfeffer, Koriander, der abgeriebenen Zitronenschale und dem Zitronensaft, kaum in Schwung gebracht, gnadenlos püriert, mit der Kokosmilch aufgefüllt, verrührt und dem Kühlschrank vor dem Verzehr für ein paar Stunden zur Verschmelzung anheimgegeben.

Für die Spieße, deren Zubereitung mir obliegt, verwöhnte ich das Putenfleisch schon am Abend vorher unter fließendem Wasser, tupfte es trocken und schnitt es in quadratische Stücke von etwa 3 x 3 cm. Die Marinade wartete schon in einer Schale mit entkernten und feinst geschnittenen Chilis, den musig gehackten Knoblauchzehen, dem Limettensaft und der abgeriebenen Schale, dem Currypulver aus Opas Mischung, Salz, den abgeriebenen grünen Pfefferkörnern sowie der aufgefüllten Kokosmilch gierig auf die Fleischstückchen. Hier eingelegt und eingeschlossen, dürften sie wohl eine aufregende Nacht verbracht haben. Nachdem ich sie in einem flockigen Kokosbett gewälzt habe, lege ich sie flugs in eine heiße Pfanne, brate sie vor dem Grillen rundherum kurz an, um sie dann in Alufolie zu verpacken.

In Begleitung von willigen Holzspießen und meinem Spitzkohlsalat warten sie nun, vereint mit meiner Avocado-Orangen-Nachspeise, in zwei Körben verstaut, auf ihren Abtransport zur nachbarlichen Buffet-Tafel. Da hilft Vater Alois, von der Ankündigung der Milzwurst-Aufwartung angezogen, selbstredend mit, und ich schmunzele auf dem Weg zum festlichen Geschehen über diesen Etappensieg still in mich hinein.

Mariannes exotischer Spitzkohlsalat

250 g rote Linsen
1 Msp. Korianderpulver
4 EL Olivenöl
100 g Edamer Käse
70 g Walnusskerne
1 große Birne
2 EL Zitronensaft
Salz, Zucker
400 g weißer Spitzkohl
4 EL Himbeeressig
Pfeffer, brauner Zucker
1 TL Honig

In einem mittelgroßen Topf kochen wir 250 g Linsen, die mit einer Messerspitze Korianderpulver versetzt wurden, für etwa 20 Minuten, seihen ab und beträufeln sie mit 1 Esslöffel Olivenöl. Der Edamer Käse wird in kleine Würfel geschnitten und erst mal auf die Wartebank gesetzt. Die Walnusskerne werden in kleinere Stücke zerteilt und bereitgestellt. Die Birne wird geschält, in mundgerechte Schnitze zerteilt, darüber träufeln wir 1 Esslöffel Zitronensaft, damit sie nicht die Farbe wechseln.

Dann bringen wir etwa 1 ½ Liter Wasser, das mit einer Prise Salz und einer Prise Zucker versetzt wird, zum Kochen, ziehen den Topf vom Herd und geben den in feine Streifen geschnittenen Kohl kurz in die gesiedete Flüssigkeit, um ihn danach in kaltem Wasser kurz zu blanchieren und in einer Salatschüssel Platz nehmen zu lassen. Aus dem restlichen Olivenöl und Zitronensaft, Himbeeressig, Salz, Pfeffer, einer Prise braunem Zucker und einem Teelöffel Honig wird eine Marinade hergestellt, über die Spitzkohlstreifen gegossen und behutsam vermengt. Jetzt sind die mit Koriander gepuderten Linsen, nach deren Vermischung mit dem Spitzkohl die Birnenschnitze dran. Diese werden sternenförmig in die Mitte der Salatschüssel gelegt und als Schlussformation mit den Käsestückchen und den Walnusskernen bestreut. Und nun hinauf auf die einzelnen Teller! Bei der Erinnerung an das Geschmackserlebnis dieser Vorspeise läuft mir sogleich das Wasser im Munde zusammen. Das wird Ihnen schmecken. Mahlzeit!

Opas Grillgewürzmischung
»Traumland«

20 g Galgant oder Ingwer
50 g Kurkuma
10 g Zimt (aus Stangen)
20 g Koriander
1 TL Chili
2 TL Petersilie
2 TL Sellerie
2 TL Knoblauch

Mein Großvater, dessen Antlitz dem eines Tiriyo-Indianers gar nicht so unähnlich war, verehrte Kräuter und Gewürze aus fernen Landen, die er in seiner Gärtnerei möglichst selbst heranwachsen ließ. Auf den Märkten ergatterte er Gewürze aus der ganzen Welt, oft im Tausch gegen Pflanzenraritäten aus seinen ertragreichen Beeten. Kurkuma, Koriander, Kardamom und Zimt, die heute auch, neben Ingwer, zu meinen Lieblingsgewürzen zählen, hatten es ihm besonders angetan. Sein Tauschjuwel Safran gewann er in eigener Regie aus dem Safran-Krokus, den ich ja nicht mit der äußerlich ähnlichen, aber giftigen Herbstzeitlose verwechseln sollte, wie er mir immer wieder an mein Kinder- und späteres Jungmädchenherz legte.

Für seine Gewürzmischung benützte er einen formschönen, mit alten Ornamenten ausgestatteten Mörser, der zusammen mit seinem notwendigen Stößel aus geschliffenem, lebendigem Quarzgestein angefertigt worden war. Er hatte ihn nach dem Krieg von durchziehenden Händlern erworben. Heutzutage nimmt man zum Mahlen von Gewürzen meist eine elektrische Mühle.

Alle Gewürze in der Auflistung müssen vor dem Mahlen natürlich gründlich getrocknet sein. Sie bekommen sie auch schon getrocknet oder pulverisiert in den Fachläden.

Um zum Beispiel kleine Geschenke daraus zu gestalten, geben Sie die Pulver in größeren Mengen nacheinander, zur besseren Verteilung über ein Teesieb, in ein trockenes Glas, das Sie mit einem Deckel verschließen, zwecks intensiver Vermischung der Elemente vorsichtig umdrehen und danach für mindestens eine Woche in einer ruhigen Ecke lagern. Erst dann sollten Sie eventuell kleinere Portionen in Streugefäße abfüllen. Diese Mixtur, für Fisch-, Geflügel- und Fleischgerichte eine Wonne, wird Ihre und die Sinne Ihrer Freunde verwöhnen, ein Dankeschön der besonderen Art.

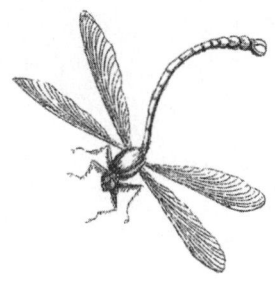

Onkel Kurts eingelegte Schweine-Spareribs und -lendchen gegrillt

2 kg Schweinerippchen zum Grillen
750 g Schweinefilet
150 g Frühstücksspeck, geschnitten

FÜR DEN SUD:

3 Zwiebeln
1 EL Meersalz
1 TL brauner Zucker
2 EL Sojasauce
3 Lorbeerblätter
3 l Wasser

FÜR DIE MARINADE:

200 ml Tomatenketchup
100 ml Chilisauce
30 ml Sojasauce
Saft und abgeriebene Schale von 1 Orange (Bio)
3 EL brauner Zucker
2 EL Honig
1 TL grüner Pfeffer
1 TL Meersalz

Die Zwiebeln werden geschnitten, das Meersalz, der Zucker, die Sojasauce und die Lorbeerblätter in das kochende Wasser gegeben. Etwa 15 Minuten langsam köcheln.

Dann schlägt die Stunde für die Schweinerippchen, die etwa 10 Minuten sprudelnd gekocht werden. Danach wird die Kochplatte auf null gestellt, und die jetzt veredelten Rippchen verbleiben zum Auskühlen gemütlich im Sud.

Für die Marinade mischt man den Tomatenketchup mit Chili- und Sojasauce, verbindet den Saft der Orange zuerst mit Zucker, Honig, Pfeffer und Salz und rührt diese Essenz dann in die erste Mischung. Zum Finale wird noch die abgeriebene Orangenschale unter die leckere Marinade gegeben. Vor dem Grillen werden nur die Rippchen im Sud vorgekocht, das Schweinefilet darf sich treu bleiben, wird mariniert, zum Grillen mit einer Speckscheibe umwickelt und höchstens 10 Minuten der Glut anvertraut.

Die Spareribs werden zum Abtropfen etwa eine Stunde vor dem Grillen aus dem erkalteten Sud genommen, auf ein Papiertuch gelegt, saftig mariniert und müssen sich von der Glut des Grills schon noch 30 Minuten zwacken lassen. Aber dann gibt es für die hungrigen Mäuler und Mäulchen beim Verspeisen nur noch Freude pur.

Mariannes gebratene Ananas

1 große frische Ananas
20 g Butter
Saft von 4 Zitronen
4 Zweige Zitronenminze
1 Schuss weißer Rum

Die Ananas wird geschält, in Scheiben geschnitten, in die ausgelassene Butter gelegt und auf beiden Seiten angebraten, mit Zitronensaft angereichert, mit den Minzezweigen belegt und kurz vor dem Verzehr mit weißem Rum beträufelt. Da lacht das Herz vor Freude. Probieren!

Die Schweinerippchen waren Onkel Kurts Happening, konnte er doch schon mal mit einer feinsten Fleischqualität, der wohlschmeckenden Marinade und mit seiner speziellen Vor- und Zubereitung, à la seiner schlesischen Heimat, eine von allen begeistert angenommene Aufwartung machen, von seinem charmanten, regen Wesen erst gar nicht zu sprechen. War ich stolz auf meine beiden Bootskapitäne Opa und Onkel Kurt, als sie sich gerade den Grillplatz untertan machten! »Der Rost muss mit Abstand von der Glut gehalten werden, die Rippchen sollten höchstens 30 Minuten grillen, die Filetstückchen nicht mehr als 10 Minuten.« Es schmeckte so tierisch gut, wie man zwischen den Kautönen heraushören konnte, schwupp, hatte der Grillmeister schon wieder neu aufgelegt. Was war er froh, doch für weitaus mehr Fleischvolumen gesorgt zu haben, das von seinem Chef nochmals mit den besten Wünschen aufgestockt worden war.

Opa war ganz gerührt, dass auch seine einmalige Würzkreation nun am heutigen Geburtstag seiner Enkelin das Licht der Welt erblicken durfte. Ich war voller Freude, dass meine beiden Ersatzväter meinem Vorschlag mit der gebratenen Ananas-Version so vertrauensvoll zugestimmt hatten.

Opa, mein alter Regenwaldindianer, wie ich ihn heute schon kess genannt hatte, war ja ohnehin mein Komplize, was die große Vorliebe für fremdländische Gewürze, Früchte, Nahrungsmittel und deren Zubereitung betraf.

Kurt hatte den schmackhaften Kartoffelsalat von Oma mitgebracht – da war er auf der sicheren Seite – und war ab heute auch auf der Fan-Liste der gebratenen Ananas à la Marianne zu finden.

Mariannes Avocadocreme – Surinam-süß

5 reife frische Avocados
Saft von 2 Zitronen
½ TL Korianderpulver
3 Orangen (Bio), davon 1 auspressen
50 g Schlagsahne
3 gehäufte EL Puderzucker
1 Schuss Cointreau
Minze

Das ausgelöste Avocado-Fruchtfleisch zu Mus zerdrücken und mit Zitronensaft und Koriander vermischen. Saft von 1 Orange dazugeben und 1 Esslöffel der Schlagsahne. Die beiden anderen Orangen filetieren, in eine Glasschüssel geben, Orangenschale reiben, dazugeben, Puderzucker unterrühren, restliche Sahne dazugeben. Zum Schluss die Orangenfilets, die mit einem Schuss Cointreau versetzt wurden, zugeben und alles umsichtig vermischen.
Mit Minze dekorieren.
Bon voyage!

Tante Rosas Mango-Milchreis

½ l Milch

1 Vanilleschote

Saft und abgeriebene Schale von 1 Limette (Bio)

2 EL Zucker

2 Mangos aus der Dose (bei Tante Rosa) –
heute frisch aus dem Bio-Markt

200 g Milchreis

50 g Schlagsahne

Minzeblättchen und 1 TL Zimt zum Dekorieren

Die unpasteurisierte Milch in einen größeren Topf mit kräftigem Boden geben, mit dem Mark der Vanilleschote, dem Limettensaft und der abgeriebenen Schale sowie dem Zucker etwa 10 Minuten leise köcheln lassen. Die erste klein geschnittene Mango zugeben und nach etwa 5 Minuten den Reis vorsichtig dazugleiten lassen. Etwa 10 Minuten weiterköcheln lassen.

Die geschlagene Sahne und die übrige, klein geschnittene Mango frisch untermischen. Nach der Füllung in Portionsschälchen mit kleinen Minzeblättern bestücken und mit einer Prise Zimt bestreuen.

Liebe Tante Rosa, genauso wie von Dir beschrieben, werde ich diesen Gaumenkitzel hinfort des Öfteren herstellen, schrieb ich, zusammen mit dem anvertrauten Rezept, in mein kleines rotes Tagebuch.

Ja, das war ein wunderbarer, unvergesslicher Geburtstag für mich an der Nahtstelle zu einem neuen Lebensabschnitt. Es machte mich froh, auch meinen Stiefvater in den Kreis der vom Schicksal zusammengewürfelten Menschen mit eingebunden zu haben. Er fand in meinem Großvater einen wohlgesinnten Gesprächspartner, und beide tauchten wohl ab in die neuralgischen Schmerzzonen ihrer Erlebnisse während der Kriegszeiten. Opa hatte schon im Ersten Weltkrieg jeglichen Glauben an Gott verloren, wie er immer betonte. Er schenkte seine ganze Aufmerksamkeit und Fürsorge seinen Pflanzen und seinen Enkelkindern, stets vertrauend auf die Kräfte und Gesetze der Natur.

Älter werd ich stets, doch niemals lern ich aus. (Solon)
Hurra, dreizehnjährig auf der höheren Schule

Mutter Agnes war glücklich in der Gemeinschaft mit Menschen, genoss die fremdländischen Gewürze und Speisen, tanzte mit Onkel Kurt und unterhielt sich intensiv mit ihm über die Zeit, die sie zusammen mit ihm und Tante Rosa in der Schutzzone der Gärtnerei verbringen durfte. Immer wieder fiel der Name meines gefallenen Vaters Georg, der jedoch nicht an die Ohren ihres jetzigen Mannes Alois dringen durfte.

Mein Onkel wusste von lustigen Momenten im Leben der kleinen Marianne zu berichten, die sich bis zu ihrem jetzigen neuen Lebensjahr unter das Schutzschild dieses feinen Charakters aus dem schlesischen Land stellen durfte. Maria saß Hand in Hand mit ihrem Mann Hans nach getaner Vorarbeit auf ihrer, auf unser aller heutigen Terrasse, wie sie es betonte, und genoss einfach den Reigen der Menschen. »Geh schnell auf die Straßen und Gassen und hol die Armen und die Krüppel, die Blinden und die Lahmen herbei«, hörte ich Herrn Pfarrer plötzlich aufgeregt meinen Oberlehrer befehligen.

Es ist doch schon viel zu spät, um noch Gäste bei uns aufzunehmen, raste es durch meinen müden Kopf, als sich gerade, sehr verspätet, drei Jungs aus meiner Klasse, von meinen Klassenkameraden und -kameradinnen noch zu einer Schnuppertour geschickt, einfanden, um sich einen Eindruck von der Lage an der Front zu machen. Die es ja im Übrigen gar nicht gab, wie sie, nach kräftiger Mahlzeit und nach einigen Gläsern Bowle, auf dem Nachhauseweg feststellen konnten. Marianne hatte jedenfalls dichtgehalten, der Herr Pfarrer und der Herr Oberlehrer nicht mal eine Anspielung gemacht. Das fand man cool.

Meine Freundinnen aus unserem Wohnort, Franziska, Annemarie und Rita, hatten sich auch schon auf den Heimweg gemacht. Unser heutiger Auftritt des Kammorchesters, von einem Waschbrett-Solo geadelt, war lautstark bejubelt worden, und noch eine Überraschung krönte mein Fest: eine kleinere Formation unserer Blaskapelle tauchte auf und gab den Song »When The Saints Go Marching In« zum Besten. Auch sie waren schon auf dem Heimweg.

»Geht also hinaus auf die Straßen und ladet alle, die ihr trefft, zur Hochzeit ein«, donnerte wieder die Stimme des Herrn Hochwürden an meinem Ohr vorbei, während ich mich zusammen mit Maria nun bei den Aufräumarbeiten mit nützlich machte. »Ihr geht jetzt auf die Straßen hinaus und holt alle zusammen, die ihr trefft, Böse und Gute«, befahl Herr Pfarrer, und mir kroch jetzt der Schreck über das Gehörte tief ins Mark. Der viele gute Wein, den er auch uns gespendet hatte, das war ein edles Tröpfchen, aber vielleicht ein Regenschauer zu viel, dachte ich und schlug mich an seine Ecke durch.

»Aber heute doch nicht mehr, Herr Pfarrer«, bat ich ihn jetzt inständig.

»So, mein Mädchen, kaum aufgehört mit deiner sonntäglichen Lesung, hast du schon gleich das Gleichnis vom Gastmahl Jesu vergessen, in dem jeder Eingeladene, wegen eines Vorurteils, mit einer anderen Ausrede vorgab, keine Zeit für die Einladung an den gastlichen Tisch Jesu zu haben. Es sei dir verziehen, dass du das heute vermeintlich schon vergessen hast, da waren so viele Eindrücke für dich. Das war heute einmalig, und ich werde einerseits traurig über unsere Trennung, aber auch zufrieden über deine neue Zeitspanne sein, die schon die Flügel über dich gesenkt hat.« Sagte es und legte seine Hand schützend auf meinen Scheitel, was ein stilles Glücksgefühl in mir auslöste.

Herr Pfarrer war indes bereits in einen Diskurs mit meinem Oberlehrer vertieft. »Wissen Sie, Herr Kollege, in allen Gesellschaften, den einfachen und den komplexen, ist das Essen die primäre Gelegenheit zum Anknüpfen und zur Pflege von menschlichen Beziehungen. Wenn der Anthropologe herausfindet, wo, wann und mit wem gegessen wird, kann er daraus auf alles Übrige schließen und den Charakter einer Gesellschaft erkennen.« Mit diesen klugen Worten ist er gerade dabei, wohlgefällig, ohne sich zu verabschieden, durch das Gartentor zu schreiten.

»So gehen Sie mir nicht von dannen, Herr Pfarrer, eine wohlgemute Nacht wünsche ich Ihnen, und auch Ihnen, Herr Rothenfußer. Ich darf mich noch für Ihre Fürsorge und für Ihr couragiertes Engagement bei meinem Stiefvater bedanken, was die Möglichkeit meines Realschulbesuches betrifft«, verabschiede ich die beiden jetzt mit einem großen Gefühl der Dankbarkeit in meinem Herzen.

Auf die Plätze – Torten los!

Marias Kokos-Käsetorte und Mariannes Zitronen-Joghurt-Torte

FÜR DEN BODEN 1:

150 g Löffelbiskuits
145 g Zwieback
100 g Butter

FÜR DIE CREME 1:

150 g Kokosmilch
200 g Zucker
150 g weiße Kuvertüre
800 g Frischkäse
400 g Magerquark
200 g Sahnequark
Saft und Schale von 2 Limetten
4 EL weißer Rum
4 Eier
2 Eigelb

FÜR DEN GUSS 1:

3 Blatt Gelatine
2 Passionsfrüchte
100 ml Maracujasaft
Saft von 2 Zitronen

FÜR DEN BODEN 2:

1 Zitrone
200 g Butter
½ TL Salz
150 g Zucker
4 Eier
1 EL Backpulver
200 g Mehl

FÜR DIE FÜLLUNG 2:

3 Blatt Gelatine
2 Zitronen
1 Pck. Vanillepuddingpulver
500 g Vollmilchjoghurt

FÜR DEN GUSS 2:

180 g Puderzucker
Saft von 1 Zitrone

FÜR DIE DEKORATION 1:

150 g Kokosflocken

Biskuits und Zwieback ließen sich von Marias Kaffeemühle fein mahlen, dann vermischte sie die beiden Gebröselten mit Butter und schlug sie fast schaumig. Da gab es kein Entrinnen mehr.

Eine Springform, wie sie diese immer nannte, legte sie mit Backpapier aus, formte aus der erzielten Mischung einen Boden, der erst einmal für etwa 10 Minuten bei etwa 200 Grad ins Backrohr musste. Dann ging's ans Fenster zum Abkühlen, schwitz! Für die Creme erwärmte sie die Kokosmilch mit Zucker, darin durfte die Kuvertüre ein heißes Bad nehmen und dahinschmelzen. Der Frischkäse gründete mit dem Magerquark und dem Sahnequark eine kleine Partei und wartete auf einen aufregenden Limettenschauer samt Abreibung. Nun die Kokosmilch-

FÜR DIE DEKORATION 2:

Blüten von Gänseblümchen, Verbene, Löwenmäulchen

Zitrone heiß waschen – Schale abreiben – Zitrone auspressen. Butter, Salz und Zucker schaumig rühren – Eier gründlich unterrühren, eins nach dem anderen. Backpulver mit Mehl mischen – mit 3 Esslöffel Zitronensaft und der geriebenen Schale vermengen – zur Butter-Mischung geben – alles gründlich vermischen. Diesen Rührteig in eine gefettete Backform geben (200 Grad – etwa 30 Min.) – nach dem Backen restlichen Zitronensaft über den Kuchen geben. Für die Füllung die Gelatineblätter in warmes Wasser einlegen. Wieder Zitrone heiß waschen – Schale abreiben – auspressen. Das Vanillepuddingpulver mit dem Joghurt verrühren – Zitronensaft und -schale untermischen – aufgelöste Gelatine zugeben – rühren. Kuchen aus der Vier-

Mischung mit dem Rum verrühren, die Eier und Eigelbe verquirlen und unter die schon fertiggestellte Quark-Mischung rühren. Auf dem Bröselboden verteilen und bei 180 Grad Umluft für 1 Stunde backen.

Für den Guss die Gelatine einweichen, die Passionsfrüchte halbieren und ans eingemachte Fruchtfleisch gehen. Zusammen mit 100 ml Maracujasaft erwärmen, Zitronensaft dazugeben, kurz vor dem Gelieren über den Kuchen verteilen und für mindestens 1 Stunde gelieren lassen … ahoi! Geschafft! Zum Schluss die Kokosflocken kurz anrösten und den Tortenrand gefühlvoll damit bestreuen.

eckform lösen und mittig durchschneiden – fertiges Joghurtcreme-Gemisch auftragen und die zweite Kuchenhälfte wieder daraufegen – im Kühlschrank mindestens 1 Stunde fest werden lassen. Puderzucker und den Saft einer weiteren Zitrone zu einem Guss verrühren – Torte auf Platte setzen – Guss auf der Oberfläche verteilen – fest werden lassen und kurz vor dem Anrichten mit lebendigen Blumen verzieren – oh holder Blütenkranz – olé!

Vater Alois verzehrte das erste Stück, o Wunder. Die kleine Raupe, die mit erschrockenen Augen aus einem Gänseblümchen hervorlugte, an dem sie sich labte, hatte ich noch rechtzeitig vor Übergabe der Torte mit einem beherzten Griff in die Sicherheit eines leeren Marmeladenglases bringen können.

Liebe Leser, den russischen Abschiedsspruch meines Oberlehrers, ebenfalls ein Schutzengel auf meiner Lebenslinie, möchte ich Ihnen nicht vorenthalten, er spricht Bände:

> Herr, gestalte, vermehr und lass gedeihen,
> dass es reicht für jedermann.
> Für den Hungernden
> und den Verwaisten,
> für den Begehrenden
> und den Bittenden,
> und für den, der es sich nimmt,
> und für den, der Gott preist,
> und auch für den, der undankbar davongeht.

Zu dieser Zeit hatte ich noch keine Kenntnis von meiner späteren Seelenfreundin Maria Sibylla, die genau mit dreizehn Jahren ihre verehrten Seidenwürmer, eingebunder in die Blätter des Maulbeerbaumes, nach geleisteter Hausarbeit unter den strengen Augen ihrer Mutter nach oben in eine Dachkammer trug, die sie sich heimlich eingerichtet hatte. Nur ihr Lieblingsbruder Caspar Merian, aus der ersten Ehe ihres verstorbenen, verehrten Vaters Matthäus Merian dem Älteren, wusste von diesem geheimen Raum, wo sie in Ruhe das Wunder der verschiedenen Stadien einer gefräßigen Raupe, über einen erstarrten Kokon bis hin zu einem meist wunderschönen Schmetterling, studieren konnte. Immer mehr gesammelte Insekten brachte Maria Sibylla von ihren nachmittäglichen Wanderungen nach Hause, um sie in ihrem Kämmerlein in Ruhe zu studieren und auch schon zu porträtieren, was sie in den letzten Jahren bei ihrem Stiefvater, dem Blumenmaler Marell, meist hinter dem Rücken ihrer Mutter gelernt hatte.

Die Sommervögelein, wie sie ihre ausgeschlüpften Schmetterlinge nannte, waren ihr besonders ans kleine Herz gewachsen, vor allem die je nach Art verschiedenartigen Stadien der Verwandlung faszinierten sie ungemein, während ihre strenge Mutter dieses Hobby eher abstoßend fand. In den Köpfen der meisten Menschen kamen die Raupe und alle Insekten aus dem Schlamm und wurden als Bedienstete des Teufels angesehen. Das machte der Mutter Angst und erzeugte Ekel in ihren Gedanken. Warum interessierte sich ihre Tochter nicht schon für die jungen Männer um sie herum, sondern für dieses wimmelnde, kriechende Teufelszeug? Immer wieder konnte der Maler Marell seine Ehefrau beruhigen und auf Maria Sibyllas großes Talent hinweisen. Wie gut, dass das junge, talentierte Mädchen mit großer Disziplin ihrer Mutter bei der Hausarbeit zur Hand ging und dadurch und danach sich bereits ihre ersten Freiräume schaffen konnte.

Liebe Maria Sibylla, nun dauert es noch etwa sieben Jahre, bis ich dich mit Anfang zwanzig in der Bibliothek meines Mentors und Ganzheitsmediziners in einem Buch kennenlernen darf, ein Buch, das mein Leben sehr stark verändert und bereichert hat. Aber davon später mehr.

Heute habe ich sehr lange hier an meinem Laptop gesessen und geschrieben.

Bevor ich mich jetzt auf mein Schlaflager begebe, darf ich Ihnen, liebe Leser, eine Übung mit auf Ihren Lebensweg geben – ob sie sich in Ihrem Lebensdiagramm mit einklinkt, werden Sie gleich feststellen können.

Eine Übung mit der Spirale, übermittelt von Laurin

Stell dich hin, atme tief aus und ein.
Gut ist's auf der Erde sein –
dass du spürst hier
die Kraft von ihr.
Atme lange in das Herz,
bis es leuchtet heller als jede Kerz'
mit allem, was dort ist,
und du ganz bei dir selber bist.

Dann öffne die Spirale nach unten,
fühle dich tief mit der Erde verbunden.
Schick in die Spirale das Licht hinein,
in der Erde Sonne schein.

Fühlst du die Sonne im Innern der Erde,
die Verwandlung, die Kraft von Stirb und Werde?
Hier wohnt das kristallin-violette Regenbogenlicht,
die Kraft der Wandlung durch es spricht.

Hol nun das Licht der Erde durch die Spirale in dich hinein,
es kann dunkel, kann hell und in allen Farben hier sein.
Nimm es auf – lass den Dingen ihren Lauf.
Nimm in Liebe an, was jetzt zu dir kommen kann.

Spür die Spirale sich nach unten drehen,
hinauf und hinab wird sie nun gehen.
Lass das Licht der Erde in dir kreisen,
lass es dich nähren, dich verspeisen.
Fühl dich in ihrem Licht geborgen,
übergib ihr all deine Sorgen,
denn sie ist die Mutter, die immer da ist ...

3

SIEH HER UND BLEIBE DEINER SINNE MEISTER

WANDLUNG 1:
Das stand in den Sternen

Der Planet Theia krachte vor viereinhalb Milliarden Jahren auf die Erde und barst in Millionen von Teilen. Bevor sich die Gesteinsbrocken dieses Planeten in unsere ausgelieferte Proto-Erde bohrten, schlug zuerst der den Planeten Theia umsäumende, gasumflorte Asteroidengürtel auf. Flirrende, phosphoreszierende Lichtwolken warfen ihre Muster fulminant auf die gestrandeten Berge aus Eis, das den abstürzenden Planeten, in Symbiose mit voluminösen Gaselementen, durch das All begleitete. Staub- und Steinfontänen zeichneten markante, verdunkelnde Bereiche in dieses kosmisch-irdische Szenario. Planet Merkur war empfindlich von der massiven rauen Kruste Theias getroffen worden, als er sich gerade zu einem schicksalhaften Schulterschluss mit seinem Kollegen Pluto anschickte. Er verlor bei dieser Kollision einen Großteil seines Mantels und durfte seinen Eisenkern behalten, der in etwa 65 Prozent seiner Gesamtmasse ausmachte und sich nach dem Einpendeln in seiner neuen Schwingungsebene durch Anziehungskraft mit einer schützenden, dünneren Gesteinskruste versehen hat. Planet Pluto wurde bei dem Absturz Merkurs mit in die Tiefe gerissen, konnte sich, unterstützt durch sein eisiges Umfeld, auf einem neuen Schwingungsfeld einpendeln und seinen neuen Planetenstandort manifestieren. So war wohl Merkur die Begegnung mit Plutos klirrender Eiseskälte in dieser anvisierten Planetenbruderschaft erspart geblieben. Stell dir vor, abgespaltene Teile der Weltraumtrümmer von Theias Corpus Delicti, vor allem seines Asteroidengürtels, der ihn in Massen mit Gasen und Eisfeldern umringte, gingen nach der Katastrophe durch die magnetische Anziehung wieder eine neue Fusion ein – und was denkst du, was entstand? Der Mond! Da staunt meine verehrte Kollegin Himmelsstürmerin! Und jetzt kannst du gleich wieder miterleben, wie durch scheibenartiges Umringen eines Meteoriten mit kosmischem Staub und Gas ein neuer Stern seinen anberaumten Platz auf der Milchstraße einzunehmen gedenkt. Meine sensationellen Bilder hab ich schon im irdischen Fotokasten, gleich darfst du einen Blick auf dieses Ereignis durch das Spiegelteleskop werfen, das ich heute mit eigenem Fernrohr ausgestattet habe.«

Sprach's und machte mit einer einladenden Geste den Platz für mich frei auf seinem »Himmelsgucker-Thron«, wie ich diesen Spezialhocker aus weißem Metall mit verstellbarer Rückenlehne immer nannte. Mit zitterndem Herzen reiste jetzt mein Auge, wie so oft in den letzten Jahren, in das große Weltenall, um der Geburt dieses neuen Sterns »hebamtlich« zur Seite zu stehen.

Liebe Leser und Leserinnen! »Wo befinde ich mich?«, spüre ich jetzt gerade Ihre Gedanken durch unsere Galaxis strömen. Wir schreiben laut Tagebuch den Vormittag des 28. Februar des Jahres 1968. Bereits acht Jahre waren wie im Flug ins Land gegangen, seit ich mich hier in der Praxis eines Arztes für Innere Medizin und Laborwesen um einen

Ausbildungsplatz als Arzthelferin beworben hatte. Was für einen einmalig integren, großherzigen und intelligenten Menschen, mit einer ganzheitlichen philosophischen Weltenbetrachtung, hatte der Schöpfer für mich in meinen Lebensplan mit eingebunden. Durch eine von meinem Lehrherrn durchgeplante Weiterbildung konnte ich inzwischen mit dem Diplom einer Med.-diagn. Assistentin aufwar-ten. Ich schmiss in diesen Tagen sogar das gesamte Labor alleine. Elektrophoresen, EKGs zur Herzschlagüberwachung, Harnuntersuchungen, Blutzuckerbestimmungen, Magensäure-Tests, alles noch von Hand pipettiert, heute rechnet der Computer. Zuerst waren morgens die Blutabnahmen zu absolvieren, bei denen ich eine regelrechte Meisterschaft entwickelte. Schon beim ersten Stich in eine Vene erzielte ich einen Treffer, bestätigt durch einen Blubb-Ton im Ohr. Blaue Flecken gab es nicht zu verzeichnen, alles zur Freude der Patienten und meines Chefs, versteht sich. Meine Freude, diese Dienstleistungen für erkrankte Menschen zu erbringen, kannte auch nach den Jahren keine Grenzen. Ich lernte, staunte und wurde Zeitzeuge vieler Heilungen, die durch das Gesamtpaket Körper-Seele-Geist eines ganzheitlich denkenden und außergewöhnlich agierenden Mediziners zustande kamen.

Jahrelang hatte er die klassische chinesische Medizin im fernen Land studiert und praktiziert, bevor er seine eigene Praxis in München eröffnete. Wie wir in den letzten Tagen in einer intensiven Gesprächsrunde feststellen konnten, hatte ihn eine große Studienreise durch Südamerika geführt, auf den Spuren des Naturforschers Alexander von Humboldt, der sich, ab dem Jahre 1802, durch seine Reisen und Studien in Südamerika, vom Pazifischen Ozean bis zu den Anden, mit der Inka-Stadt Cajamarca am Machu Picchu, als Biologe, Soziologe und Vertreter der universalen Menschenrechte einen unauslöschlichen Namen machte. Seine inständige Suche galt dem Magnetpol der Erde, einem unbekannten Gebiet, das er, mit einer unstillbaren damit verknüpften Sehnsucht nach dem unverdorbenen, ursprünglichen Menschen und einer in sich ruhenden, unverwüsteten Natur »Terra incognita« nannte.

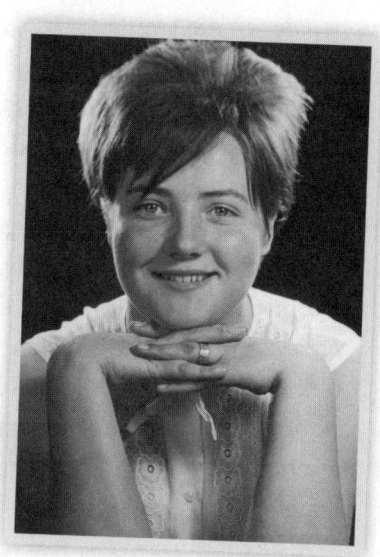

Ein edler Meister stand auf diesem Platz. (Friedrich Schiller) Freudige Lehrjahre bei einem großen Mediziner und Mentor

»Was gegen die Natur ist, ist Unrecht und ohne Verstand.« Dieser weise Spruch von Alexander von Humboldt – dieselbe Botschaft war schon seit meiner Kindheit von meinem schamanistischen Großvater Franz-Xaver in mein grünendes Kinderherz gepflanzt worden – prangte in großen Lettern über dem Schreibtisch des Behandlungsraumes meines Meisters, von Zeit zu Zeit entfleuchte er auch seinen Lippen, von verschmitzten Augen besiegelt, während es einem Gläschen von feinstem, selbst gebrautem Walnusslikör erlaubt war, seine Sinne zu erquicken. Manches Mal bekam ich auch ein Stamperl ab, immer mit dem Zuspruch: »Du weißt ja, meine Große, ein Glas ist Medizin, zwei ist eins zu viel.« – »Es kommt ja dann wohl auf die Größe des Glases an«, konterte ich dann vorwitzig und kippte mir das bittere Gebräu hinunter.

Liebe Leser, jetzt muss ich mich in Ihrer Kompagnia tapfer wieder in die kleine Sternwarte meines medizinischen Lehrmeisters in das Jahr 1968 zurückbeamen, denn an diesem Tag hatte ich ihm eine schicksalsschwere Mitteilung zu machen. Noch saß ich mit klopfendem Herzen an dem mir anvertrauten Teleskop, um an der Nahtstelle einer neuen Sternengeburt visuell teilhaben zu dürfen. Durch dieses neue effiziente Teleskop offenbarte sich mir eine unfassbare Nähe zum Ort des Geschehens. Den gerade geborenen Stern umkreiste eine Lichtscheibe aus blau-türkisem Licht, das von weißen flirrenden Rändern gespeist wurde. Stolz begann sich der Stern zu drehen, wie um sich vor seinen applaudierenden Sternenbrüdern und -schwestern zu verbeugen.

»Das ist mein Stern«, rief ich aufgeregt, »bitte, Herr Doktor, tragen Sie ihn für mich in Ihr Register ein. Sie nennen ja schon so viele Sternenkinder Ihr Eigen.«

Eine große Sehnsucht nach meinen Seelenverwandten in der Milchstraße überspülte mein Herz. Dieser Stern sollte meine geistige Heimat, meine Seelenlandschaft werden.

»Du musst ihm jetzt gleich einen Namen geben, damit ich dich sofort beim Planet Center der Internationalen Astronomischen Union in Massachusetts anmelden kann, sonst kommen uns andere zuvor«, drang die Stimme meines Meisters wie von Weitem an mein Ohr.

»Daniela«, hörte ich mich wie in Trance rufen, während dicke Tränen über meine Wangen kugelten. Niemals würde ich diesen Arbeitsplatz verlassen können, diesem wunderbaren Menschen den Rücken kehren. »Ich will mein Bewusstsein noch weiter verfeinern, die Zusammenhänge der Welt und der Medizin mehr und mehr erfassen und unsere Patienten weiterhin mit liebevoller Zuwendung und Wertschätzung, als seine rechte Hand, wie mein Chef das immer scherzhaft nennt, in eine gesunde lebendige Mitte begleiten«, ging es durch meinen Kopf, als mein Förderer, ein Blatt Papier schwenkend, die Treppe heraufkam.

»Du bist als New Astronomic Member beim Planet Center eingetragen. ›Daniela‹ ist dein Stern, hier hast du's schwarz auf weiß auf blau. Keine andere Meldung. Mir scheint, unsere Kollegen haben alle weltweit ihre Teleskope auf unseren guten alten Mond und seine Umgebung gerichtet. Von der Apollo-11-Missions-Rakete ist noch weit und breit nichts in Sicht. ›But everyone wants to be the first to get the rights of the different moon-districts‹, so sprach heute der First Director in Massachusetts, ›maybe the mission will never be seen for us!‹ Dann lachte er wie ein Berserker! Was der wohl meinte ...«, sprach er versonnen zu sich.

Jetzt war unsere Zeit verstrichen. Vor der Nachmittags-Sprechstunde ging es nun daran, unser schon durch die Gänge duftendes spätes Mittagessen zu uns zu nehmen, das ich bereits vor unserer astronomischen Entdeckung vorbereitet hatte. Heute war mein Kochtag, den ich einmal wöchentlich für meine Kollegen zu deren Freude installiert hatte. Immer gab bayerisch-surinamisches Essen den Ton an. Heute mischte sich auch noch ein italienischer Gusto darunter. Es gab ein Schmetterlingsnudelgericht à la Maria Sibylla Merian, mit Auberginen, Paprika, Zucchini, gebratenen Bananen, pürierten Tomaten, Thymian, Koriander, Lorbeer, Knoblauch, Zwiebeln, Zitrone und grünem Pfeffer, mit Ricotta-Schafskäse überbacken. Dazu Endiviensalat mit Ananasstückchen und als Nachtisch ein Mango-Mousse à la Alexander von Humboldt.

Herr Doktor sorgte für die Getränke, meist perlendes Wasser und Wein vom Allerfeinsten, den wir nur in Maßen zu uns nahmen, in meinem Falle meistens als Schorle. In nächster Zukunft würde ich wohl ausschließlich dem Wasser den Vorzug geben müssen. Den Tisch hatte ich schon fantasievoll für vier Personen gedeckt, mit Orchideenblüten dekoriert, denn auch die Gattin meines Chefs, die innerhalb unserer Praxis-Zone eine krankengymnastische Abteilung leitete, und unsere Sekretärin waren wie immer zu meiner wöchentlichen Kochexkursion geladen.

Die Namen von Maria Sibylla Merian und Alexander von Humboldt hatte ich nicht ohne Hintergedanken meinen Gerichten zugeordnet. Vor ein paar Wochen hatte ich im Bücherregal unseres Wartezimmers ein Buch über die Naturforscherin und Malerin entdeckt, *Die Reise nach Surinam 1699*, so der Titel, was mein Herz für einen freudigen Moment fast zu einem Flickflack inspirierte. Nach so vielen Jahren, in denen sich der Begriff Surinam ganz fest in mein Sprachschatzkästchen integriert hatte und ich mich mit dem Standort am Atlantischen Ozean ja schon seit meinem zwölften Lebensjahr immer mehr vertraut gemacht hatte, mir all die geschichtlichen Ereignisse und Wandlungen, eingebettet in die schreckliche Zeit der Sklavenhaltung durch die holländische Herrschaft, tief eingeprägt hatte, tauchte plötzlich eine einmalige Frauengestalt in meiner Regenwald-Imaginationswelt auf, mit der ich mich so intensiv befasste.

»Das mir von Ihnen überlassene Buch kuschelt sich seitdem in das Fach meiner Ledertasche. Ich lese darin in jeder freien Minute. Was für ein eingeschränktes und doch selbstbestimmtes Leben diese für mich so vorbildliche Frau gelebt hat. Es gelang ihr, den Pflichtbereich der Haushalts- und Küchenarbeit, den ihr die Mutter täglich aufgesetzt hatte, so fix abzuleisten, um in der verbliebenen freien Zeit, im Schutzfeld ihres Stiefvaters, des Malers Marell, und ihres geliebten Stiefbruders, des Kupferstechers Caspar Merian, heimlich eine professionelle Ausbildung für beide Sparten zu ertrutzen, in denen sie schon mit neunzehn Jahren brillieren und ihren glücklosen Maler-Ehemann miternähren konnte, ja musste. Es war für ein Mädchen Anfang des 17. Jahrhunderts nicht erlaubt, die Malerei zu studieren, schon gleich gar nicht, mit Ölfarben zu operieren. Einzig alleine das Sticken von Bildern und Häkeln und Klöppeln von Deckchen und Vorhängen war zur künstlerischen Gestaltung vorgegeben«, wusste ich während des Verzehrs der Hauptspeise stolz meine bereits geernteten Erkenntnisse der Tischrunde vorzutragen. Bei den beiden Damen und – ganz ungewöhnlich – auch bei meinem Herrn Doktor fand dies interessemäßig allerdings kaum einen Nährboden, wohingegen mein surinamisch angehauchtes Nudelgericht begeistert aufgenommen wurde.

»Diese Frau mit ihrem Teufelsgebrüt, die nur ekelige Insekten und fette Raupen zu malen wusste! Wäre sie nicht mit ihren Töchtern nach Holland gegangen, hätte man sie am besten als Hexe verbrannt, wie so viele ihrer dreisten Genossinnen«, zischte plötzlich die klirrige Stimme von Frau Doktor über den Glasrand ihrer gerade zu verzehrenden Nachspeise, die ihr mit einem Schwapp Sahne eine Retourkutsche unter die zorngeblähten Nasenflügel schickte.

»Ja, der Himmel gehört den Insekten und das Unten den Krokodilen«, brachte meine Herzensdame, unsere Sekretärin, mit starrem Blick auf Frau Doktor auf den Tisch, unter dem sie mir mit ihrem Stöckel auch noch kurz, zur Unterminierung dieser Aussage, die Kniescheibe malträtierte. Jetzt stieg Herr Doktor in den Diskurs mit ein: »Ich für meinen Teil halte es mit meinem hochverehrten Forscher Humboldt. Ich bin auf seiner Route durch die Anden gewandert und habe den Gipfel des Chimborazo erstiegen, war wie er Gast in einfachen Hütten, wurde wie er auch Plutonist, als ich sah, dass sich Steine aus feuerflüssigen Elementen, dem Magma, entwickeln.«

Es gelang mir, mich in seinen Redefluss zu werfen. »Herr Humboldt wurde von den Fürsten und Ratsherren für jede Studienreise mit einer beträchtlichen finanziellen Apanage ausgestattet, sodass er mit seinem Team, trotz großer Entbehrungen, durch die Möglichkeit der finanziellen Zuwendungen von den Ureinwohnern der Regionen beschützt und beraten wurde. Maria Sibylla Merian trat mit 56 Jahren zusammen mit ihrer ältesten Tochter eine dreimonatige Schiffsreise auf einem großen Handelsschiff an, das noch von kräftigen Männern, meistens Sklaven, gerudert wurde. Sie hatte vom Bürgermeister Amsterdams ein Stipendium erhalten, die Hauptkosten der Reise hatte sie sich zusammengespart. Mithilfe der Sklaven ging sie mit ihrer Tochter zu den Indianern bestimmter Regenwaldzonen, um sich von ihnen einzigartige Raupen, die später in ihren Gläsern schlüpften und eins zu eins, in Konstellation mit ihrem Lieblingsstrauch, von ihr gemalt und dadurch dokumentiert wurden, übergeben zu lassen. Auch in die ihr übermittelten Geheimnisse der Naturmedizin, die sie ebenfalls für die Nachwelt dokumentierte, wurde sie von den Indianern und Sklaven, die ihr aufgrund der guten Behandlung, die sie ihnen angedeihen ließ, sehr freundschaftlich zugetan waren, eingeweiht«, versuchte ich jetzt für meine entdeckte Seelenschwester Respekt von meinen Tischnachbarn abzurufen. Reaktion gleich null. Unsere Sekretärin versank nichtssagend in meiner liebevoll komponierten Nachspeise, Frau Doktor badete ihre angefettete Nase in einem Glas Weißwein, der alsbald in dem trockenen Schlund der Dame auf Nimmerwiedersehen verschwand.

»›Ich lebte bei den Chaymas-Indianern in einem Dorf am Flusse Caripe. Beim Heimgang von den Feldern trug der Mann nichts als seine Machete, mit der er sich den Weg durch das Gestrüpp bahnte. Das Weib ging gebückt unter einer gewaltigen Last Bananen, das kleinste Kind hatte sie sich an die Brust gebunden, die zwei anderen Kleinkinder saßen oben auf dem schaukelnden Bündel. Trotz einer gesellschaftlichen Unterordnung scheinen diese Weiber der südamerikanischen Indianer glücklicher zu sein als die Frauen der bourgeoisen Familien unserer westlichen Welt‹, hat Humboldt in einem seiner Reiseberichte, wie ich meine, völlig korrekt vermerkt« – ungerührt legte mein Chef diese Worte seiner Angetrauten auf den leer gefegten Teller.

»Das ist doch hirnrissig!«, brüllte Frau Doktor dagegen, fabrizierte aus dem Meißener Teller ihres adeligen Familienerbes mit einem kräftigen Schlag ihres noch unbeleckten silbernen Suppenlöffels zwei Porzellanteller-Ehehälften für den blinkenden Mülleimer und entfleuchte radebrechend.

»So, meine Damen, jetzt können wir uns über die wunderbare Maria Sibylla Merian unterhalten, deren Buch ich schon seit ein paar Jahren vermisst hatte. Meine Gattin hat es wohl, dank ihrer Ekelgefühle bezüglich der kriechenden und schlüpfenden Insektenwelt, aus meiner Bibliothek in das Bücherregal des Wartezimmers verbannt. Ich darf es dir, liebe Marianne, hiermit offiziell zum Geschenk machen«, übermittelte er mir in wieder weichem, wohlgesinntem Tonfall. Mein Herz war jetzt schwer wie Blei, aber ich musste meinen Entschluss, schon vor einer Woche zusammen mit meinem Ehemann gefasst, im Hier und Jetzt an diesen einmaligen Mann bringen.

Ich bin von Kopf bis Fuß auf Liebe eingestellt. (Friedrich Hollaender) Im Jahre 1967 verliebt, verheiratet und schwanger mit Daniela

»Herr Doktor, wir ziehen in drei Monaten nach Starnberg, wo ich geboren bin. Mein Ehemann hat dort eine Arbeit als Geschäftsführer eines Lokals samt Betriebswohnung für seine angehende Familie gefunden. Ich muss Sie in fünf Monaten verlassen, ich bin im dritten Monat schwanger. Heute hat sich die Seele meines Sternenkindes mit eingegossen. Ich weiß, es wird ein Mädchen sein, das sich entschieden hat, mir hier auf dem Planeten Erde bei meiner schwierigen Mission zur Seite zu stehen. Daniela wird Anfang August auf die Welt kommen. Werden Sie, wie heute schon spirituell, auch ihr irdischer Taufpate sein?«

Tochter Daniela,
mein Augenstern

Es gibt nur zwei Tage im Leben,
an denen man nichts tun kann.
Der eine ist gestern, der andere ist morgen.
Das lehrt uns, dass nur das Hier und Jetzt
der richtige Moment zum Handeln und
zum Leben ist.
Dalai Lama

WANDLUNG 2:
Man lebt nicht, um zu essen, sondern man isst, um zu leben
(Euripides)

Farfalle-Nudelauflauf à la Maria Sibylla

Für 4–5 Personen

1 Aubergine
1 Zucchini
½ Paprika, rot
½ Paprika, grün
1 Zwiebel, rot
½ Knoblauchzehe
3 EL Olivenöl
½ kleine Banane
1 Dose pürierte Tomaten

evtl. etwas Brühe
1 Sträußchen Rosmarin
1 Lorbeerblatt
1 TL Thymian, pulverisiert
grüner Pfeffer aus der Mühle
brauner Zucker, Meersalz
125 ml trockener Weißwein
½ TL Koriandersamen
300 g Farfalle-Schmetterlingsnudeln
Koriandergrün, gezupft
150 g Ricotta-Schafskäse

Die Aubergine wird von der Schale befreit, in Würfel geschnitten, ebenso die Zucchini und die Paprikahälften mit
Schale. Die Zwiebel wird in Scheiben geschnitten, die halbe
Knoblauchzehe ganz zerkleinert, alles zusammen in dieser
Abfolge dem erhitzten Olivenöl zur Andünstung anvertraut. Es folgen die zerkleinerten Bananenstücke, dann wird
mit den pürierten Tomaten aufgegossen. Je nach Saftanteil
noch etwas Brühe zugießen. Sofort mit Rosmarin und Lorbeerblatt beglücken, die, kaum haben sie sich eingelassen,
nach ca. 10 Minuten den Topf wieder verlassen müssen.
Dafür taucht jetzt Ihre Hoheit das Thymianpulver in Begleitung des grünen Pfeffer-Balletts in das blubbernde Gemisch, dessen feiner Duft schon das Wasser im Munde auf
den Verzehrungs-Plan ruft. Doch halt! Das Salz lässt nach
endlosen Diskussionen dem eingebildeten braunen Zucker,
bloß weil er gerade so ›in‹ sein soll, den Vortritt, es hatte
eigentlich mit einem lupenreinen Zertifikat aufzuwarten.
Kaum hatte jeder sein Plätzchen im Topf ertrutzt, schwapp-
te ihnen die Köchin ein Gläschen Weißwein über den Schei-

tel und ließ die Sinne aller Zutaten mehr und mehr schwinden. Ein hölzerner Kochlöffel wurde zum Vollstrecker, um alles zu verrühren. Jetzt war es an der Zeit!

Ein letzter Seufzer und vorbei war's mit der Individuality. Im blubbernden Tomatenpool ergab man sich dem delikaten, kollektiven Zutaten-Verbund, der jetzt nach etwa 10 Minuten bei kleiner Hitze noch mal 10 Minuten Zeit hatte, aufeinander einzuwirken, um danach die eingeladenen Gäste mit einem Premieren-Gaumenkitzel zu überraschen. O je, jetzt hatte man den Koriandersamen, noch ganz schwindelig vom anstrengenden Zermalm-Vorgang, am Wegesrand zurückgelassen. »Nun aber ab die Post, duftender Meister«, sprach's zu sich, tauchte schwups unter im Topf, ward nie mehr gesehen, beim Dinner aber erfreulich benotet. Seinem grünblättrigen Cousin war es ja heute vergönnt, sich von den Gästen, kurz vor dem Verzehr, persönlich auf den gebackenen Schafskäse platzieren zu lassen. »Tja, der eine mag grünen Koriander, der andere nicht. Ich bin schon initiiert«, tönte da gerade der Samen-Kollege frech aus dem Töpfchen, als schon der Topfdeckel einem sich anberaumenden Diskurs ein jähes Ende bereitete. »Jetzt schön leise blubbern und aufeinander einstimmen, meine Herrschaften«, hörte man die Stimme der Köchin, während sie den Hitzeschalter auf 1 herunterschaltete und die Farfalle-Nudelgemeinde dem gerade ankochenden Wasser anvertraute, das vorher mit einer Prise Salz und einem Löffel Olivenöl versehen worden war. Nach ganzen sieben Minuten wurde das sprudelnde Tanzvergnügen mit dem Schnarren eines alten Klingel-Weckers abgebrochen.

Ihm war die Hausfrau seit ihrer Jugendzeit sehr verbunden. Schon tauchte ein großer gelöcherter Schöpflöffel auf und warf die Nudeln an Land, sprich in eine mit Butter leicht eingefettete Auflaufform. Da lagen sie nun aufeinander, nichts ging da mit Fliegen: farfalle, farfalla. Und jetzt ging's rasant voran. Schon goss die Köchin unabänderlich die duftende Gemüsesauce – die Gemüsestückchen in der Sauce waren immer noch al dente – über die aufgeregt bibbernden Nudeln, die ja nicht vorher kalt abgeschreckt werden durften, und schon drang die besorgte Stimme der Großmutter hinunter auf den Schüsselgrund. »Das gibt heute eine besonders erfreuliche Fusion. Hörst du, wie das aus der großen Schüssel plappert und brummelt?«, bemerkte die Schöpferin dieses Gerichts laut, Omas Ratschlag war doch Ritual, und platzierte mit geübter Hand den gut gelaunten Almen-Ziegenkäse über die fast fertige Mahlzeit. Da gab's kein Wenn und Aber für den Käsebaron!

Auf das Rohr!, und hinein schob sie das lukullische Vergnügen. »Überbacken wirst du nun bei mittlerer Hitze für weitere 15 Minuten! Mmh, wie das duftet, schnell ein kräftiges Pröbchen, mmh, wie das schmeckt! Halt an dich, Köchin! Alufolie drüber, es eilt, es eilt! Die gestern schon vorbereitete Mango-Nachspeise aus dem Kühlschrank in die Folie und ab in den Korb. Spezial-Salz-Mix-Geschenk für Herrn Doktor in die Tasche, neben das Schminktäschchen platziert, mein Schlüssel, mein neuer weißer Laborkittel, Taxi, Taxi«, ergießt sich die Wortkaskade der Hausherrin über das fertige Mahl. Im Topf wird es bedenklich still, denn die gezauberten Gerichte haben sich schon ergeben auf die Reise zu den Genuss- und Verdauungstrakten hungriger Mäuler eingestellt. Bon appétit und bonne arrivée!

Mango-Mousse Surprisa,
Herrn von Humboldt
in memoriam

Für 8 Personen, just in case!

7 Eigelb
140 g Zucker
½ kleine Vanilleschote, ausgekratzt
1 TL abgeriebene Schale von 1 Limette (Bio)
7 Blatt Gelatine
440 ml Maracujasaft
440 g Schlagsahne
1 Prise Zimt
5 Mangos
250 g Papaya-Fruchtfleisch
400 g Honigmelone
1 Passionsfrucht
2 Orangen
1 EL Bienenhonig
16 cl Calvados

Bereits am Vorabend schlug ich die Eigelbe mit dem Zucker, dem Vanille-Extrakt und einem Teelöffel geriebener Limettenschale in einer vorgewärmten Schüssel schaumig. Die Gelatineblätter hatte ich schon kurz davor in lauwarmes Wasser eingeweicht, jetzt gab ich sie noch triefend zu der geschlagenen Eimasse. Der kühle Maracujasaft floss langsam dazu und wurde von mir mit Mutters vererbtem Schneebesen zu einer feinen Creme gerührt.

Die Sahne hatte ich schon extra geschlagen, kalt gestellt und hob sie nun rechtzeitig vor dem Gelieren zärtlich unter die Maracujacreme. Mein Schneebesen barst bei seinem zweiten Arbeitsgang vor Stolz. Jetzt war der Zeitpunkt günstig, die vorbereiteten Gläser mit der Creme Surprisa zu füllen und jedes Glas, vor der Rückkehr in die kühlen Gefilde des Frigidaires, schon vorab mit einer kleinen Prise Zimt on top zu verwöhnen.

Am Morgen vor der Abfahrt zu meinem Arbeitsplatz würfelte ich das leckere Fruchtfleisch der Mangos, der Papaya und der Honigmelone. Der Passionsfrucht war der letzte Auftritt vorbehalten, eine der beiden Orangen wurde filetiert, in kleine Stücke geteilt und zugegeben. Aus der zweiten Orange und der abgeriebenen Limette presste ich die Säfte, ließ sie zusammenfließen und zuversichtlich sich mit dem Honig und dem Quäntchen Calvados verbinden, um dann alles über die Fruchtstückchen zu gießen. Jetzt war eine Stunde der Verschmelzung angesagt. Erst kurz vor dem Verzehr verteilte ich die eingelegten Fruchtstückchen, nach geglücktem Geschmackstest, auf der gekühlten, mundigen Creme, die schon in regenbogenfarbigen Gläsern bereitstand. Auf einem kleinen Teller wartete eine Scheibe leckere Passionsfrucht in Begleitung eines kleinen Schmetterlings-Kekses. Das war Freude pur!

Opa Franz-Xavers
»Salz der Erde«

30 g Pinienkerne
1 TL Leinöl
30 g Hafer
1 EL Chiliflocken
1 EL Koriandersamen
1 TL dunkle Kaffeebohnen
30 g grobes Salz aus den Salinen von Bad Reichenhall

»Salz und Brot macht Wangen rot«, das war einer von vielen kurz und bündigen Lieblingssprüchen meines Großvaters Franz-Xaver, Gärtner und Naturapostel meiner glücklichen Kleinkindheitstage, die ich zusammen mit Mutter Agnes in der Großfamilie seiner Gärtnerei erleben durfte. Seine speziellen Salz- und Curry-Mischungen, bei deren Entstehung ich als kleines Mädchen oft, auf einem Stuhl balancierend, über die Schulter lugen durfte, waren als Geschenke für Familienmitglieder, Freunde und Nachbarn sehr beliebt. Mein Geschenk an meinen großen medizinischen Mentor aus dem Schatzkästlein meines bewunderten Großvaters darf ich Ihnen, liebe Leser, als Ansporn für eine eigene Salz-Kreation heute einfach mal so in den Schoß legen.

Zuerst rösten Sie die Pinienkerne fettlos und ganz vorsichtig in einer Pfanne, geben sie anschließend einer Porzellanschüssel zur einstweiligen Betreuung anheim und stellen sie zur Abkühlung zur Seite. In der verwaisten Pfanne darf sich nun der Teelöffel Leinöl erhitzen. Darin kommt nun der Hafer in den Schwitzkasten, wird mit den Chiliflocken, dem Koriandersamen und den Kaffeebohnen angereichert und ebenfalls kurz angeröstet. Jetzt darf sich endlich das berühmte Salz mit in der Pfanne wälzen und sich mit den Ingredienzien darin vermischen. Zum Auskühlen und etwas Antrocknen kommt es dann auf einen Teller, der mit einem Papierhandtuch ausgelegt ist. Wenn Sie, vielleicht zu späterer Abendstunde, Zeit und Muße haben, zerkleinern Sie geduldig diese spannende Mixtur mit einer elektrischen Kaffeemühle, Opa arbeitete noch mit einer handbetriebenen oder mit einem Mörser. Bitte vergessen Sie nicht, für den Schlussakkord auch die wartenden Pinienkerne zu mahlen und in die Mischung zu integrieren. In hauseigener Geschenkproduktion könnten Sie jetzt drei Gläser mit je etwa 35 g auffüllen, bekleben und beschriften. Eines sollten Sie aber für sich behalten, um Ihren eigenen Gusto geschmacklich zu überraschen.

Mit dieser herrlichen Salz-Kreation können Sie Steaks vor dem Grillen einreiben, Ihrem Sauerbraten eine ganz neue Note verleihen und eine Ente à l'Orange zu einem unvergesslichen Geschmacksabenteuer transformieren. Zu grillendes Gemüse bestreichen Sie erst leicht mit Leinöl und verzaubern es vor dem Grillen vielleicht auch mit einer abgefahrenen Eigenkreation aus Lavendelblüten, Selleriewurzeln und getrockneten Kokosflocken – Ihr neues Magic-Salt! Scusi, jetzt geht meine Fantasie schon wieder mit mir durch. Sie sollten doch auch Ihre eigene Mixtur erschaffen! Viel Glück!

WANDLUNG 3:
Eine schöne Menschenseele finden ist Gewinn

(Johann Gottfried Herder)

Es ist kein Wurm so abscheulich und so gering in unseren Augen, der uns nicht, wenn wir nur die gehörige Aufmerksamkeit daran wenden wollten, von der Weisheit des großen Baumeisters des Himmels und der Erden völlig überzeugte.

MARIA SIBYLLA MERIAN

Liebe Leser, nun ist es an der Zeit, Ihnen die Biografie meiner vor vierzig Jahren entdeckten und seither hochverehrten Naturforscherin und Malerin Maria Sibylla Merian vorzustellen und Ihnen, eingehüllt in meine langjährige Empathie für diese große historische Persönlichkeit, von mir recherchierte Einblicke in das Leben und Wirken dieser einmaligen Künstlerin und Wegbereiterin der modernen Insektenkunde aus dem 17. Jahrhundert zu ermöglichen. Maria Sibylla Merian – eine großartige Frau auf der Suche nach dem Zauber der Sinnhaftigkeit des Unscheinbaren!

Am 2. April 1647 konnte der berühmte Verleger, Maler und Kupferstecher Matthäus Merian der Ältere die gerade geborene Tochter Anna Maria Sibylla, die ihm seine zweite Frau Johanna Heim geschenkt hatte, in Frankfurt glücklich in die Arme schließen. Als Verleger und Kupferstecher hatte er sich durch seine Topografien und eine Fülle von reproduzierten Stadtansichten einen Namen gemacht.

Maria Sibylla – ihren Vornamen Anna ließ sie selbstbestimmt nicht mehr am Bug ihres Lebensschiffes kleben – war in eine Zeit des zunehmenden Interesses an den Geheimnissen der Natur und damit an deren feinsinniger künstlerischer Darstellung und Wiedergabe hineingeboren worden.

Diese Vorliebe war schon in der Zeit des Barock als Kunstausdruck in der Blumen- und Stilllebenmalerei zu höchster Blüte gelangt. Hatte doch schon Maria Sibyllas Großvater mütterlicherseits, Johann Theodor de Bry, im Jahre 1612 einen Kupferstich-Band mit feinsten Blumenporträts auf den Markt gebracht, welchen ihr Vater Matthäus fast dreißig Jahre später durch eine Neuausgabe mit dem Namen *Florilegium novum* nochmals erweiterte und komplettierte.

Die Vorstellung Aristoteles' über das Wesen der unwürdigen Insekten, die seiner Meinung nach in einer Art Urzeugung aus faulendem Schlamm entstanden waren, wurde von den damaligen Gelehrten eins zu eins übernommen. Für die Welt des Schlamms und seiner meist kriechenden Tierbewohner und Insekten sah die damalige Wissenschaft keine Attraktion darin, sie als neues Forschungsgebiet auszuschreiben. Der Maler und Wissenschaftler Francesco Redi widerlegte im Jahre 1668 diese Ansicht klipp und klar.

Matthäus Merian der Ältere hatte an seiner kleinen Tochter Anna Maria Sibylla wohl einen Narren gefressen, wie ich es bei meinen Recherchen des Öfteren erwähnt fand. Diese Tochter, an deren Liebreiz er sich nur bis zu ihrem dritten Lebensjahr erfreuen durfte, sollte seine Nachfolge in der Malerei und Kupferstecherei antreten, fantasierte er laut, zum Unwillen seines ältesten Sohnes Matthäus, der sich schon anschickte, in seine Fußstapfen zu treten. Eine neunköpfige Kinderschar umringte, zusammen mit seiner zweiten Ehefrau Johanna Sibylla Heim, den Platz, der seine vorletzte Ruhestätte werden sollte. Aus seiner ersten Ehe mit Maria Magdalena de Bry, die bei der Geburt des achten Kindes ihr Leben lassen musste, stammten die Kinder Matthäus der Jüngere, Caspar, Maria Magdalena, Susanna, Barbara, Magdalena und Joachim. Stiefmutter Johanna hatte also künftig für diese ihr anvertrauten Kinder und ihre Tochter Maria Sibylla zu sorgen. Deren kleiner Bruder war bald nach der Geburt gestorben.

Als Matthäus Merian der Ältere mit sechsundfünfzig Jahren verschied, sah sich die Witwe bald nach einem neuen Ernährer und Schutzpatron der Familie um. Zu dieser Zeit, kurz nach Ende des Dreißigjährigen Krieges, der verwüstete Ländereien und hungernde Bürger und Bauern hinterlassen hatte, regierten Mord und Totschlag und eine Lähmung des geistigen Lebens. Viele Menschen bissen nicht nur ins Gras, sie ernährten sich auch von Gras, auch von kannibalischen Entgleisungen konnte man hinter vorgehaltenen Händen hören. Was für eine trostlose Zeit in den Nachkriegswirren nach Pest und Cholera, in die Maria Sibylla hineingeboren wurde. Couragiert heiratete da ihre zurückgelassene Mutter, im Familienrund von sieben überlebenden Kindern, nach einem Trauerjahr den holländischen Blumenmaler Jakob Marell, der sich schon in Holland der flandrischen Malschule zugesellt hatte. Nun, in sich neu anbahnenden friedlicheren Zeiten, gedachte er, zwischen seinem Geburtsland Holland und Frankfurt zu pendeln, wo er gerade dabei war, sich ein künstlerisches Schaffensrefugium einzurichten. Da begegnete er wohl der bodenständigen, tüchtigen Hausfrau und gründete mit ihr einen neuen Familienverbund, der jedoch von den Kindern aus der Ehe mit dem alten Meister Merian nicht gerne geduldet wurde. Nur der zweitgeborene Sohn Merians, Caspar, befreundete sich mit dem neuen Familienvorstand Jakob Marell, dessen familiäre Position sich auch nicht durch die legitimierten Hochzeitspapiere verfestigen konnte. Dafür wurde schon vom Erstgeborenen Matthäus im übrigen Merian-Familienrondell gesorgt.

Zusammen mit Bruder Caspar hatte der Maler Marell erkannt, welch großes Talent geheimnisvoll in dem ihm vom Schicksal anvertrauten kleinen Mädchen schlummerte, und so entschied er sich, gegen den Willen der amusischen Mutter zu handeln, die, kleinbürgerlich und strikt, ihrer Kleinsten eine zielgerichtete künstlerische Ausbildung zu verwehren gedachte. Diesem begabten Wesen wollte er seinen Rat und Zuspruch zukommen lassen, was er im Verbund mit dem begabten kupferstechenden Caspar auch ertrutzte, um so dem hochinteressierten Mädchen eine umfassende Ausbildung angedeihen zu lassen.

Auch Caspar, der sich in der Domäne seines verstorbenen Vaters schon Geselle nennen durfte, ließ sich von seiner Stiefmutter nicht davon abbringen, seine mittlerweile schon zehnjährige Halbschwester zu lehren und zu meisterlichen Kupferstichen anzuleiten, die sie, voller Selbstvertrauen, mit ihrem individuellen Malstil bereicherte. Den älteren Bruder, Matthäus den Jüngeren, interessierte die ererbte Begabung Maria Sibyllas herzlich wenig. Er übernahm die Führungsposition der Verlags, den er hinfort zusammen mit seinem Bruder Caspar leitete, der Zeit seines Lebens für Maria Sibylla ein eng vertrauter Freund und Schutzpatron werden sollte, und machte sich auf zu Studienreisen nach Italien und Griechenland, von denen er sporadisch nach Frankfurt zurückkam, um die anfallenden Geschäfte abzuwickeln.

Mit elf Jahren gelang es Maria Sibylla nicht nur meisterhaft, ihre Blumenarrangements, in die sie ihre zugehörigen Insekten, Schmetterlingslarven und frei geschlüpfte Falter malerisch platzierte, auf fein gravierte Kupferstichtafeln zu transferieren; es gelang ihr auch, die ihr von mütterlicher Seite auferlegten vielschichtigen Aufgaben in Küche, Keller und Haushalt tüchtig abzuarbeiten, um so aus sich ein heiratsfähiges Geschöpf formen zu lassen. Flink wie ein Reh erledigte sie die ihr von der Mutter auferlegten Hausarbeiten, um sich dann in eine notdürftig eingerichtete Dachkammer zurückzuziehen, wo sie, unter dem Schutzmantel ihres holländischen Stiefvaters, ihre gesammelten Schätze, wie Raupen, Schmetterlinge und Käfer aller Couleur, sortieren, aufspießen und skizzieren konnte.

Mutters Missfallen nahm sie mutig in Kauf, denn die zugewiesenen Aufgaben hatte sie abends immer vorbildlich erledigt. Schon mit elf Jahren war Maria Sibylla in der Lage, filigrane Kupferstiche alleine herzustellen. Schon damals ergänzte sie die Vorlagen der Utrechter Malschule aus eigenem Urquell mit kleinen fantasievollen Schmetterlingen und bizarren Käfer-Typen. Ihrem ältesten Stiefbruder Matthäus Merian war das sichtbare Talent der jungen Stiefschwester zu Lebzeiten ein Dorn im Auge. Im 17. Jahrhundert war es Frauen nicht erlaubt, in die Öltechnik der Malerei einzudringen, von der Technik der Kupferstecherei gar nicht erst zu träumen. Einzig allein der Stickrahmen erlaubte der Frau des Hauses, sich nach verrichteten Hausarbeiten der Gestaltung eines Bildes zu widmen.

Als Maria Sibylla das 16. Lebensjahr fast vollendet hatte, verließ ihr Mentor Marell, nach dem Tod eines eigenen Sohns, den er mit ihrer Mutter der Erde anvertrauen musste, nach zwölf Jahren die Familie, um seine Aktivitäten wieder ganz nach Amsterdam zu verlagern.

Ihre Trauer war unsäglich, jedoch hatte sie ihre Kenntnisse in der Malerei fast vervollkommnet, das Kupferstechen war zu einer großen Leidenschaft herangewachsen. In dem geheimen Revier ihrer Dachkammer war es ihr im Laufe der Jahre immer besser gelungen, Seidenraupen selbst zu züchten und durch die fleißige Fütterung mit Maulbeerblättern ihre geliebten Sommervögelein, wie sie die den Raupen entschlüpften Seidenspinner-Schmetterlinge liebevoll nannte, in die freie Welt zu entlassen. Einige besonders markante Exemplare landeten auch schon mal aufgespießt an einer Korkwand oder in einem Glaskästchen. Mehr und mehr widmete sie sich dem Thema »Die Raupen und ihre wunderbare Verwandlung«.

In ihrem Tagebuch beschrieb sie genau die erste aufwühlende Begegnung mit dem entschlüpfenden Seidenspinner bei der Gräfin, die ihre Kinderseele seitdem nicht mehr zur Ruhe hatte kommen lassen. Nun entdeckte sie durch das Sammeln von Raupen auch Tag-, Nacht- und Eulenfalter, deren Verwandlung sie immer stärker faszinierte und die sie alle akribisch durch ihre Zeichnungen festzuhalten gedachte. Die Metamorphosen der Schmetterlinge und der Insektenwelt, die sich stets wandelnden Abläufe in der Natur betrachtete sie, als Wunder der Schöpfung, mehr und mehr mit religiöser Ehrfurcht, während die Kirche zu dieser historischen Zeit die Insektenwelt mehr und mehr als Teufels-Ungeziefer titulierte und Butterfliegen an Rahm zur Grundernährung von teuflischen Hexen deklarierte. Die große Angst der jetzt alleinerziehenden Mutter, auch Maria Sibylla könnte plötzlich von den kirchlichen Hexenjägern ins Visier genommen werden, konnte die Schmetterlings-Anbeterin nicht teilen. Sie genoss den weiteren Unterricht des Malers Abraham Mignon, eines Schülers ihres abgereisten Stiefvaters Marell. Mignon, geboren im Jahre 1640, wurde nur neununddreißig Jahre alt. Auch der Maler Sandrart, ein Lieblingsschüler des alten Meisters Merian, der in einem Schloss des historischen Reichertshofen in Oberbayern residierte, bereicherte ihr künstlerisches Schaffen mit seinem Rat. Bald war sie in der Lage, ihren ganz eigenen Malstil zu entwickeln.

Immer noch barst der große Bruder Matthäus vor Eifersucht und machte seinem Bruder Caspar sowie ihrer Mutter, die sich mit Maria Sibylla nur noch durch eine kleine Apanage ihres Mannes aus Holland über Wasser halten konnte, nach der endgültigen Rückkehr von seinen Studienreisen das Leben zunehmend schwer. Um seine weiteren Geschwister – seinen Bruder Joachim und seine vier Schwestern Susanna, Barbara, Magdalena und Maria Magdalena – kümmerte er sich recht und schlecht.

In dieser Zeit reifte bestimmt der Entschluss in Maria Sibyllas mutigem Herzen – mittlerweile zählte sie schon neunzehn Lenze –, diesem familiären und finanziellen Debakel erst einmal durch den Bund einer Ehe zu entkommen.

Machte ihr doch ein weiterer Schüler ihres Stiefvaters Marell, Andreas Graff, der in Frankfurt als Maler und Graveur arbeitete, schon seit längerer Zeit den Hof. Dem Alkohol, so steht es immer wieder in Maria Sibyllas Biografien geschrieben, war er wohl nicht abgeneigt, auch dem weiblichen Geschlecht zollte er offenbar, während seiner Zeit als Kapitän des ehelichen Hafens, bei schwankenden Landgängen mehr Aufmerksamkeit als erlaubt. Sein reduziertes Selbstwertgefühl stellte er vermutlich freiwillig unter den Scheffel seiner sich selbst bestimmenden Gattin, die sich weiterhin durch ein unabhängiges Denken auszeichnete und ihre abweichenden Standpunkte gegenüber ihrem Ehegatten und ihren Mitmenschen mit tiefem Gottvertrauen zu verteidigen wusste. Im Wonnemonat Mai 1665 wurden die Ringe getauscht, drei Jahre später konnte Mutter Johanna ihr erstes Enkelkind Johanna Helena in die Arme schließen. Die Zeit arbeitete nicht für die neu erkorene Großmutter, denn bereits zwei Jahre danach übersiedelte die Familie in die Geburtsstadt des Ehemannes nach Nürnberg in das leer stehende Haus der Graff'schen Familie.

Die Initiative für diesen mutigen Schritt ging wohl von Maria Sibylla aus, um einen weiten Bogen um den Lebensradius ihres Stiefbruders Matthäus zu ziehen. Mutter Johanna musste sie erst einmal ihrem anberaumten Lebensraum überlassen.

Das sollte sich aber in späteren Zeiten ändern. Nun war Überlebensstrategie angesagt, denn von dem zögerlich eintröpfelnden Einkommen des Gemahls alleine konnte die Familie nicht existieren. Maria Sibyllas Ideen begannen mehr und mehr zu fruchten. Ihr Handel mit Malfarben und Mal-Equipment begann langsam zu florieren. Sie brachte es zur Meisterschaft darin, überraschende Farbmischungen für den Verkauf herzustellen. Die gut situierten Familien der Stadt Nürnberg wurden bald auf die begabte Malerin und Stickerin von Tischdecken und Servietten aufmerksam. Für Auftragsarbeiten durfte sie nur Papier und Pergamentunterlagen bemalen; Ölfarbe war, wie gesagt, allein den malenden Herren der Schöpfung vorbehalten.

Doch dem Ideenreichtum des weiblichen Familienvorstandes schienen in dieser Zeit keine Grenzen gesetzt. Gedacht, getan, und schon eröffnete Maria Sibylla für die an Langeweile leidenden Patrizier-Damen eine Malschule in der Kunst der filigranen Blumenmalerei, auch der Stickerei wurde natürlich Tribut gezollt.

Kind, Ehemann, Haushalt, Farbenhandel, Malschule, in jeder freien Minute fand das fleißige Mariechen noch Zeit, ihre Passion, die Erstellung eines Raupenbuchs mit eindringlichen Malereien über die Stadien der Entwicklung spezieller Raupen hin zur Metamorphose eines Schmetterlings, voranzutreiben.

Die von der Natur vorgegebenen Pflanzengattungen, die für die spezielle Ernährung einer fressgierigen Raupe Sorge tragen, machte sie in jahrelangen Beobachtungen dingfest, um sie nun in den Malprozess mit einzubinden. Gerade in die Zeit kurz nach Vollendung des zweiten Buchteils im Jahre 1678, dreizehn Jahre nach ihrem Hochzeitstag, fiel die Geburt ihrer zweiten Tochter mit Namen Dorothea Maria. Schwesterchen Johanna zählte schon ganze zehn Jahre und konnte ihrer Mutter, der die täglichen Aufgaben nach der Geburt der neuen Erdenbürgerin bald über die Ohren wuchsen, fürsorglich zur Seite stehen. Zwischen Mutter Maria Sibylla und ihrer ersten Tochter Johanna hatte sich über die Jahre ein starkes Band der Vertrautheit und Solidarität im seelischen Schlagabtausch mit dem labilen Vater gebildet, der sich immer mehr von seiner Familie zurückzog und in selbstbestimmter Freizeit lieber dem Rausch des Alkohols und seiner außerehelichen Liebschaften frönte.

Nun war es wohl an der Zeit! Die Herrin des Hauses fasste einen gravierenden Entschluss! Mit ihren beiden Töchtern kehrte sie drei Jahre später Haus, Hof, Stadt und Ehemann den Rücken und begab sich mit nötigstem Inventar über beschwerliche Landstraßen wieder auf den Weg, zurück in das Haus, in das Mutter Johanna, deren geschwächter Gesundheitszustand schon förmlich nach dieser Lösung gerufen hatte, getrennt vom Merian'schen Anwesen gezogen war. Ein kleines Resterbe aus dem Familienfonds der Merians sicherte neben der Apanage das existenzielle Überleben der Mutter.

Nun kamen drei weitere hungrige Mägen dazu. Das Überleben der Frauen-Dynastie wurde in dieser Lebensperiode, trotz sparsamster Haushaltsführung und neuerlichem Aufbau von Malunterricht, immer schwerer. Die beiden Raupenbücher waren vollendet, es fehlte jedoch noch der finanzielle Sockel, um für diese einen Druckauftrag zu erteilen. Maria Sibyllas Ohren begannen zu glühen, wenn sich die reichen Frauen bei ihren Malstunden in Mutters guter, adretter Stube in Gesprächen über wieder angesagte Reisen für große Geldsäcklein, in ferne Länder, mit fremdartigen Menschen, gefährlichen Tieren, und über dunkelhäutige, muskulöse Männer aus den Sklavenreservaten hochschaukelten. Mutter Johanna zuckte bei diesen Gesprächen mit keiner Wimper. Eklige Länder, ekliges Getier und fremdartige Menschen trieben ihr schon imaginativ den Angst-schweiß auf die zerfurchte Stirne. Über ihre Enkelkinder freute sie sich ganz besonders und bastelte nun täglich an der fixen Idee, wenigstens die beiden Mädchen mit den häuslichen Tugenden Kochen, Nähen und Sticken vertraut zu machen, damit unter ihrer Anleitung ja auch gehorsame, tüchtige Hausfrauen aus ihnen würden.

In solchen Momenten sehnte sich Maria Sibylla nach ihrem Bruder Caspar, der sich schon anno 1677 nach Westfries-land aufgemacht hatte, um der permanenten Willkür seines älteren Bruders Matthäus zu entgehen, und dort im Schloss Waltha, nächst dem Dorfe Wieuwerd, mit Mitgliedern einer Labadisten-Kirche zu leben. Der Besitz gehörte der Familie des Gouverneurs von Surinam, einem Herrn van Sommels-dijk und seinen Schwestern, die ihre Immobilie der religiö-sen Gemeinschaft zur Verfügung gestellt hatten.

Caspar hatte sich wohl von seinem großen Bruder das rechtmäßige Erbe auszahlen lassen und bat seine Lieblings-schwester inständig, zusammen mit Töchtern und Mutter Johanna zusammenzupacken und sich auf den beschwerli-chen Weg zu einem sicheren, konstanten Wohnsitz in West-friesland zu machen.

Immer wieder geisterte diese Möglichkeit in schlaflosen Nächten durch Maria Sibyllas Kopf. Die Verantwortung für ihre vierköpfige Frauenwohngemeinschaft lag ja schwer auf ihren müden Schultern.

Gedacht, gesagt, getan! Im Jahre 1685 trat Maria Sibylla Merian, gerade achtunddreißig Jahre alt geworden, zu-sammen mit ihren Kindern und ihrer kränkelnden Mutter vertrauensvoll die strapaziöse Reise in eine unbestimmte Zukunft auf Schloss Waltha an. Der Gedanke an ein Wiedersehen mit ihrem unsäglich vermissten Bruder Caspar ließ ihr Herz schon auf dem Hinwege höherschlagen. Die Aussicht, dort an diesem Platz, im Schutzlicht ihres Bruders und bei freier Kost und Logis, erst einmal zur Ruhe zu kommen, ihre kranke Mutter zu pflegen, sowie die Möglichkeit, ihren Kindern eine ausgezeichnete schulische Bildung zukommen zu lassen und aus sicherer Distanz erst einmal ihr weiteres Leben zu überdenken – all dies bestärkte Maria Sibylla damals in ihrem couragierten Entschluss, mit dieser Religionsgemeinschaft für einige Jahre zu leben.

Hier an diesem neuralgischen Punkt der Lebensgeschichte meiner verehrten Künstlerin werden wir ihr jetzt die verdiente Ruhe gönnen, liebe Leser, und ich werde in einem späteren Kapitel dieses Buches wieder auf ihren weiteren aufregenden Lebensweg zurückkommen, denn:
»Alles hat seine Zeit.«

Alles hat seine Zeit

Ein jegliches hat seine Zeit,
und alles Vorhaben unter dem Himmel hat
seine Stunde:

geboren werden hat seine Zeit,
sterben hat seine Zeit;
pflanzen hat seine Zeit,
ausreißen, was gepflanzt ist, hat seine Zeit;

töten hat seine Zeit,
heilen hat seine Zeit;
abbrechen hat seine Zeit,
bauen hat seine Zeit;

weinen hat seine Zeit,
lachen hat seine Zeit;
klagen hat seine Zeit,
tanzen hat seine Zeit;

Steine wegwerfen hat seine Zeit,
Steine sammeln hat seine Zeit;
herzen hat seine Zeit,
aufhören zu herzen hat seine Zeit;

suchen hat seine Zeit,
verlieren hat seine Zeit;
behalten hat seine Zeit,
wegwerfen hat seine Zeit;

zerreißen hat seine Zeit,
zunähen hat seine Zeit;
schweigen hat seine Zeit,
reden hat seine Zeit;

lieben hat seine Zeit,
hassen hat seine Zeit;
Streit hat seine Zeit,
Friede hat seine Zeit.

Man mühe sich ab, wie man will,
so hat man keinen Gewinn davon.

Ich sah die Arbeit, die Gott den
Menschen gegeben hat,
dass sie sich damit plagen.

Er hat alles schön gemacht zu seiner Zeit,
auch hat er die Ewigkeit in ihr Herz gelegt;
nur dass der Mensch nicht
ergründen kann das Werk, das Gott tut,
weder Anfang noch Ende.

Da merkte ich, dass es nichts Besseres
dabei gibt als fröhlich sein und sich
gütlich tun in seinem Leben.

Denn ein Mensch, der da isst
und trinkt und hat guten Mut in aller
seiner Arbeit, das ist eine Gabe Gottes.

Ich merkte, dass alles, was Gott tut,
das besteht immer: man kann nichts dazutun
noch abtun; und solches tut Gott, dass man
sich vor ihm fürchten soll.

Was geschieht, das ist zuvor geschehen,
und was geschehen wird, ist auch zuvor geschehen;
und Gott sucht wieder auf,
was vergangen ist.
DER PREDIGER SALOMO (KOHELET) 3.1–15

4

DAS GANZE LEBEN IST EIN THEATER

1. AKT:
Der Neid muss es beschwören
(Friedrich Schiller)

Marianne, lass dir das von mir sagen, das Schicksal erzwingt seinen Lauf, wenn es sein muss mit Gewalt. Das Schicksal will dir nichts Unrechtes. Finde jetzt für dich und deine Tochter euren eigenen angedachten Weg, lass in deine Gedankenwelt ruhig alles Fremde, Neue herein, das anklopft, auch das Beängstigende. Setze dich damit auseinander und verdränge es nicht, damit es sich verwirklichen kann. Je reifer unser Bewusstsein ist, desto schwieriger werden unsere Aufgaben. Ich weiß, wovon ich spreche.«

Diese gut gemeinten Worte meiner besten Freundin Ruth, einer kinderlosen, lebensklugen Anthroposophin und begnadeten Schauspielerin, aus Kanada stammend, die vor einem Jahr ihre Zelte bei ihrer Tante in München aufgeschlagen hatte, geisterten nach meinem ratsuchenden Telefongespräch an diesem frühen Morgen durch meine Gehirnwindungen, die ihre Aufmerksamkeits-Tagesfahne immer noch auf Halbmast präsentierten. Wie leicht diese klugen Worte Ruths heute den Äther verlassen und in meinen Gehörgängen Rabatz gemacht hatten. Der Unterschied von Theorie und Praxis wurde mir wieder einmal sehr schmerzhaft bewusst. Durch die neuen Familienumstände innerhalb des ersten Trennungsjahres mussten sich meine Tochter und ich, mit liebevoller Unterstützung durch meine Mutter und Schwester, erst täglich Schritt für Schritt im neuen Lebensradius platzieren und den dadurch anfallenden neuen Rhythmus zu eigen machen.

Heute hatte sich meine Tochter dazu entschieden, sich für den anstehenden Schultag einfach nicht anziehen zu lassen, um so auf ihre unaussprechliche seelische Traurigkeit über die schmerzhafte Trennungssituation aufmerksam zu machen. Nach einem hilflosen Klaps auf einen Kinderpopo, übrigens dem einzigen in meiner schwierigen alleinerziehenden Periode, flossen Tränen auf beiden Seiten. Nach einer Entschuldigung meinerseits, die in einer anschließenden ruhigen Aussprache auch angenommen worden war, konnten wir uns dem Rhythmus und den Anforderungen dieses Tages zwar verspätet, aber doch wieder vertrauensvoll übergeben. Wir beide hatten nun beschlossen, jeden Abend vor dem Einschlafen in unserer intimen Gesprächsrunde den Tagesablauf rückwärts und die Anforderungen des nächsten Tages ganz in Ruhe zu besprechen, was bis zu Danielas 15. Geburtstag auch durchgeführt wurde, bis Madam Puberta dieses Ritual hie und da mit Recht außer Kraft setzte.

Der unruhige Gedanke, meine neue belastende Arbeitstätigkeit wegen der Unvereinbarkeit mit den Tagesabläufen meiner Tochter bald wieder aufgeben zu müssen, trotz großer Zufriedenheit meines agilen Arbeitgebers, rumorte an diesem Morgen schon hinterm Hirnkästchen. Mein alter Klapper-Kadett, von mir Azzurro getauft, kam, mit einstündiger Verspätung, auf dem letzten freien Platz vor dem Verlagshaus einer großen Fotozeitschrift zum Stehen und schickte sich, nach meinem sprunghaften Ausstieg, gleich an, sich mit schlechtem Gewissen aus dem Staub zu machen! Bei der mir schon bekannten abschüssigen Linie hatte ich mal wieder die Handbremse vergessen, die jetzt aber mit einem geübten Griff zu ihrer Dienstleistung verdungen wurde. Mein Arbeitsplatz empfing mich bereits mit abzuarbeitenden Akteninhalten, die auf viele unbezahlte Überstunden schließen ließen, die sich im Laufe der letzten Monate unangefochten der Tagesordnung zugesellt hatten.

»Wehr dich doch mal, bring diesen ungeheuerlichen Zustand auf den Tisch deines Chefs«, versuchte mich Mutter Agnes zu motivieren, mehr für meine Arbeitsrechte einzutreten. Ich war nach der Trennung von meinem Ehemann und dem unfassbaren Verlust durch den Verkauf unseres Spinnradl-Kleinkunst-Forums, heute noch in legendärer Erinnerung, im Jahre 1975 immer noch wie gelähmt. Zusammen mit meinem Ehemann und einer einmaligen, bunt zusammengewürfelten Gästeschar, jung und alt, bürgerlich, künstlerisch und tolerant, hatten wir mit Unterstützung eines Superteams dieses Refugium über fast vier Jahre als Geschäftsführer aufgebaut und zu einem großen Erfolg geführt.

Der Abschied nagte noch immer schmerzhaft an unser aller Seelen. Theaterabende, Cabaret, Gastkochessen, Lesungen, musikalische Auftritte, Filmabende, in Kombination mit intensivster Kommunikation und großer Liebe und Verehrung in einer Schutzzone für jeden Einzelnen, verbanden die Spinnradl-Gäste zu einer großen, liberal gesinnten Gemeinde. Mein Ex-Ehemann wanderte nach dieser Lebenszäsur nach Spanien aus, um dort die Frau seines Lebens, seine wirkliche zweite Hälfte, zu finden, mit der er heute noch, beschenkt mit zwei weiteren gelungenen Töchtern, zusammenlebt.

Wir, unsere dadurch entstandene Großsippe, sind uns heute alle sehr gewogen und betrachten uns – Tochter Daniela, Schwiegersohn Carmelo, Enkelin Alina samt meiner Person mit Schwester Renate – als schützenden Familienbund, der füreinander einsteht, worüber ich sehr zufrieden bin.

Diese letzten Gedankengänge hatte ich natürlich bei der Einvernahme meines Schreibtisches noch nicht in meinem Erinnerungspool vorgefunden. Die Rückerinnerung war in Konstellation mit den noch frischen seelischen Wunden ungleich melancholischer gefärbt, während ich meine Notizen, Textentwürfe und meinen Terminkalender in künstlerischer Anordnung auf meiner Arbeitsfläche ausbreitete. Auch heute würde meine achtjährige Tochter Daniela, Absolventin der zweiten Schulklasse, nach der Schule in der Nähstube, die meine Mutter Agnes in einem Krankenhaus in der Nähe unserer kleinen neubezogenen Zweizimmerwohnung leitete, auf meine Abholung warten. Die zusätzlich geleisteten Arbeitsstunden glänzten, durch konstante Vergrößerung meines Aufgabengebiets, immer mehr durch Wucherwuchs; die Zeit, die mir für meine Tochter blieb, wurde dadurch immer knapper. Der Inhalt meiner Geldbörse jedoch vermisste wohl das richtige Düngemittel, er wollte und wollte sich einfach nicht vermehren, sondern schwand immer mehr dahin.

»Sind Sie mal zufrieden, dass ich Ihnen als Praktikantin so viel Verantwortung übertrage«, war die lapidare Antwort, als mein zartes Stimmchen um Anpassung meines Gehalts an die geleistete Stundenzahl bat.

Schon bei meinem Eintritt in die Verlagsräume hatte ich realisiert: Auch hier verbürgte sich der Kalender heute nicht für den »Tag des Herrn«. Die Stimmung in den Räumen drückte bleiern auf mich herunter, und durch die Wände drang die sich überschlagende Stimme meines Chefs, der gerade einen devoten Dinosaurier, meinen das Lektorat leitenden Schreibtischnachbarn, wie so oft, vor dem Herrscher-Pult des Hauses nach allen Regeln der Kunst zur Schnecke machte.

Die zum Schneiden dicke Luft versuchte ich durch Öffnen eines Fensters und mit gutem Zuspruch erst einmal zu einem Austritt zu überreden, was sie sich bei diesem schwefelstinkigen Überdruck nicht zweimal sagen ließ. Gerade lichteten sich die Räume meines Seelenpalasts, und mein geliebtes Lied »Wo meine Sonne scheint und wo meine Sterne steh'n«, das ich in diesen Zeiten zu jeder publikumsfreien Gelegenheit, vor dem imaginativen Regenwaldhintergrund meines Sehnsuchtslandes Surinam, zu trällern pflegte, tat ein Übriges, um mich sofort in eine heitere Stimmungslage zu transferieren. Gerade versuchte ich, die Abfolge meiner heute anstehenden Aufgaben systematisch auf meinem Schreibtisch zu sortieren, als plötzlich der soeben zusammengestauchte Arbeitskollege, seine Arme besitzergreifend auf meiner Arbeitsplatte aufgestützt, raumübergreifend vor meinem erschrockenen Antlitz thronte. »Sie waren wieder mal zu spät, Frau Sägebrecht!«

»Aber ich habe doch genügend Überstunden, um das abzutragen, und eine schulpflichtige kleine Tochter, und sie wollte heute nicht …«

»Papperlapapp«, fuhr er dazwischen. »Sie sind geschieden. Das hätten Sie sich vorher überlegen sollen. Wären Sie verheiratet geblieben, bräuchten Sie jetzt nicht zu arbeiten. Jetzt sind Sie mit der Firma verheiratet, merken Sie sich das. Erst kommt die Firma.« Jetzt schraubte er seine Stimme in Imitation seines Peinigers ganz hoch, damit seine Schreitirade auch sicher durch die Wände in das Allerheiligste des Allerheiligsten dringen konnte.

Ich war heute viel zu erschöpft, um auf die Schnelle einen Konterplan zu entwickeln, und er ja schon seit meinem Arbeitsantritt lauernd eifersüchtig auf meine bravourös gelösten anvertrauten Aufgaben. Jetzt hätte ich fast noch laut gedacht, schluck, heute hier kein Kommentar am Arbeitstisch. Habe verstanden, funkte ich an mein Unterbewusstsein zurück.

Als mir von meinem Chef vor ein paar Wochen die Diapositive eines amerikanischen Fotografen, der mit einer Doppelbelichtungssperre meisterhafte Mehrfachbelichtungen in Erscheinung zu treten lassen vermochte, anvertraut wurden, um darüber zum ersten Mal in unserem Fotomagazin zu schreiben, war mir von meinem Kollegen sofort die Gunst entzogen worden. Ich hatte die Technik des Fotografen, die der Kollege zynisch in Frage stellte, als Hobbyfotografin und gelernte Laborantin sofort begriffen und setzte sie zwei Jahre später, mit außergewöhnlichen Bildern aus der Zauberarena des Zirkus Roncalli, in Szene. Diese Bilder sollten den verwurzelten Urgrund der Entstehung meiner »Opera-Curiosa-Revue« ausmachen.

Das konsequente Ursache-Wirkung-Lebensprinzip war mir zu diesem Zeitpunkt noch nicht so voll vertraut, hat sich aber bei späterer Betrachtung mit logischen Konsequenzen in meinem Lebenskarussell immer wieder voll eingelöst.

Noch war ich dem Ort des gerade beschriebenen Geschehens für die letzten geschichtlichen Takte ausgeliefert. Das Wort »Papperlapapp« hatte gerade die schwülstigen Lippen meines Kontrahenten verlassen, als mir klar wurde, dass ich seiner Aufforderung niemals nachkommen würde.

Genau in diesem Moment beschloss ich, die Seile zu lösen und mein Lebensschiff wieder mutig, vom Schöpfer bestimmt, hinaus aufs freie Meer treiben zu lassen.

Ich lächelte bei diesen Innenbildern still in mich hinein, während sich mein Kollege immer mehr in Rage redete – wenn er nur wüsste, welchen Entschluss ich gerade im Fahrtwind seines Orkans gefasst hatte! Ich war ihm ja so dankbar. Er missdeutete mein Lächeln. »Schauen Sie nur mal auf Ihren Schreibtisch! Wie können Sie denn in diesem Tohuwabohu überhaupt etwas finden? Was soll dieses Chaos?«

»Das kann ich Ihnen erklären«, antwortete ich mit gefasster Stimme. »Sie müssen nämlich wissen, ich lebe seit Jahren nach dem Prinzip der ›gewollten Unordnung‹ nach Professor Jirtschli-Birtschli«, und verzog dabei keine Miene.

Nun hatte ich ihn erwischt. Das wandelnde Lexikon begann hastig zu stöbern.

J wie Jirtschli-Birtschli – nichts! G wie »gewollte Unordnung« – kein Eintrag! Mit einer gemurmelten Entschuldigung drehte er sich auf dem Absatz um und verließ den Raum.

Was Böses will, das Gute schafft. Noch an diesem Abend bat ich meinen Chef mutig um meine Entlassung, die er mit euphorischen Ausmalungen für meine zukünftigen Aufstiegsmöglichkeiten in seinem Refugium zu verhindern gedachte. Die Existenz meiner Tochter und meinen Status als Alleinerziehende, verbunden mit allen damit einhergehenden Konsequenzen, hatte er seit meiner Einstellung komplett ausgeblendet. Mein Entschluss, mich von dieser Station wieder seitwärts in die Büsche zu schlagen, um zu unserem weiteren Lebenspfad vordringen zu können, stand nach meinem endgültigen »Ich muss kündigen« wie der Felsen von Gibraltar im Raum. Blitzten da nicht ein paar Tränchen in seinem Knopfloch?

»Sie haben eine schnelle Auffassungsgabe, sind wortgewandt und bei der Quantität und Qualität der Ihnen übertragenen Aufgaben für mich kostengünstig, sehr kostengünstig.« Gleich nachdem meinem Chef dieses Wort entfleucht war, bekam er einen kleinen Hustenanfall. »Ich meinte, Sie haben viel Fantasie, und ein einnehmendes Wesen haben Sie auch«, dringt noch an der Türe bei meinem Abgang an mein Ohr, während mein Kollege an mir vorbei ins Chefzimmer stürmt. »Wenn Sie es sagen, habe ich vielleicht ein einnehmendes Wesen, aber ich habe auch eine bezaubernde Tochter, die meiner Fürsorge bedarf.« Mein letzter Satz landete gerade symptomatisch auf dem Büroschild der dazugehörigen Türe, die von meinem aufgebrachten Kollegen zugeschlagen worden war. Jetzt schwebe ich frohen Herzens und leichtfüßig wie eine runde Elfenmutter über den stumpfen Asphalt, den ich heute auf dem Weg zu meinem treuen Kadetten Azzurro, simsalabim, imaginär in eine lindgrüne Kornblumenwiese verwandelt habe.

»Ich feuere Sie« – »Und ich lasse Sie sitzen« – »Kapazitäten!« – »Panik« und »Prioritäten« – »Ganz allein Ihre Schuld!«, versuchten sich noch die Fetzen eines Wortgefechts, die aus dem Büro kamen, mit dem aufheulenden Motor meines himmelblauen Kadetts anzulegen, wir entkamen …

Und auf den Flügeln der Zeit
flog die Traurigkeit davon.
LA FONTAINE

2. AKT:
Was der Schöpfer plant, muss das Leben halten
(Rainer Maria Rilke)

»Was der Schöpfer plant, muss das Leben halten« – dieser für mich so tröstliche Spruch wurde ab dem Jahre 1978, mit zweiunddreißig Jahren, zum seelischen Leitfaden meines Lebens. Er gab und gibt mir auch heute noch die Ruhe und Sicherheit, z.B. einen lukrativen Fünfjahresvertrag für die Studios in Hollywood abzulehnen, um zu meiner Familie in Deutschland den Kontakt nicht zu verlieren, so zum Beispiel im Jahre 1990 nach den Dreharbeiten zum Film *Der Rosenkrieg.*

Von meiner Mitwelt werden diese selbstbestimmten Lebenseinschnitte nicht immer mit Verständnis aufgenommen, doch in mir ruht eine Sicherheit, dass ich, als Ausführende

meines schöpferischen Lebensplans, für meine Ja- und Nein-
sagungen in all den Jahren immer die alleinige Verantwortung übernommen habe und auch weiterhin zu übernehmen
gedenke. Ich übertrage meine Haltung nicht auf meine Kollegen und Freunde. Sie haben, wie ich, ihre eigenen Motiva-
tionen, das berühmte Lebensschiff mit geblähten oder abge-
takelten Segeln auf einem vermeintlich richtigen Kurs zu
lenken.

»Der geringste Mensch kann komplett sein, wenn er sich
innerhalb der Grenzen seiner Fähigkeiten und Fertigkeiten
bewegt«, sagte der große Dichter Johann Wolfgang von
Goethe. Ja, und wer setzt dann diese Grenzsteine, Herr von
Goethe? Sie haben sich ja als privilegierter Zeitgenosse damals gar keine Grenzen gesetzt, sind gewandert, gewandert.
Doch eine Grenze haben Sie ganz klar gezogen, die zum
Zimmer Ihrer sterbenskranken, treuen Lebensgefährtin
Christiane Vulpius, das sie bis zu ihrem letzten Lebens-
hauch nie mehr betreten haben. Diesen historischen Umstand, der mich immer wieder wurmt, diskutiere ich öfters
mit meinem Publikum bei meinen Lesungen. Herr von Goethe, diesen Wurm übergebe ich jetzt ein für alle Mal an
meine Amselmutter zur Verteilung an ihre hungrig schnä-
belnden Vogelkinder, kein Vorwurf wird mehr über meine
Lippen kommen. Jetzt habe ich meinen neuralgischen Punkt
gefunden. Sie hatten ja mit Frau Vulpius sieben Kinder? Die
haben Sie bei Ihrer weiteren Wanderschaft ihrem Schicksal
überlassen. Durch die Schicksalslinie des Zweiten Weltkrie-
ges hat mich mein Vater verlassen müssen, den Vater meiner Tochter hat eine bestimmende Schicksalslinie auf neue
Wege geführt. Vaterlose oder vaterschwache Gezeiten. So
müssen und mussten wir Frauen uns schon immer »inner-

halb der Grenzen unserer Fertigkeiten« bewegen, um im Zusammenhalt untereinander, »durch unsere angeborenen Fähigkeiten«, die Welt nicht untergehen zu lassen. So können wir das doch jetzt stehen lassen, Herr von Goethe.

Ja, und dann wird da so ein Indigo-Kind wie ich auf den Erdplaneten gesandt, sprich hat sich gleich nach Kriegsende zum freiwilligen Friedensdienst verpflichtet, und muss schon mal von Zeit zu Zeit über das Ziel hinausschießen. Da war meine einmalige Mutter als beschützende Gärtnerin für diese seltene Pflanze aus dem surinamischen Regenwald, wie mich mein Großvater immer verschmitzt nannte, vom Schöpfer perfekt für mich gecastet. Das kann ich rückblickend, mit meinen siebzig Jahren, heute aus tiefstem Herzen so empfinden. Meine Mutter hatte mich in Liebe in meiner Ganzheit voll angenommen und ohne Wenn und Aber gespiegelt.

»Wenn du das so sagst, dann stimmt's«, bekräftigte sie schon die siebengescheiten Wortergüsse eines fünfjährigen Mädchens. Mit Toleranz und Respekt für meine Mitmenschen konnte ich so, ohne Netz und doppelten Boden, in die Welt hinauswandern, in der ich immer etwas Positives bewirken wollte, z.B. der bürgerlichen Zwangsweste von Zeit zu Zeit ein paar Knöpfe abzusprengen, aber auch der lebensbejahenden Norm einen natürlichen Raum zu gönnen und jeden Menschen in seiner ganzen Schönheit und Individualität zu ehren. Das Interesse und die stille Liebe zu meinen Mitmenschen und meiner treuen Fangemeinde haben sich in den vierzig Jahren meines beruflichen Wirkungsfeldes noch vertieft. Von meinem erwachsenen Publikum, aber auch von den Kindern, für die ich aktuell in Rollen wie

Frau Holle oder als Nachbarin Beda im begeistert aufge-
nommenen *Petterson und Findus*-Film in Erscheinung trat,
fühle ich mich liebevoll angenommen und familiär beschützt.

So darf ich Sie, liebe Leser, nach diesem kleinen Schlenker
wieder zum Nabel meines fürsorglichen Familienverbundes
begleiten.

Im April des Jahres 1978 war es so weit! Meine Mutter Agnes, meine Tochter Daniela, meine Schwester Renate und
ich hatten uns für ein gemeinsames Wohnprojekt in einem
Matriarchatsdomizil in München-Schwabing entschieden.
In diese Zeit fiel geheimnisvoll eine Wiederauferstehung
des berühmten Schwabinger Wahnmochings der Jahre um
1920/1930. Der Dichter und Schauspieler Martin Sperr trat
in unser Leben, die Künstler und Artisten des Grand Magic
Circus von Jérôme Savary aus Paris und von André Hellers
Roncalli-Zirkus zählten nach den umjubelten Vorstellungen
zu unseren späten Gästen. Nachdem sich die hungrigen
Künstler mit deftigen Speisen noch den Bauch vollschlagen
durften, wurde im Rund unseres Mutti-Bräu, einem Lokal,
in dem ich als Geschäftsführerin fungierte, im freien Im-
provisationsstil weiter aufgetreten. Eine gute Nachricht für
mich stand ins Haus. Meine Damenriege hatte den anvisierten neuen Zielhafen in der Kaulbachstraße in München-
Schwabing mit Freude in Augenschein genommen. Wir vier-
blättriges Frauenkleeblatt waren voller Zuversicht dieses
Wagnis, miteinander zu leben, eingegangen, was mit einem
achtzehnjährigen fürsorglichen und respektvollen Zusammenleben belohnt wurde. In diesem sicheren Horst begann
nach der Scheidung der Trennungsschmerz für meine Toch-

ter und mich langsam zu versickern. Geregelte Schulzeiten und stabile Freundschaften taten ein Übriges.

Der Kontakt zum geliebten Vater und dessen neuer Familie wurde von mir stark gefördert. Als ich mich im Jahre 1987 zum ersten Mal in Kalifornien zu Dreharbeiten für unseren Kultfilm *Out of Rosenheim* einfand, lebte Daniela schon mit ihrem Freund Carmelo in München zusammen, besuchte mich auch zu den Dreharbeiten auf dem neuen Kontinent. Mit zweiundvierzig Jahren durfte ich, von den Inspiratoren der Milchstraße zum Casting vorgeschlagen, wie ich es immer nenne, meiner späteren berühmten Zelluloid-Schwester Jasmin Münchgstettner Seele und Körper einverleiben, den geistigen Anteil nicht zu verschweigen. Die Botschaft dieses Films, für dessen Drehbuch ich Ideen mit einbringen durfte, wartet mit einer Surinam-Komponente auf, über die ich Ihnen in diesem Buch später noch berichten darf. Der Zusammenhalt der Frauen, die Vorstellung einer Überlebensform in gewählter Gemeinschaft, die Auferstehung des Ich-Du-Prinzips mit Erblühung der Pflanze Empathia wurde, wie ein großes Wunder, von Menschen in vielen Kontinenten inniglich aufgenommen.

Heute steht diese Botschaft, mit dem immer noch vorgeführten Film, nach fast sechsundzwanzig Jahren ganz stark als Hoffnungsschimmer im Zenit des neuen Wassermann-Zeitalters, das für ein friedvolles, gerechteres Zusammenleben aller Religionen, Kulturen und deren Menschen steht. – PAX

Kurz nach dem Tod der Mutter löste sich diese für alle beschützende Lebensgemeinschaft im Jahre 1999 auf. Auf meinem langen Weg zu meinem Zielhafen in Surinam werde ich im nächsten Jahr, zusammen mit einem Filmteam, eine Filmdokumentation, jahreszeitlich eingebettet in die klimatisch angeratene Winterzeit, ins reale Visier nehmen. In der Kaulbachstraße in München hatte ich für achtzehn Jahre einen gegenseitigen Schutz-Pool genießen dürfen.

Die kommenden Jahrzehnte, die von mir dem Rückzug ins Landleben und der inneren Einkehr geweiht werden sollten, warteten in meiner Arbeitsregion noch mit vielen Landstationen und internationalen Häfen und Flughäfen auf, um dort meinem geliebten Publikum über die Medien Theater, Film und Buch mit der Botschaft der Nächstenliebe, der Toleranz und dem Appell für ein friedvolles Miteinander begegnen zu dürfen.

»Es ist lächerlich, obgleich gewöhnlich, eine in sich selbst ruhende und auf sich selbst beruhende Schöpfung nur deshalb zu verurteilen, weil sie feindlich mit Ideen zusammenstößt, die außerhalb ihres Kreises liegen.«
Dieser Ausspruch von Friedrich Hebbel wurde zum Wahlspruch meines Lebens. Unter dem göttlichen Schutzschild der Mutter Erde gibt es keine Vor- und Nachurteile gegen Rassen, Klassen, menschliche Körperformen und Altersgruppen.

Wir schreiben das Jahr 2000. Die Geburtsstunde der von den Menschen und Mit-Spielern so geliebten »Opera Curiosa« in der Hauptstadt Berlin. Seit dem Jahre 1977 feiert unsere abgefahrene Revue, übrigens meine Erfindung, seit ihrem Start in »Marias Marienkäfer« große Erfolge in der Gunst des Publikums. Mit der großen Sehnsucht nach einer Begegnungsmöglichkeit von Menschen aus den verschiedenen Kulturbereichen und sozialen Distrikten, den verschiedensten künstlerischen Lebens- und Schaffenssphären.

1977

In den Jahren 1977–2015 konnte ich über zweihundert Künstler, Schauspieler, Travestiekünstler, Pantomimen, Clowns, Musiker, Hinterhofsänger, Zirkusartisten, Opernsänger und passionierte Laien in meiner Regenbogenfamilie initiieren. Der Regenbogen ist für mich ein Zeichen von Vielfalt, Toleranz, Hoffnung, er bildet mit der nicht sichtbaren zweiten Hälfte einen starken Kreis, der allen Regenbogenmenschen Kraft und Akzeptanz geben soll. Jedes Jahr suchte ich mir die Künstler, durch Mitfahrgelegenheiten in ganz Europa, wie geschliffene und ungeschliffene Diamanten, Saphire, Bauxite und Kieselsteine zusammen.
Die transsexuelle Schauspielerin Manuela Riva, ein großer, reifer Mensch mit einer immensen Begabung, lernte ich in

Hamburg in einem Travestie-Cabaret kennen. Es war sofort eine große Menschenliebe zwischen uns, die sich zu einer jahrelangen tiefen Freundschaft auswuchs. Sie war, zur Freude des Publikums und ihrer Kollegen, in jeder der acht Opera-Curiosa-Produktionen mit einmaligen Rollen vertreten. Später ergatterte sie sich einen festen Platz im Ensemble des Studio-Theaters von Gunnar Holm-Petersen. Ein lebenslanger Traum ging für sie in Erfüllung. Es gelang mir sogar, im 77er-Jahr meinen verehrten Konstantin Wecker zu überreden, mit in den Multikulti-Abrahams-Wurstkessel einzutauchen. Auf der Bühne brillierten Josephine Baker und Marlene Dietrich, Glitter und Glamour besetzten grandios die Show-Front, während bei Konstantins Auftritt sein Freund Willy, in einem berühmten Lied seines Repertoires, am nahen Bahnhof getötet wurde. Konnys Auftritt nach der glitzernden Show-Welt entließ Tränenströme, gepaart mit Begeisterungsstürmen des Publikums. Die zarte Elfe Dana nahm anschließend die angerührten Menschen wieder in die Arme.

Ach, und all die vielen anderen einmaligen Künstler, von der berühmten Schwabinger Künstlerwirtin Cosy bis zu der atemberaubenden modernen Clownsgruppe der »Busby Berkeleys« aus Australien, unserem unvergessenen Tänzer und Pantomimen Rebecca, der ein ganz naher Seelenfreund und Choreograf aller Produktionen wurde, der männlichen russischen Ballerina Daniel Sander aus Paris, der steppenden Tanzgruppe »Les Boys« aus England, dem sensationellen Multimedia-Künstler Xynn, Besucher aus einer anderen Sternenwelt, dem Friseursalon-Besitzer Richard, Opernsänger aus Passion im Kostüm seines Königs Ludwig II., der seinen muskelprotzenden Abendstern Gabriel Wild besang.

Da war Miss Rainbow, das Knochenkautschuk-Mädchen mit Artisteneltern aus London, der geheimnisvolle Clown Archimedes aus Paris, nach dem Tod seiner Frau mit Tochter Fleur auf der Flucht vor seinen Schwiegereltern, der persische Pantomime Mattar mit einer herzergreifenden Pantomime über die Angst als Auswirkung einer konstantterroristischen Bedrohung. Die filigrane Tänzerin Dana Murray, Tochter einer Inderin und eines deutschen Vaters, Colin, rasanter Tänzer aus Ghana, Philippe Pillon, moderner Pantomime, entdeckt vor dem Pompidou-Museum in Paris, mit seiner Nummer über die Umwandlung des Bürosklaven in einen menschlichen Roboter. Der indianische Blues-Barde Willy Michl aus dem Bayernland mit Ehefrau Evi, Ballerina. Der Gurkenkönig von Mittenwald, heutiger Kabarettist und Musiker Georg Ringsgwandl, im Musikverbund mit dem legendären Hinterhofsänger Fritz, der Nachtigall von Ramersdorf, der durch das Gastspiel unserer Revue in Berlin Fuß fassen konnte. Das famose Scherbentheater, mit Patricia Moresco, Roland Baisch und Bernd Schray. Bruno Schmaus, Landvermesser und passionierter Charlie-Chaplin-Mime, der unvergessene Golden Boy Michael Klug mit seiner Tanztruppe, Richard Rigan, ein Elvis Presley, der vom Stuhl riss, der Teufelsgeiger Nipso Brantner, ein Nachfahre des legendären Gipsy-Geigers Django Reinhardt. Sepp, der singende bayerische Schnupferweltmeister, und Hansi Schimpansi, alias Hansi Lang, der begnadete Sänger aus Wien, der Miss Piggys Partner Kermit zum Besten gab. Der spanische Sänger und platonische Frauenverführer Esteban aus Blanes, Traute Höss, Lucky Boettger, Mollie Moll und Petra Wagner, in der Opera exzentrisch und charismatisch, vom unvergessenen Kollektiv der »Roten

Rübe«, und Bobsie, der legendäre Schwabinger Performance-Künstler und Kneipier. Der Barde und erfolgreiche Hundetrainer Anton Fichtlmeier, die Tänzer und Mimen der »Lucky Elephant Group« Michael Klug und Peer Bartsch ... ach ja, und mein schon heimgegangener Herzensfreund, der unvergessliche Sänger Bruno Ferrari ... schwitz, so viele müsste ich noch aufzählen! Wir werden in unserer Fotodokumentation 2017, zum vierzigjährigen Jubiläum, noch alle Mitwirkenden akribisch benennen.

Hoppla, jetzt kommen wir. (Marianne)
Opera Curiosa – Opening-Action mit Roland Baisch, Hamburg 1982

Eine Künstlerin meiner Rainbow-Family hat in mir, nach all den Jahren, eine große Wirkung und die Sehnsucht hinterlassen, sie im Jahre 2017 in unserer Gruppenmitte für uns und das Publikum segensreich tanzen sehen zu dürfen: Padmini Chari, eine religiöse Tänzerin aus Kalkutta, der hinduistischen Glaubensrichtung angehörig, in deren soziales, kulturelles und religiöses Leben ich Ihnen gleich noch einige Einblicke übermitteln darf.

Das Publikum und die Kritiker liebten uns und auch die Idee der totalen Umkehrung der Haltungsweisen und auferlegten Schutzmasken vom ersten Atemzug an. Umkehrung bedeutete z.B., unsere Stripperin mit dem großen Herzen, Lady Chanel aus der Schweiz, lebensweise Texte von Shakespeare vortragen zu lassen – und sie wusste, wovon sie sprach. Dafür übernahm die Leiterin unseres Kulturamts, Frau Beate Schäfer, als lustvolles Ventil ihrer geheimen Sehnsüchte, ironisch den strippenden Teil des Programms, ausgedrückt durch bestechendes Heimorgelspiel und den mutwilligen Verlust eines stramm sitzenden bayerischen Dirndls, eines Unterrocks und eines BHs. Das Unterhöschen blieb brav an Ort und Stelle, ja sonst noch was. *Hilarious*, juchzte sogar die Presse, und das hieß damals was!

Ich darf Ihnen, liebe Leser, schon hier verraten, dass in München 2017, nach vierzig Jahren, eine Wiedergeburt der Opera Curiosa, in memoriam, mit außergewöhnlichen Künstlern aus der ganzen Welt, auch von früheren Produktionen, und leidenschaftlichen Laien des Hier und Jetzt stattfinden soll.

Nun darf ich Sie erst einmal nach Berlin mitnehmen, wo wir im Jahr 2000 – nach einem großartigen Erfolg in einem

Theaterzelt in Hamburg-Eimsbüttel, vom Publikum schon heiß ersehnt – mit zweiunddreißig Mitwirkenden angekommen waren. Für alle vier Tage waren die Karten für das über 2000 Plätze fassende Tempodrom-Zelt von Irene Mössinger und ihrer Kompagnia schon ausverkauft. Eine größere Gruppe von Punks, die »ihre Marianne« sehen wollten und so ebenfalls auf dieses geile Schauspiel, wie sie argumentierten, nicht zu verzichten gedachten, hatte sich eingestellt. Flugs waren die Zäune niedergetreten, und strahlend hatte sich die Punkfamilie – den verkürzten Weg über den Zaun nehmend – auf den besten Plätzen postiert.

Waren da zu viele Karten ausgegeben worden? Das Zahlpublikum witterte einen größeren Betrug und begann zu randalieren. Unser liebevoller Tourneeleiter, Gott hab ihn selig, lechzte in seiner Bedrängnis nach einem Überfallkommando, die Gesichtsfarbe meiner Regenbogenkinder war in kalkiges Grün getaucht. Angst essen Seele auf! Für meinen angehenden Auftritt war ich gekleidet in ein eher geschmackloses Abendkleid und meine Plastikschweinsnase, die ich mir zur ersten Moderation als Kultikone Miss Piggy aufgeklebt hatte. Ich ahnte nichts Gutes. Mutig nahm ich mein Herz in beide Hände und stakste hinaus in das unheilschwangere Arenenrund. Pfiffe gellten, Plastikbecher zogen ihre Bahn, um mich zu treffen, wurden aber nicht von den Punks geworfen.

Mit der zittrigen Stimme eines zerbrochenen Reagenzglases richtete ich meine Botschaft an die außer Rand und Band geratene Menge.

»Meine Damen und Herren«, hörte ich mich gicksen, »wir werden heute nicht spielen. Wir haben Angst vor euch.«

Die ersten Lachsalven über die zittrige Schweinefrau in der Mitte der Arena bauten sich auf. »So können wir nicht mehr spielen, bitte haben Sie Verständnis, wir sind keine hartgesottenen Bühnengladiatoren, die meisten von uns haben die Hosen voll.«

Lachkanonaden stiegen auf. Ich setzte mich bezwungen in die Mitte. Miss Piggy in mir weinte jetzt gottserbärmlich, ihr Nervenkostüm löste sich in seine Teile auf, die Schweinemaske hing nur noch am klebrigen Pattex-Faden, da, knacks, jetzt hatte man mir das Herz zerrissen. In Wahrheit hatte nur mein Korsett aufgegeben. Vor Scham versank ich in meine Welt von Atlantis. Die ersten Punks kamen schüchtern mit einem Rotztuch, um meiner triefenden Nase Erleichterung zu verschaffen. Tapsig-liebenswürdig halfen sie mir wieder auf die Beine, als ich rief: »Alle Gäste, die eine Karte besitzen, aber keinen Platz gefunden haben, bekommen ihr Geld zurück.« Tourneeleiter und Veranstaltungsteam versuchten im Kreuzfeuer meinen Redefluss zum Stillstand zu bringen, doch ohne die Mitglieder des Überfallkommandos traute sich niemand zu mir in die heiße Zone der Arena. Ich wiederholte frech mein Angebot. Nur ein paar Karten wurden zurückgegeben.

»Gebt uns eine Viertelstunde, bitte, dann werden wir Zuckerbrot-Gladiatoren uns euch alten Preußen, samt Peitsche, zum Fraß vorwerfen«, bat jetzt Zirkus-Mama Marianne inständig die große Publikumsmenge, doch zu bleiben. Und dann erlebten wir an diesem Abend eine kosmische Verschmelzung mit unseren Besuchern. »Die Hochzeit von Kanaan« nenne ich es, wenn man sich nach einem Abend der Begeisterung, der Zuwendung, des Streichelns der Seele und der Sinne miteinander verwandt fühlt. Das Hinauswachsen über sich selbst durch mutige Offenlegung eines Schwachpunkts stärkte danach mein seelisches Immunsystem immens.

Da konnte auch noch die dramatische Panne von Fritz, der Nachtigall von Ramersdorf, verkraftet werden. Durch sein Nichterscheinen wurde die gewehrlupfende Ballett-Tierformation eines Bauernstalls in ein stehendes Bild verbannt – und das vor 2000 Personen. Erst nach fünf Minuten, die sich für uns wie fünf Jahre anfühlten, wurde die erstarrte Gruppe befreit. Mit erigiertem Hahnenkamm aus der Maskenabteilung, doch in privater gestreifter Unterhose stolperte Fritz auf die Bühne, sein vorgesehenes Beinkleid nach falschem Hoseneinstieg um die knochigen Knöchel gewunden.

»Ich bin der Hahn, kikeriki, ich krieg meine Hose nicht mehr hoch«, rief er verzweifelt der grölenden Menge zu. »Und ich bin der Schnitter, die Hose kannst du gleich unten lassen, je reviens«, warf ihm Manuela Riva mit Augen wie Straßenampeln so grün vor Wut, erbost über den jämmerlichen Auftritt, an den Kopf. Ein Mitglied des nicht zum Einsatz gekommenen Sicherheitsdienstes rettete den armen Tropf vor Manuelas erzieherischem Ohrenzug und schnitt ihn aus dem Hosen-Krakenschlund.

So konnte diese Firma doch noch eine größere Rechnung für einen Spezialeinsatz an die Veranstalter stellen, und alle waren zufrieden.

Geliebte Mamma Roma,
Manuela Riva

Erzengel Fritz,
die Nachtigall von Ramersdorf

Mein Herz und all mein Sein gehört allen Menschen, seit ich denken und fühlen kann. Meine Sehnsucht, mit den vielen Menschen Kontakt aufnehmen zu dürfen, die so weit von mir auf der ganzen Welt leben, ist unstillbar. In der ersten Opera-Curiosa-Produktion gab ich drei jungen Musikern aus El Salvador mit dem Namen »Bliss« einen Ehrenplatz, der exzentrische Clown kam aus Persien, der zweite aus Frankreich – in acht Produktionen sollte dieses Konglomerat an kultureller Vielfalt und Menschen aus verschiedenen Welten und Religionen immer mehr anwachsen. Inmitten meiner Rainbow-Family fühlte ich mich wohl und geborgen, vor allem wenn meine Tochter, Mutter und Schwester in unserer Mitte weilten. Es gab natürlich auch hie und da Querelen, aber untereinander regierten Menschenliebe, Sinnenlust und Lebensfreude, die sich immer mit dem täglichen Publikum zu frenetischem Jubel verschmolzen.

> Jetzt habe ich begriffen,
> was ein Freund bedeutet.
> Die Leute passieren an mir vorbei
> und blicken nie zurück.
> Der Himmel beginnt dunkler zu werden,
> die Sonne verliert ihre Brisanz.
> Bald wird sie sich für immer entziehen.
> Ich habe begriffen,
> dass sich die Welt nicht mehr wie früher dreht.
> Jeder sucht nach mehr.
> Aber es ist schwer zu finden.
> Eines Tages wird man begreifen,
> was man zurückgelassen hat.
> Dann werden sich alle die Hände geben,
> zusammen singen,
> was für ein schöner Tag.
> Dann werde ich eine Million Freunde haben!
> OPERA CURIOSA, FEBRUAR 1977
> TEXT: OSKAR ALEXANDER MENJIVAR, MUSIK: BLISS

Mit der Zeit wurde mir sehr stark bewusst, dass ich mir bei der jährlichen Besetzung der Rainbow-Revue immer mehr Schauspieler, Sänger und Artisten aussuchte, die alle schon im Regenbogenland Surinam mit seiner kulturellen Vielfalt, gelebt haben konnten.

Von der großen Seele Padmini Chari, einer Tänzerin aus Kalkutta in Indien, darf ich Ihnen berichten.

Ich entdeckte sie in München bei einem indischen Tanz-Event im »Theater in der Brienner Straße«, der die religiösen Zeremonien in den Vordergrund stellte. Ihr Mann, der bei der indischen Botschaft in Berlin einen diplomatischen Dienst versah, fand es, bei meiner ersten zaghaften Anfrage, gar nicht lustig, seine Angetraute in einem Kleinkunstlokal, dem »Marienkäfer« in München, auftreten zu lassen. Von den subkulturellen Anteilen unserer Revue setzte ich ihn erst mal nicht in Kenntnis. Der Titelanteil »Opera« tat seine Wirkung, und so gab er meiner inständigen Bitte und dem Wunsch seiner Frau nach. Sein geschenktes Vertrauen wurde durch die umjubelten Auftritte Padminis und ihrer einmaligen Künstlerkollegen, gepaart mit begeisterten Kritiken für unser abenteuerliches Unterfangen, belohnt. Als es dadurch, als Belohnung der gesamten Rainbow-Family, 1979 innerhalb Münchens, durch den damaligen Intendanten Frank Baumbauer, noch zu einer Einladung in die heiligen Hallen des Marstall-Residenztheaters kam, wo ihr Können und Charisma mit einem zweiten Auftritt geehrt wurden, machte mich der Stolz dieses Mannes auf seine angetraute zweite Hälfte sehr froh!

Padmini, ein frauliches Wesen von ungeahnter Schönheit unter ihrer ausdrucksstarken rituellen Schminke, fühlte sich in unserer Künstlerrunde ausgesprochen wohl. Sie brachte sich auf unserer Bühne mit dem Tanz »Thillana« ein, der Segen, Gesundheit und Frieden über die künstlerischen Kollegen, das Publikum und alle Menschen der Erde bringen sollte und das auch spürbar tat.

Geh durch die Welt und achte jeden. (Marianne)
Meine Regenbogenfamilie im Marstall-Theater, München 1979

Padmini, ich werde dich, wie alle meine Regenbogenkinder, nie vergessen! Durch Versetzung deines Mannes warst du ja wieder nach Kalkutta zurückgekehrt, ich konnte euch nicht mehr erreichen. Weißt du, Padmini, mein Schicksalsrad führte mich, nach Beendigung der Opera-Curiosa-Periode, 1985 durch viele Kontinente unseres Weltengefüges. Ich hatte das Angebot von Percy Adlon angenommen, und unsere Dreharbeiten und spätere Werbetouren für drei Kultfilme, *Sugarbaby*, *Out of Rosenheim*, international *Bagdad*

Cafe, und *Rosalie Goes Shopping*, kennst du sie?, die auch international geehrt wurden, führten uns nach Amerika, Brasilien, Taiwan, Japan und in viele Teile Europas. Michael Douglas holte mich für den *Rosenkrieg* nochmals über den Ozean nach Los Angeles, wo man mich für weitere fünf Jahre zu verpflichten gedachte. Ich hörte auf meine innere Stimme und löste schweren Herzens meinen vorgeplanten Lebensweg im Kreise meiner geliebten Familie ein, die später noch um eine Seelenpartnerin, meine gelungene Enkeltochter Alina, bereichert werden sollte. 1996 hatte meine Mutter, die du ja kennenlernen konntest, nach zweijähriger Fürsorge ihrer beiden Töchter, ihr Leben im Kreise ihrer Lieben ausgehaucht und in unseren schützenden Armen das Zeitliche gesegnet.

Ab dem Jahre 1999 stellte ich mich zu einer »inneren Einkehr«, auf ein jetzt schon vierzehnjähriges Landleben ein. Der weltweite Erfolg unserer Filme erweckte durch ein logisches Ursache-Wirkung-Prinzip viele wirtschaftliche Aspekte, die mein Leben in eine nicht vorgegebene Richtung zu manövrieren gedachten. So musste ich tapfer sein, liebe Padmini, schrieb Bücher, die ich in Lesungen vorstellte, spielte Theater und machte kleine Fernsehfilme, für die ich neben der Hauptdarstellung als Marga Engel und der Rolle einer ehemaligen Zirkusartistin Marie auch als Autorin mitwirken durfte. In letzter Zeit schenkte ich meine Seele der Märchenfigur Frau Holle und einer fürsorgenden Nachbarin in der Kinderfilm-Reihe *Petterson und Findus*.

Ich passe sehr auf, meine ethische, gelebte Grundhaltung immer in meine künstlerische Arbeit einfließen zu lassen, wie du mir das bei unserem intensiven Abschiedsgespräch im Jahre 1979 so sehr ans Herz gelegt hast. Die indische

Erde zu berühren und dich dort wieder zu erleben, war, trotz großem Interesse, meinen Füßen wohl schicksalhaft noch nicht erlaubt. Vielleicht kündigt sich unser Wiedersehen nach meiner Surinam-Reise 2016 in unserem Sternentagebuch durch deine Mitwirkung bei unserer geplanten Rainbow-Family-Revue an.

Padmini, das ist eine Einladung!

Von ganzem Herzen,

deine Marianne

Liebe Leser,

da ich mich zur Zeit der Siebzigerjahre in einem multikulturellen, durch stark auftauchende Innenbilder selbst ausgerichteten, mir wohltuenden Umfeld befand, begegnete ich hier vielen Menschen mit anthroposophischer Lebensausrichtung. Das Studium der Religionen der Welt beschäftigte mich sehr intensiv. Gerade hatte ich mich als praktizierende Christin eingehend mit den Inhalten der jüdischen Thora, ihren Geboten und Verboten, dem Buddhismus und seinen Auslegungen der Mandala-Bilder als Symbol des Lebens auseinandergesetzt. Ich glühte förmlich vor Interesse, meine Kenntnisse der hinduistischen Religion, dem damit verbundenen rituell gelebten Leben, dem Kastenwesen, dem ethischen Umgang mit der Bestattung der Verstorbenen, dem Heilwesen, den medizinischen Erkenntnissen und Anwendungen zu vervollkommnen. Auch an der Zubereitung der indischen Speisen und der verwendeten Zutaten und Gewürze war ich interessiert, neugierig wie ein ausgetrockneter Schwamm.

Die von mir hochverehrten Erdenbürger Mutter Teresa und Mahatma Gandhi warteten ebenfalls in meinem Fragenkatalog für Padmini, der viel zu umfassend war, ja fast nur in einem ganzen Semester der Volkshochschule abzuwickeln war. Das stellte ich am Tag meiner Verabredung mit meiner seelenverwandten Mitspielerin, die ich heute abseits des Trubels der Theatertruppe mal privat besser kennenlernen wollte, ganz geknickt fest. Padmini überraschte mich mit sehr guten Deutschkenntnissen, die sie in anschauliche Sprachbilder umzusetzen wusste. Das war mir bei der ersten Zusammenarbeit im Jahr 1977, als sie mit uns nur in englischer Sprache kommunizierte, noch gar nicht aufgefallen.

Bei unseren aktuellen Proben für das Marstall-Theater wurde, wegen der vielen internationalen Gäste, meistens Englisch gesprochen. Ich kam mit meinem »Dinglish English«, wie wir es spaßeshalber nannten, unter Einsatz von Händen und Füßen, mit nie gekanntem Augenrollen, gut damit klar. Nur meine Stimme hatte heute vor Erschöpfung um Urlaub eingereicht, da war das letzte Wörtchen noch nicht gesprochen!

3. AKT:
Seelische und körperliche Nahrung lassen die Welt zum Leben erwachen

»Und Krishna der Erhabene sprach:
So wie der Mensch seine abgetragenen Kleider ablegt und sich wieder mit neuen bekleidet, so legt auch die verkörperte Seele ausgetragene Körper ab ... Denn dem Geborenen ist der Tod, dem Toten die Geburt bestimmt, da unvermeid-

lich dies Geschick, darfst nicht darüber trauern du. Unsichtbar sind die Anfänge der Wesen und ihr Ende auch, die Mitte nur ist sichtbar uns – was gibt's für Grund zur Klage da.«

Der Text des indischen Gottes Krishna aus der Bhagavadgita, den ich mit einem Büchlein von Dōgen Zenji, zusammengepackt mit Texten von Rilke, Frisch und Gandhi, für dieses Buchmanuskript wieder mit Herzklopfen aus meinen Unterlagen bergen durfte, begleitete den Auftritt der Tänzerin Padmini Chari bei der Opera-Curiosa-Aufführung 1979 in den heiligen Hallen des Marstall-Theaters, einer Dependance des Resis, wie man das Münchner Residenztheater liebevoll zu bezeichnen pflegt.

Unter einem Säulendach des Theatergartens saß ich, einen Tag nach einer wieder einmal fulminanten Eröffnung unseres Spektakels, zu geruhsamer Nachmittagsstunde, ganz entspannt mit Padmini auf einem Steinbänkchen, löffelte ihr fantastisches Hühnerragout, das sie in einem Warmhaltetopf mitgebracht hatte und mir als »Morgee Korma« vorstellte, um mich gleich anschließend an ein paar kleinen Bananenkrapfen, »Mieta Keela«, zu laben, von denen sie gleich ein ganzes Körbchen voll gebacken hatte, um die Kräfte ihrer Rainbow-Children vor der heutigen Abendvorstellung noch zu stärken.

Vier Wochen vor der Premiere hatte sich unser liebenswerter und talentierter Regisseur aus Angst vor Kritik der Kulturjournaille abgeseilt, nachdem er uns bereits die ersten beiden Produktionsjahre voller Leidenschaft und Professionalität zur Seite gestanden hatte. Nun oblag es mir zu zeigen, was ich bei ihm in den beiden Jahren gelernt hatte. Mit

Gottes, Buddhas, Jehovas und Shivas Hilfe und der Mitspiel-Begeisterung der Künstlerfamilie hatten wir es wieder inmitten des jubelnden Publikums gestemmt, aber meine Stimme war nach dem gestrigen Premierenabend erst mal flötend ins imaginäre Schilf gegangen. Heute Abend war für mich Pantomime mit Text-Tafeln angesagt, stand ja auch noch ein tadelloser Schauspieler des Hauses in den Startblöcken, um für die nächsten Tage wenigstens meine Moderationstexte rhetorisch brillant zu übernehmen.

Ich trank zu meinem indischen Heilessen brav von Padminis mitgebrachtem Moringa-Tee, der noch ganz heiß und aufgebracht in einer Wärmekanne auf seinen Einsatz wartete. Als der Name Moringa über Padminis Lippen kam, zog mir ein kleiner heißer Schauer über den Rücken. Da war sie wieder, die Herzenswärme spendende Erinnerung an meinen Großvater Franz-Xaver, Gärtner und Schamane, der sich in seinem Leben so viel Wissen über Kulturen, fremde Pflanzenwelten und Länder angeeignet hatte. Gerade für die Fauna der subtropischen Regenwälder und Gebiete und für das Land Surinam interessierte er sich ganz besonders. Der Mangroven- und vor allem der Moringa-Baum gehörten zu seinen besonderen Lieblingsgewächsen. Das schnelle Wachstum im ersten Jahr seiner Austreibung, das bis zu sieben Meter ausmachen konnte, das Blühen über das ganze Jahr, der feine Duft der Blüten und deren Früchte, die den begehrten Samenschatz, aus dem das heilende Öl hergestellt wird, in sich tragen, darüber berichtete er vielen Menschen, die gar nicht zuhörten – seine Enkelin war jedoch begeistert.

Interessant ist die Verwendbarkeit der gesamten Bestandteile dieses Moringa-Baumes, eines Wunderwerks der Natur mit einer Vielfalt von Heilwirkungen. Die Versorgung mit Nährstoffen und Spurenelementen zur Stärkung des Immunsystems, auch durch hohen Protein- und Vitamin-C-Gehalt, die Vernichtung der Freien-Radikalen-Bösewichte, den hohen Anteil von ungesättigten Fettsäuren – all das wusste Großvater zu preisen. Auf seinem wöchentlichen Marktgang in die Hauptstadt zum Gemüsemarkt hatte sein Tauschpartner, der von Großvater seit Jahren mit seltenen Curry-Mischungen und eigenen Galgant-Züchtungen beglückt wurde, immer wieder rare Pflanzen und Öle, wie das Moringa-Öl oder die Yamswurzel – eine Wurzel für die Frau des Hauses, die Opa dann seiner Tochter zum Hormonausgleich mitbrachte (was bei meiner Mutter nicht gerade auf Begeisterung gestoßen war) – frühzeitig für ihn in Sicherheit gebracht. Das Moringa-Öl war zur Hautpflege heiß begehrt, landete auch schon mal auf meinen Teenie-Wangen. Der Tee aus den getrockneten Blättern war mir damals im Geschmack zu bitter, aber in der Zubereitung nach dem Rezept Padminis wirkte er durch Zuführung von Zimt und Honig sehr tröstend und beförderte merklich die Durchblutung meiner Stimmbänder. Meine Stimme startete ein paar krächzende Laute.

Kaum brachte ich die Worte »Zu welcher Kaste gehört ...« heraus – »deine Familie« versuchte ich schon gar nicht mehr zu komplettieren –, als mir Padminis Blick, eingesäumt von einer überraschend hochgezogenen Augenbraue, wortlos den Zugang über diese Zugbrücke hin zu familiärer Nähe verwehrte. Meinen Fragebogen würde ich erst in den neutralen Räumen der Volkshochschule aus den inneren Räumen meiner Hirnwindungen an ein unberechenbares Tageslicht entlassen. Das schwor ich mir, während ich meine sich wieder einrollenden Stimmbänder mit dem jetzt immer bitterer werdenden Moringa-Tee beträufelte und Padmini, merklich nervös, mit filigranen Fingern ein Büchlein aus ihrer bestickten Hängetasche fischte und mit einem Monolog begann.

»Marianne, sich um etwas kümmern bewirkt, dass die ganze Welt zum Leben aufsteht«, zwitscherte sie. Ja, ja, auch die Unterwelt blieb bei meinen Raubtierfütterungen aus Versehen nicht untätig, Fütterung hin, Fütterung her, dachte ich so in mich hinein, an einen sprachlichen Austausch war heute von meiner Seite wohl nicht mehr zu denken.

»Weißt du, Marianne, wenn wir geboren werden, verbinden wir von dem Moment an das Ernähren mit dem Gefühl, dass wir geliebt werden. Wenn wir weinen, kommt die Mutter und füttert uns, wenn wir Glück haben. Sogleich fühlen wir uns sicher und umsorgt. Wird uns die Nahrung, die wir so dringend benötigen, zu lange vorenthalten, glauben wir, die Mutter entziehe uns ihre Liebe und bestrafe uns durch Nahrungsentzug, das ist so grausam für das Kind.« Sagt's, und zwei ihrer mitgebrachten Bananenplätzchen verschwinden flugs in ihrem schön geschwungenen Mund. Worauf will sie denn hinaus, martert sich mein Gehirn, um sich gleich gedanklich beim Himmel für die Bescherung meiner fürsorgenden Mutter zu bedanken.

»Weißt du, Marianne, im späteren Leben fehlt dann den vernachlässigten Kindern der Instinkt, zu agieren. Oft weiß man dann nicht, was zu tun ist, um die Liebe und die Nahrung zum Überleben zu erhalten. Marianne, auch mein Mann und ich müssen für unsere Nahrung sorgen«, sagte sie und zog einen weißen Zettel aus ihrer Hängetasche. »Von meinem Mann«, sagte sie beklommen. »Da steht noch eine offene Rechnung von siebzehn D-Mark und zehn Pfennig aus, die wir vor zwei Jahren für eine Taxifahrt zum ›Marienkäfer‹ bezahlt haben. In unserem Kastenwesen herrscht Ordnung in der Buchhaltung, weißt du, das legt sich dann auch wieder auf das Gefüge des weiteren Lebens um. Krishna sagt: Die Schuld von einer Rupie hat dieselbe Kraft wie die Schuld von einer Million Rupien.«

»Ich hatte ja zu diesem Zeitpunkt keine Adresse mehr von euch, dann kam eure Mahnung, so konnte ich dich auch wieder einladen«, konnte ich meine Verteidigung jetzt nur transzendental in den Äther schicken. Schnell zückte ich mein Geldtäschchen und legte Padmini 20 D-Mark in den Schoß. »Da sind auch gleich Verzugszinsen von vier Prozent für die zwei Jahre enthalten, plus Zinsen«, schrieb ich auf die imaginäre Rechnung. »Ich will für mein Vergehen bloß nicht karmisch bestraft werden, um im nächsten Leben als wuselige Ameise in einer Ameisenwehr-Kaserne wieder das Licht der Welt erblicken zu müssen«, assoziierte ich ironisch in meiner Stirnkammer. Ein tiefer Atemzug, ein großer Schluck aus der Moringa-Thermoskanne, da, urplötzlich meldeten sich meine Stimmbänder zurück! »Shiva sei mir gnädig!« – diese Worte standen sehr laut im Raum. Moringa, Moringa! Mein stimmlicher Auftritt am zweiten Spieltag war gerettet, und Padminis Tanz erreichte an diesem Abend, mit einer fast schon außerirdischen Präsentation, die Herzen und Seelen des Publikums.

An diesem Nachmittag hatte ich wieder so viel gelernt und Zusammenhänge begriffen. In Vertretung des mütterlichen Elefantengottes Ganesha nahm ich Padmini hinfort für die nächste Zeit unseres Zusammenwirkens schützend und mütterlich in meine Arme.

»Habe getrockneten Lachs empfangen und im Gegenzug Orangen gegeben – Shiki«, fand ich eine Notiz in Padminis Büchlein, neben dem Eintrag zur Unterernährung eines Kindes durch eine kalte Mutter, das sie mir unauffällig in meine Tasche gesteckt hatte. Dieser Satz bescherte mir Gänsehaut pur, denn ich hatte Padmini heute mit einem selbst gebrauten Orangen-Ingwer-Bad beschenkt, das ich aus meiner Tasche zauberte. Ein frisches Minzgelee, aus einer raren indischen Minze bereitet, die ich auf dem Viktualienmarkt ergattert hatte, platzierte ich mit den Worten »Magic Miss Chari« neben das Badevergnügen.

Gerade habe ich in meinem Opera-Curiosa-Karton mit den vielen Bildern aus dieser bewegten Zeit die beiden in Englisch, noch von Hand geschriebenen, delikaten Rezepte der indischen Küche für Sie, liebe Leser, herausgekramt und auch gleich für Sie ins Deutsche übersetzt, damit Sie diese Köstlichkeiten auch so lustvoll verspeisen können wie ich an diesem inhaltsschweren Nachmittag.

Krishna und seine Frau

Indisches Hühnerragout
mit malerischen Gewürzen –
»Morgee Korma«

1 Maishühnchen
1 Tasse Buttermilch
5 Knoblauchzehen
etwas Zitronensaft
4 EL Butter
1 TL kleine kandierte Ingwerstücke
2 Gewürznelken
2 gehackte Zwiebeln
1½ TL Salz
3 TL Koriander, gemahlen
2 TL Mandeln, gerieben
1 TL Kurkuma, gemahlen
½ TL Kümmel, gemahlen
½ TL Pfeffer
1 Msp. Cayennepfeffer

Das Huhn wird in 2 Keulen, 2 Flügel und 4 Brustteile geteilt, sodass jeder Esser ein Stück helles und ein Stück dunkles Fleisch erhält. In eine Schüssel gibt man die Buttermilch,
3 zerriebene Knoblauchzehen, vermischt beides, gibt noch
einen Spritzer Zitronensaft dazu und lässt das Fleisch nach
Padminis Plänen etwa 2 Stunden darin marinieren. Dann
erhitzt man die Butter in einer Kasserolle und dünstet darin
die 2 übrigen Knoblauchzehen, den Ingwer, die Nelken und
die Zwiebeln an. Saz beigeben, dabei bleiben und gut umrühren, damit der Ingwer nicht anbrennen kann. In einer

Glasschale vereinigen sich jetzt der Koriander, die geriebenen Mandeln, Kurkuma, Kümmel, Pfeffer und Cayennepfeffer miteinander, und alsbald gießt man die aufregende Mischung zu den anderen Zutaten in die Kasserolle, die sich schon kennengelernt haben. Man vermischt alles gut, legt die Hühnerstücke ein, setzt den Deckel darauf und kocht das Gericht etwa eine Stunde im Ofen – das Umrühren sollte man nicht vergessen. Dazu Reis, feinsten grünen Blattsalat und einen grünen Tee.

Bananenkrapfen – »Mieta Keela«

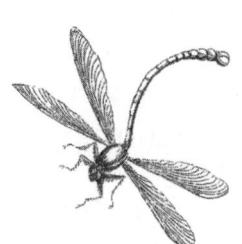

240 g Mehl
1 TL Backpulver
125 g Butter
1 EL Joghurt
1 Prise Salz
4 überreife Bananen
250 ml Milch
Saft von ½ Zitrone
2 EL Kokosraspeln
2 cl Rum
2 EL brauner Zucker
1 Eiweiß
Fett zum Backen, am besten Butterschmalz
Puderzucker
1 Prise Koriander, gemahlen

In eine Schüssel siebt man das Mehl zusammen mit dem Backpulver. Die Butter sollte noch hart und kalt aus dem Kühlschrank kommen. Dann gibt man den Joghurt und eine kleine Prise Salz dazu, und jetzt ist Kneten angesagt. Den so entstehenden Teig lässt man vor seiner Bestimmung, ausgerollt zu werden, noch etwa 10 Minuten ruhen. Die reifen Bananen werden erst einmal püriert, nachdem sie geschält wurden, natürlich. Dann gibt man die Milch und den Zitronensaft dazu. Das Bananenmus kommt in eine Glasschüssel, wird dort veredelt mit den Kokosraspeln, dem Rum und dem Zucker.

Den Teig hat man etwa 1 cm dick ausgerollt und setzt im Abstand von etwa 5 cm je 1 Teelöffel der edlen Füllung auf die Fläche, sticht dann mit einer runden Form Teigkreise aus, befeuchtet die Ränder mit dem Eiweiß und klappt sie nach oben, sodass kleine Teigtaschen zutage treten, die man dann in erhitztem Butterschmalz ausbäckt, auf einem Papiertuch gut abtropfen lässt und mit Puderzucker und einer kleinen Bestäubung mit Korianderpulver zu einem unvergessenen Geschmackserlebnis macht.

Minzgelee –
Mentha Marianna

200 g frische Minzeblätter aus Sizilien (aus meinem Garten)
400 ml Wasser
½ l Apfelsaft
½ l Cidre
700 g Gelierzucker
30 g Apfelminzeblätter, frisch aus dem Garten
2 cl Williamsbirnengeist
Lebensmittelfarbe, grün

Die erst geernteten frischen Minzeblätter übergieße ich mit kochendem Wasser und lasse sie 2 Stunden lang ziehen. Dann wird abgeseiht und dieser wertvolle Sud mit dem Apfelsaft und dem Cidre übergossen. Nun füge ich den Gelierzucker hinzu und lasse die Gesamtsudmenge jetzt noch mal für etwa 7–10 Minuten aufkochen.

Die Apfelminzeblätter fein hacken und mit einem kleinen Schuss Birnengeist zu dem langsam eindickenden Gelee geben. Mit ein paar Tropfen grüner Lebensmittelfarbe noch das Tüpfelchen auf dem i bescheren.

Schmeckt als Gaumenkitzel zu unserem indischen Huhn, zu Lammkoteletts, zu weißem Fisch! Lecker, lecker!

Padminis Orangen-Ingwer-Bad

500 g bestes Badesalz, neutral, aus der Apotheke
40 g Ingwer, schon gemahlen
Orangenöl aus der Apotheke, in diesem Fall 20 Tropfen
abgeriebene Schale von 1 Bio-Orange
120 g Haferflocken, beste Qualität
100 g Milchpulver (nur aus der Apotheke)

Alles mischen und für einige Tage durchziehen lassen. Dann führen Sie, liebe Leser, einen kleinen Test auf Ihrem Arm durch, um zu prüfen, ob die Haut auch mit im Boote ist.
Für ein Vollbad nehmen Sie etwa 150 g aus dem gebrauten Schatz Ihrer Flasche, und ab geht's ins göttliche Nass. Die Durchblutung wird gefördert, die Haut zum Seidenapfel, eine Wohltat für Ihre Seele und Ihr Wohlbefinden!

Liebe Leser, bei einer indischen Hochzeit einer höheren Kaste gibt die Frau eine große Menge Reis, je nach Mitgift ein Symbol für ihre Habe. Dann umkreist das angehende Ehepaar siebenmal das Feuer, dreimal geht der Mann voran, viermal geht die Frau voran, als rituelles Symbol. Denn stirbt der Mann vor der Frau, musste sie ihm bis vor einigen Jahren, zumal in einer höheren Kaste, vor allem als Kriegswitwe, nach »guter Sitte« ins Feuer folgen, um ihn auf seiner Wanderung ins Jenseits rückhaltlos zu begleiten.
Kein Wunder, dass Padmini zu jener Zeit nicht mit mir über ihr Kastenwesen sprechen wollte!

5

VERBORGENE PFADE NACH SURINAM

Ich habe viele Väter. Ich habe viele Mütter.
Und ich habe viele Schwestern, und ich habe viele Brüder.
Meine Väter sind schwarz, und meine Mütter sind gelb,
und meine Brüder sind rot, und meine Schwestern sind hell.
Ich bin über zehntausend Jahre alt,
und mein Name ist Mensch!
TON STEINE SCHERBEN

We are a free country, everyone can be what he wants to be, because the president has forgotten about us poor desert people«, schlurft eine monotone Stimme über einen alten Bartresen, der auch schon bessere Zeiten gesehen hat. Eine eindrucksstarke Männerriege älterer Semesters erweist dem hölzernen Vehikel, seit Jahrzehnten auf verschlissenen Hockern lümmelnd, zahnlückig, whiskeyträchtige Verehrung. »This is not what I was asking for, I asked you and you and YOU!«, unterstrich mein ausgestreckter Zeigefinger meine Feststellungen.

»Listen, I ask you now, could this Indian Navaho man become your sheriff, here in Barstow and Newberry Springs?«, erlaubte ich mir nun nachzutragen.

Gleich zog ein geschichtsträchtiger Ruck die Körper der neun Haudegen in eine angenommene Konferenz-Mitte der wurmstichigen Konsole. Ein kurzes Gemurmel und Gebrummel, und schon tat sich die Entscheidung mit einem vielstimmigen »Yes, he can« kund. Das war der Moment, als Mr. Apesanahkwat vom stolzen Indianerstamme der

Navaho von einer Abordnung der Bürger des Mohave-Wüsten-Distrikts zum symbolischen Sheriff dieser Region erwählt worden war. »Thank you, fellows«, kam es wie ein Stoßgebet über seine Lippen, als er kurze Zeit später hocherhobenen Hauptes, die gebändigte schwarze Mähne zu strammen Zöpfen geflochten, durch die Schwingtüre der Bar wieder ins Freie trat.

Seit er drei Tage vorher am Drehort angekommen war, konnte er seine Rolle als Sheriff, gespielt von einem astreinen Navaho-Indianer, nicht verinnerlichen, glaubte einfach nicht an eine Akzeptanz der späteren Zuschauer des Films. Jetzt hatte er von den alten Haudegen das seelische Rüstzeug erhalten, um seine Aufgabe selbstsicher und energisch verkörpern zu können, was auch geschah. Hauptberuflich arbeitete und lebte er zu dieser Zeit als Schreiner und Stuntman in Las Vegas, beglückte das Publikum dort auch in einer Bühnenshow in opulent besticktem, federbekränztem Häuptlingskostüm. Jetzt warteten sechs Wochen aufregende Dreharbeiten auf uns, die im Zentrum von Bagdad und auf Plätzen der angrenzenden Mohave-Wüste stattfinden sollten. Das altgediente Bagdad Café unterzeichnete der Produktionsfirma von Percy und Eleonore Adlon den Vertrag für eine einmalige Hauptrolle. Dieses Ambiente, an der Route 66 auf dem Wege nach Las Vegas, das inmitten einer bizarren Wüstenlandschaft von einer immer steiler werdenden Bergkette eingesäumt wird, sollte nach Vollendung des Films und seiner überraschenden weltweiten Akzeptanz noch große Berühmtheit erlangen. Nach fünfundzwanzig Jahren brillieren immer noch die etwas erblassten Farbbilder unseres Standfotografen und professionellen Zauberers Peter. Die dekorativen rot-schwarzen Tapeten des Filmsets wurden vom Besitzer verschmäht, mussten wieder seinen alten, abwaschbaren Plastikwänden weichen, die auch schon bessere Zeiten gesehen hatten. Dafür schwelgte die spätere Speisekarte nur so von Offerten, in Form und Inhalt den Darstellern des Films zugeordnet. Es lockten z.B. »hot chili con carne à la Miss Brenda with cream dip«, »Rudi Cox's big rumpsteak, bloody rare, with potato wedges«, und ein »big-sized Jasmin Münchgstettner's hamburger with French fries and home-made mayonnaise«. Den Besuchern munde es doppelt, wie der neue, clevere Owner, wie man ihn dort benennt, bei unserem Besuch, zehn Jahre nach unseren Filmarbeiten, begeistert zu übermitteln wusste. Während er mit einem Federbusch schnell noch die eingestaubten Bilder abzufächeln begann, tauchten schon abgespeicherte, intensive Bilder aus meinem Unterbewusstsein auf der Oberfläche meines »brain-pools« auf.

Genau an diesem Tisch saß ich, nach geglückter Initiierung unseres indianischen Sheriffs durch den harten Kern der wüstenresistenten Stammtresen-Brüder, mit meinem erstarkten Kollegen Apesanahkwat, in aufregender Kooperation mit seinem indianischen Filmkollegen George Aguilar, der sich seinem indianischen Navaho-Bruder gerade als Mitglied des Apachen-Stammes vorgestellt hatte. Georges Gruppengemeinschaft lebte in einem Reservat in Arizona und hatte die existenzielle Überlebensstruktur unter schwierigsten Umständen zu verteidigen, so seine besorgte Ausführung. Durch intensiven Alkoholkonsum, von der Regierung gerne als unbeschränkte Feuerwasser-Ration an die anfangs energiegeladenen Insassen der Reservate abgegeben, regiert jetzt, nach jahrzehntelanger Isolation und Aussichtslosigkeit, die Lethargie das soziale Miteinander. Die Obsession von Georges Sippenvater, bei Alkoholexzessen nur noch den eigenen Brand zu löschen, hatte sein Leben durch Kollision seines Trucks mit einem unschuldigen Baum ausgelöscht. Dieses unselige Ereignis hinterließ eine große, schutzlose Familiensippe, zu deren neuem Familienoberhaupt, nach dem Tod des Vaters, der erstgeborene George erkoren worden war. Vom großen Schutzgott Manitu kam sein kurz darauf anzutretendes Engagement, das ihm eine Filmrolle als Chefin Brendas Assistent und »Chef de rang« des Bagdad Cafés einbrachte, mit der er – neben einer guten Gage als finanzielles Polster für seinen Familienclan – später weltweit geliebt und sehr berühmt werden sollte.

Im Café kam gerade, wie Blitz, Donner und Sonnenschein zugleich, ein Manitu mit Haut und Haar um die Ecke, platzierte sich, nach jovialer Vorstellung, auf einem robusten Stuhl, der sogleich vor Ehrfurcht zu schwitzen begann, an unsere illustre Tischrunde. Jack Palance, der große Mime und Charakterkopf der Hollywood-Garde, saß nun, relaxed und kommunikativ, leibhaftig neben mir. Um ihn hatte Regisseur Percy Adlon, der sich auch als Autor und zusammen mit seiner Frau Eleonore als engagiertes Produzententeam auszeichnete, für die Rolle des Rudi Cox geworben und gewonnen. Ich fühlte vom ersten Augenblick an seine Freude an dieser lockenden Aufgabe, jenseits seiner vom Publikum so geliebten Cowboy-Charaktere *made in Hollywood* nun Mr. Rudi Cox, einem verschmitzten, ausgestiegenen Bühnenmaler, mit dem Charisma seiner einmaligen Persönlichkeit, gebündelt mit der Professionalität seiner jahrelangen Schauspielerfahrung, einen unvergesslichen Atem einhauchen zu dürfen. Der Hochzeitsantrag, mit dem Rudi Cox seine Jasmin Münchgstettner am Filmende zu überraschen weiß, bringt in meiner Erinnerung die damals in Rot getauchten Lichtvorhänge meines Herzenskämmerleins immer noch zum Schwingen, und meine Seele ist, nach einem spontan eingebrachten russischen Gedicht über die Würde der runden Frau als Repräsentantin der Mutter Erde, das Percy Adlon im Film konservierte, bei Betrachtung der Szene immer wieder tief berührt.

Die größten Menschen sind jene, die anderen Hoffnung geben. (Jean Jaurès) Mit Schauspielerkollege Jack Palance, 1989

Vor ein paar Jahren ging Jack Palance, dieser feinfühlige und respektvolle Kollege, der ein großer Fan des Dichters Edgar Allan Poe war und in jungen Jahren in Shakespeare-Theaterstücken brillieren durfte, heim in die ewigen Jagdgründe der Indianer-Vorfahren seiner Apachen-Mutter, die er, neben seinem harschen, russischen Vater aus der Ukraine, besonders in sein großes Kämpferherz geschlossen hatte, wie er mir in einer stillen Minute anvertraute. »Ihr müsst für eure Menschenrechte kämpfen, euch organisieren, ihr Jungen müsst eingreifen, die Generation vor euch hat man schon zermürbt. Kämpft, gründet eine Vereinigung, kämpft, bevor ihr im Alkohol ertrinkt und im Drogenrausch erstickt. Ich bin ein Apachen-Halbblut, mütterlicherseits, ein Mestize, wie man so sagt, ich werde euch beistehen«, argumentierte Jack vehement und offerierte dem tränenumflorten George als Untermalung seines Angebots eine kräftig zupackende Hand, in die der hoffnungslose Apache nach kurzem Zaudern doch eintunkte. Das Wort Drogenrausch aus dem Mund von Jack verursachte in Georges Antlitz einen kurzen irritierten Blickstrahl, der wohl nur mir auffiel. Von Georges Berichten über die Aktionen seiner im Reservat lebenden, engagierten Schwestern, die durch Dokumentarfilme und Demonstrationen auf die sozialen Missstände und dringenden Belange des zugewiesenen Refugiums aufmerksam zu machen versuchten, wurde ich wieder abgelenkt.

Apesanahkwat hatte, von den ausgebreiteten Ereignissen sichtlich berührt, längere Zeit geschwiegen, steuerte nun noch scheinbar lebende Bilder aus vergangenen schweren Zeiten bei, die uns vor Schreck fast erstarren ließen. Sein Leben hatte er bei einem Kampfeinsatz in Nordvietnam nicht verloren, doch viele seiner Stammesbrüder das ihre. Als couragierte Vorkämpfer-Front hatte man sie eingesetzt und gezielt geopfert, wie er ton- und scheinbar emotionslos zu berichten wusste. »*Indians* wurden wir von dem großen Entdecker Christoph Kolumbus genannt, der nach zwei Versuchen den Atlantischen Ozean überquert hatte und sich nach seinem Gutdünken schon in Indien befand. Bei seinem dritten Versuch im Jahre 1500 scheiterte er, gleich gar mit sechs Schiffen, an der Orinoco-Flussmündung und wurde wieder in Ketten nach Spanien zurückgebracht. Schon bei seiner ersten Ankunft wurden wir Eingeborene als Indios gebrandmarkt. Wenigstens erlitt Kolumbus bei seiner vierten beutegierigen Reise in Jamaika Schiffbruch und musste krank nach Spanien zurück. So viele Brüder und Schwestern wurden von den weißhäutigen Kolonialisten getötet, ja fast ausgerottet – wären wir Mongolen nur in Sibirien geblieben und hätten der Neuen Welt den Rücken gekehrt«, referierte Jack Palance, der Belesene, in meine neugierigen, offenen Poren. Mit meinen Englischkenntnissen, die ich vor der Drehzeit noch merklich aufgefrischt hatte, kam ich bei seinem Monolog gut mit. George war in den letzten Minuten, ein halbvolles Gin-Tonic-Glas fest umschlingend, merklich in sich zusammengesunken und schien fast zu schlafen, auch Apesanahkwat war wohl, nach seiner aufwühlenden Rückschau, in ein stilles blaues Niemandsland abgetaucht. Merklich blass unter gelber Haut, blieb er stoisch sitzen, ließ seinen schwarzen Kaffee fast unberührt stehen. Auch Jack wurde immer in sich gekehrter, labte sich von Zeit zu Zeit an seinem Whiskey, Black Label pur, versteht sich, sodass ich mein indianisches Dreiergespann liebevoll in Augenschein nehmen konnte. Wie hieß es noch gleich, das kleine Sternbild, das nur am Südhimmel auszumachen war? Heureka, ich hatte es, »Indus das Dreigestirn«. So oft hatte mir mein Mentor in seiner kleinen Sternwarte davon vorgeschwärmt; nur auf seiner Weltreise, die ihn auch nach Südamerika führte, konnte er es in Augenschein nehmen. Ich hatte nun das große Vergnügen, die leibhaftig vor mir sitzenden »drei Indüsse« in stiller Ehrfurcht zu betrachten. »Jetzt fehlt mir zu meinem Glück nur noch ein indianischer Bruder der südamerikanischen Kariben-Indios, und mein indianisches Quartett wäre komplett«, spreche ich, von kindlicher Freude erfüllt, lauthals in mich hinein, als mich Jack mit einer deutschen Antwort vom Hocker reißt. »Marianne, ich bin mit einer karibischen Indio-Familie, die ich bei Dreharbeiten in der ehemaligen holländischen Kolonie Dutch Guyana kennengelernt habe, befreundet. Im 17. Jahrhundert hat man die Stammesvorfahren meines Freundes Christophorus, so will er heute genannt werden, wie auch Tausende von Schicksalsgenossen nach Guyana verschleppt und zur Sklavenarbeit gezwungen. Hundert Jahre später haben sich die schrecklich unterdrückten Sklaven ihre Freiheit hart erkämpft. Mein Freund ist Medizinmann und Regenwald-Experte und gehört mit zu den Verantwortlichen, die in den nächsten Jahren das Naturschutzgebiet in Zentralsurinam einrichten. Ich habe ihn mit seiner Familie vor einem Jahr in Surinam besucht, das war klimatisch schwer zu verkraften, aufregend und aufschlussreich zugleich. Dieses Jahr wird Christophorus mit seiner Frau Gast auf meiner Farm in Pennsylvania sein. Auch du bist, nach unserer Zusammenarbeit, herzlich bei uns eingeladen, ich möchte dich nicht aus den Augen verlieren, Marianne«, streichelten seine kehligen Worte meine vaterlose Seele. »Surinam, Surinam«, springe ich auf, »das ist das Land meiner Sehnsucht, das Lieblingsland meines Großvaters«, rufe ich aufgeregt, während hinter mir eine Kaffeetasse auf dem gefliesten Boden zerschellt. »This was no fun, the air hot and humid, lots of mosquitoes eating you up, Marianne«, sprang Jack erschreckt wieder in die englische Sprache zurück.

»No fun, Marianne, mosquitoes and malaria, no work and no respect for black human beings, dark clouds after violent treatments of Indian and African slaves in the past, no reason to go there, Marianne«, tönte eine rauchige Frauenstimme, die zu einem ranken Bild von Frau mit dunklen, seelenvollen Augen und einer Haut so braun wie dunkle Schokolade gehörte, aus der Tiefe des Cafés.

C.C.H. Pounder, meine Filmpartnerin Brenda, die ich schon in Los Angeles bei den Kostümproben kennengelernt hatte, war am Filmset eingetroffen und unserer Gesprächsrunde, von mir unbemerkt, an einem der hinteren Tische des Cafés sitzend, gefolgt. Mit meiner romantisch ausgerichteten Sicht auf das Land Surinam konnte ich heute nicht punkten, weder bei meinem Filmpartner Jack Palance noch bei der in New York beheimateten Künstlerkollegin, das war mir nun klar geworden. Ich würde mir Mut zusprechen müssen, um meinem charismatischen Partner in einer ruhigen Stunde der nächsten Wochen mit ein paar Fragen über diese Region am Atlantischen Ozean auf den Pelz zu rücken.

»Wuff, wuff«, machte plötzlich das kleine Hundebaby auf meinem Schoß seinem Unmut über die zu lange Wartezeit Luft – oder war es die neue kräftige Frauenstimme, die plötzlich den Raum eingenommen hatte, um ihre angehenden, aus ihrer Lethargie wieder erwachten Kollegen freudig und lautstark willkommen zu heißen? Da wurde der Tisch eingedeckt mit heiteren Geschichten über die Gepflogenheiten, die sich in den Studios von Tinseltown, so nannte Rudi Cox im Film das berühmte Ambiente Hollywoods, zugetragen hatten. Für mich und mein Hündchen Bagi, so hatte ich sie spontan getauft, war jetzt Rückzug angesagt, musste ich sie doch in meiner Tasche, am Empfang des Hotels in Barstow vorbei, auf mein Zimmer schmuggeln. »Not permitted for animals«, dieses Schild findet man in jedem Motel, in Hotels, Restaurants und Imbissbuden in den Vereinigten Staaten. Ich musste noch für sechs Wochen das Hotel als mein Zuhause betrachten, das galt ja auch für meinen kleinen Findling, der an jenem Nachmittag auf abenteuerliche Weise in mein Leben getapst war. Ich war gerade beim Einräumen meines Wohnwagens, als ein ramponierter Truck auf unseren Drehplatz eingefahren kam. Am Steuer saß ein feister, schwitzender Geselle mittleren Jahrgangs, dessen etwa zehnjähriger Sohn einen kleinen verängstigten schwarzen Hundewelpen durch die offene Autoscheibe zielgerichtet vor meine Füße warf. Vater gab Gas und drehte um, Sohn rang die Hände zum Himmel, und eingehüllt in eine Wolke aus Staub wurde der Truck sogleich von dem erhitzten Straßenbelag der Route 66 verschluckt. Die kleine Hundeseele weinte, der ganze Körper zitterte vor Angst, und die vom Schicksal bestimmte Ersatzmamma Marianne hatte diesen Auftrag, dem kleinen Hundemädchen lebenslang als Schutzpatronin beizustehen, auch ohne Unterzeichnung eines Vertrags, sofort angenommen. Mutter Agnes, in Germany telefonisch von der neuen Mitbewohnerin in Kenntnis gesetzt, fügte sich schicksalsergeben. »Bagi from Bagdad«, so wurde das Hundebaby am ersten Tag getauft, beobachtete die Dreharbeiten aus einem sicheren Laufstall heraus und wurde Tag um Tag mehr zum geliebten Maskottchen unseres Produktionsteams. Nachts schlief sie mit auf Mamma Mariannes Bettdecke, aber erst nachdem die jeweilige Empfangs-Crew des Hotels zwei Augen zuge-

drückt hatte, um das kleine dunkle Hundenäschen zu übersehen, das täglich zum Luftholen so gesittet aus der Reise-
tasche zu lugen pflegte. Ein Restaurant konnte ich für die
nächsten Wochen nicht mehr von innen erkunden, was sich
dank unseres Caterings allerdings nur auf die freien Wochenenden auswirkte. Die Schicksalsgemeinschaft mit meiner neuen Lebensgefährtin machte uns in dieser Zeit zu
Selbstversorgern.

Bagis Retter John hatte sich nach ein paar Tagen ängstlich
in meine Garderobe geschlichen, um besorgt nach dem
Hundebaby zu sehen. Wie wir nun erfahren konnten, war
die Coyoten-Mischlingshündin, die mit uns am Drehplatz
zu kommunizieren begann, Bagis Mutter, die ihre fünf Wel-
pen im schutzspendenden Ambiente einer nicht mehr be-
nützten Garage, neben dem Elternhaus des Jungen, zur
Welt gebracht hatte. Nach etwa vier Wochen hatte John die
Hundekinder entdeckt und stellte seinen wertvollen Fund,
so seine Meinung, sofort freudig seiner Familie vor.

Die Hundemutter säugte die Kleinen noch, befand sich aber
wohl gerade auf Futtersuche. Wie mir John immer noch
zitternd berichtete, holte *bad Dad* sofort sein Gewehr und
erschoss die vier kleinen Hundegeschwister, eines nach dem
anderen, vor den entsetzten Augen des Jungen und vor dem
erstarrten Blick des noch lebenden letzten Hundemädchens,
das John nun mutig an seine Brust nahm. Dieser Hund gehört der Schauspielerin vom Drehplatz an der Tankstelle,
sie hat ihn gestern für 10 Dollar gekauft, bluffte er mutig
und holte mit der linken Hand eine zerknüllte 10-Dollar-
Note aus seinem Hosensack, um sie seinem Ernährer aus-
zuhändigen. John und Bagi hatten Glück, denn in dem Gewehr steckte keine Patrone mehr, die der Grobian auf das

letzte hilflose Hündchen, das doch auf dem Arm des Sohnes in Sicherheit zu sein schien, abzufeuern gedachte. Seinen Plan, von der Frau aus Europa noch mehr Geld für den kleinen Hund abzuzocken, legte er bei der Einfahrt in das Grundstück, auf dem sich einige der männlichen Vertreter des Filmteams befanden, zu seinen schmierigen Akten und ließ sich, nach Bekanntwerden des Vorfalls, der in Newberry Springs schnell die Runde gemacht hatte, nie mehr in unserem Refugium blicken. Schießlärm, Silvesterknallerei und englisch sprechende Männerstimmen blieben für Bagis zufriedenes Hundeleben zeitlebens traumatisch und angstvoll gespeichert. Wir wussten aber durch Kenntnis dieser Ausgangssituation verantwortlich damit umzugehen. Das kalifornische Hundemädchen Bagi wanderte, nach eingehender tierärztlicher Untersuchung, nach Deutschland ein und wurde, neben zwei Katzenkindern und einer Hundedame, ein über alles geliebtes Familienmitglied unserer damaligen Frauenwohngemeinschaft. Erst mit siebzehn Jahren ging sie in den Hundehimmel ein, um sich bestimmt dort mit ihren so tragisch umgekommenen Geschwistern, samt Hundemamma, die auch schon das Zeitliche gesegnet hatte, glücklich zu vereinen.

Noch befinden wir uns im Jahre 1987 in Newberry Springs, um nach diesem Wochenende die letzten beiden Drehtage einzuläuten. Das Hundebaby Bagi, gerade neun Wochen alt, liegt natürlich auf eigener Hundedecke, die wir auf dem Hotelbett kuschelig ausgebreitet haben. Was waren das für wunderbare Dreharbeiten. Das Team wuchs von Tag zu Tag mehr zusammen, es entstand eine unglaubliche Euphorie, die von großer Sympathie füreinander durchdrungen

war. Bernd Heinl, unser hochsensibler, begabter Kameramann, verschmolz förmlich mit seiner Kamera und deren
beweglichen Bildern, deren Farben mit Imaginationskraft
zu bündeln und in neue Stimmungen umzuwandeln er imstande war. Percy Adlon gelang es wieder, Sprache, Emoti-
on und Bewegung in einem magischen Kreis zirkulieren zu
lassen, sogar Jack Palance ließ sich neben mir und C.C.H.
im vollen Vertrauen auf seine sensiblen Anweisungen ein.
Das Schauspielerteam wuchs über sich selbst hinaus, denn
ein geheimnisvolles magisches Fluidum der Inspiratoren
der Milchstraße, wie ich es immer betone, erfüllte beim
Drehen spürbar unsere Räume, ließ Seelen erschauern und
unsere Herzen höherschlagen. Die Bewältigung meiner
Zaubertricks, die ich vor den Dreharbeiten über ein Jahr
lang trainiert hatte, kostete mich die ganze Kraft meiner
Konzentration, da hierbei ohne Schnitttechnik gedreht
wurde, und ließ mich glückliche Momente erleben. Die intimen Porträt-Sitzungen bei dem Maler Rudi Cox verlang-
ten nach einer unschuldigen Hingabe, im zärtlichen Seelen-
fluidum von Jack Palance für immer geborgen. Mit meiner
Partnerin C.C.H. erlebte ich eine Symbiose, die mit der
langsamen Annäherung von Brenda und Jasmin eine reale
Parallele aufwies und mich meine Heimreise beseelt und
herzerfüllt antreten ließ.

Für den letzten freien Sonntag plante ich jedoch erst noch,
zusammen mit George Aguilar, der mir während der vergangenen Wochen wie ein Seelenbruder ans Herz gewachsen war, einen großen Pott mit einer meiner delikaten Überlebenssuppen, wie ich sie benannte, für das Team zu kochen.
Alle Zutaten – Gemüsesorten wie Paprika, Brokkoli, Ka-

rotten und Kartoffeln, Hühner- und Lammfleisch, Obst und Kräuter, sogar Thymian und Muskat fanden wir im Angebot – hatte ich am heutigen Vormittag, mit tatkräftiger Unterstützung von George, der mir auch bei der bevorstehenden Kochzeremonie zur Hand zu gehen versprach, im Supermarkt von Barstow besorgen können. Für Getränke versprach die Aufnahmeleitung Sorge zu tragen. Percy und Eleonore würden nicht mit uns sein. Sie wollten sich noch einmal auf den Weg zum Death Valley machen, um Marta Becket, einer Tänzerin und Malerin älteren Semesters, die das Publikum mit ihrem Amargosa Opera House in der Nähe des Death Valley begeistert hatte, ihre Aufwartung zu machen.

Unser Kameramann meldete gleich ein einzulösendes Date in Los Angeles an, wo er seit einigen Jahren eine Wohnung besaß. Alle weiteren Mitglieder des Teams, Schauspieler und Techniker kündigten sich zu unserem geplanten Soup-Event an, wie es Jack Palance lachend bezeichnete. Ich hatte ja auch noch Zutaten für kleine Pflaumenkuchen besorgt, die in kleinen Kaffeetassen ausgebacken werden sollten. Jack versprach, noch eine spezielle Nachspeise einzubringen, Kumquats, eine Zitronen-Delikatesse der besonderen Art, die seine Gattin in Las Vegas entdeckt und erworben hatte. Jetzt wartete ein Karton mit zehn Gläsern im Kofferraum des Familien-Jeeps auf den Transport nach Los Angeles, wo das Ehepaar, neben seiner Ranch in Pennsylvania, noch eine Wohnung sein Eigen nannte. C.C.H. alias Brenda stand perplex vor den vielen gesunden Zutaten, die alle in den großen Kochkessel abzutauchen hatten. Gerne wolle sie sich morgen als Gast von uns bekochen und verwöhnen lassen, wie sie uns charmant wissen ließ.

»Was hältst du von dem Einfall, C.C., dieser Suppe morgen den Namen *Pesuada* zu geben? Eine Suppe der Sklaven mit extra zugegebenen Schweineschwänzchen, als Erinnerung an diese schwere Zeit für unsere Menschenbrüder und -schwestern. Jack und George fanden meine Idee sehr berührend.« Meine Worte fielen auf keinen fruchtbaren Boden. »Geht es wieder um Surinam? Ich finde diese Idee geschmacklos, mehr als geschmacklos, mir ist der Appetit vergangen. Ich fahre mit Bernd nach Los Angeles, see you Monday, bye«, und schon hatte sie der Türrahmen verschluckt.

»Vielleicht solltest du dich auf dein schönes Bavaria konzentrieren, Oktoberfest, die Alpen, Marianne«, setzte Jack noch ein Scherzchen drauf. Zurückgekehrt in mein Hotelzimmer, beschloss ich jetzt, meinen Suppeneintopf nach dem Rezept einer afrikanischen Freundin, die in München lebte, zu kreieren und gemäß der Tradition ihrer ghanaischen Familie »Chakalaka« zu nennen; für das Mutti-Bräu-Lokal hatten wir diese Köstlichkeit schon mit großem Vergnügen für alle gezaubert.

»Bavarian and African, ich habe für morgen beide Pole prima verknüpft«, schickte ich eine funny Mental-SMS an Jack, war aber doch sehr angespannt, da sich George jetzt am späteren Abend noch nicht zurückgemeldet hatte, um den gemeinsamen Kochstart zu terminieren.

Er hatte vorgehabt, den Samstagnachmittag mit seinen *cousins and friends* zu verbringen, die mit einem Pulk von Motorrädern aus Las Vegas in unserem kleinen Städtchen Barstow angedonnert waren. Erst wurde mit Marianne eingekauft, während die Kumpane, die nicht gerade vertrauensvoll in ihren Ledermonturen steckten, im Hamburger-

Lokal auf George warteten, der sich nach einer freundschaftlichen Umarmung auf seine Harley-Davidson schwang. »Ich werde heute Abend zurück sein, du weißt, wo wir fliegen werden, Marianne«, rief er mir noch zu.

Rosenheim I'm calling you!
Percy Adlon und George Aguilar

Ja, ich alleine wusste, dass George Aguilar, der Adler, täglich gegen sechs Uhr morgens, noch vor Beginn der Dreharbeiten, mit seinem Motorrad in die Berge fuhr, an den höchsten Spitz, den er mir vom Hotelfenster aus mit seinen Händen markiert hatte. »Dort muss ich zuerst den Sonnenaufgang erleben, dann erst kann ich zu euch stoßen. Lass es unser Geheimnis bleiben«, bat er mich inständig. Es war nicht schwer, dieses Wissen über meinen Freund, mit dem ich so von Herzen über unsere englische Ausdrucksweise in Metaphern und die daraus entstehende bildhafte Sprache, die nur wir beide verstanden, lachen konnte. Bleiern schlief ich in dieser Nacht, wachte immer wieder mit einem Druck auf meinem Herzen auf. Von George kein Lebenszeichen, sein *cellular phone* klingelte, doch niemand meldete sich.

Bei meiner Küchenarbeit am nächsten Morgen wurde ich von drei Frauen unserer Statisten beim Schneiden und Hobeln unterstützt. Unser Schweiß floss in Strömen, und dank der überraschenden Mithilfe konnten wir schon bald die letzten Gemüsestreifen unserem Riesensuppentopf anvertrauen, der für mindestens dreißig Portionen ausgerichtet war. Die Gewürze, wie Kardamom, Zimt, Pfeffer, Chili, Thymian und Minze, waren bereits eine Fusion miteinander eingegangen, und ein einzigartiger Duft strich an den Nasen der Einwohner vorbei. Das Gemüse hatte sich bestens miteinander arrangiert und nun eine Pause verdient. Folglich wurde der Topf für eine Weile vom Feuer gezogen; erst kurz vor dem Verzehr sollte sein Inhalt wieder erhitzt und mit den angebratenen Fleischstücken, den Kräutern und der Sahne angereichert werden. Dafür blieben noch einige Stunden Zeit. Jetzt ging es daran, den Kuchenteig für die kleinen Pflaumenkuchen – es sollten viele werden – herzustellen. Das wurde von meinen Mithelfern übernommen, denn ich war nun nicht mehr zu beruhigen. Es ging schon auf fünfzehn Uhr zu, für achtzehn Uhr war unser Essen angesagt, und von George und seiner Männerriege weit und breit nichts zu sehen.

»Ich muss ihn suchen gehen, ich spüre, dass etwas passiert ist«, jammerte ich dem originalen Sheriff von Newberry Springs in seine Colt-bestückte Westentasche. »Ich glaube, ich weiß, wo er sein könnte, lasst mich mit euch fahren«, bat ich inständig und schon saß ich hinten im Jeep, nicht ohne den fleißigen Helferinnen das Rezept für die Pflaumenkuchen überlassen zu haben.

Wir pausierten nach etwa einer halben Stunde Fahrt in die angenommene Richtung gerade mit dem Jeep auf einem Bergplateau, als ich bei meinem Blick nach unten am Rande eines kleinen Sees ein verchromtes Lenkerteil in der Sonne blitzen sah. »Da ist sein Motorrad!«, rief ich, während die Männer schon nach unten liefen und einen verwirrten George unter dem Motorrad hervorzogen. Er schien sich nichts gebrochen zu haben, mich aber auf Anhieb nicht zu erkennen. Erst auf dem Rücksitz des Jeeps flüsterte er meinen Namen. »Wo sind meine Freunde, Marianne, meine Freunde, wo ist mein Geld?«, jammerte er. »Was sagt er?«, drang die messerscharfe Stimme des Sheriffs nach hinten.

»Er fragt nach seinem Motorrad, hat bestimmt eine Gehirnerschütterung«, stieg ich cool in das Gespräch ein und signalisierte George mit dem Finger auf meinen Lippen, kein Wort mehr zu sprechen, was Gott sei Dank in sein Unterbewusstsein eindringen konnte.

Vom Sheriff des Ortes eiskalt vor unserem Hotel abgestellt, gelang es ihm auch noch, die letzten Meter zu seinem Zimmer, gestützt auf die starken Schultern seiner Seelenschwester Marianne, humpelnd zurückzulegen, und mir gelang es, ihn mit letzter Kraft auf sein Lager zu hieven und zuzudecken. Den Zimmerschlüssel nahm ich mit mir, um meinem Freund später noch eine kräftigende Suppe zu überbringen. Kurz vor sechs Uhr kam ich um die Ecke, um den Riesensuppentopf abzuschmecken – die fleißigen Beiköchinnen hatten ihn schon aufs Feuer gehievt, noch Hühnerfleischstückchen gebraten und mit gebratenen Shrimps zugegeben. Sahne dazu, Kräuter dazu, Suppe in die Teller und weiches, amerikanisches Brot auf die Teller, ein schönes kühles Bier oder ein Gläschen Wein, und wir alle haben jetzt den Himmel auf Erden. Jetzt dufteten auch schon die Pflaumenkäseküchlein, die sich ohne Widerrede in feuerfesten Kaffeetassen überbacken ließen und schon verzehrt waren, ehe sie über den Tassenrand lugen konnten. Schnell brachte ich ein Töpfchen Suppe im Gefolge einer Tasse Pflaumenkuchen über den Hotelgang zu unserem abgestürzten Steinadler George. Schon wieder etwas gekräftigt, machte er sich sogleich wie ein hungriger Wolf darüber her. Sein Kopf war wieder klarer, aber sein schmerzendes Bein am Fußgelenk gebrochen, wie der herbeigerufene Arzt gleich feststellen musste. Der letzte Drehtag war für den Familienvater George Aguilar, zum Unmut von Percy Adlon, abgeschrieben. Das Motorrad, das ohne Lenkrad noch weiter abgestürzt war, kam auf die Schrotthalde; die tags zuvor für die komplette Drehzeit ausbezahlten Spesen waren wohl gestern beim Pokern mit seinen ledernen Spießgesellen über den Jordan gegangen.

Übrigens, liebe Leser, ein weiteres Geheimnis darf ich Ihnen hier nun auflösen: Meine Kollegin C.C.H. Pounder kam noch an diesem Abend aus Los Angeles zurück, um sich mit großem Appetit an unserer delikaten Chakalaka-Suppe und den mundenden Pflaumenkuchen gütlich zu tun. Die spezielle Kräutermischung und der einmalige Geschmack des Essens hatten auch ihr Herzchakra weit geöffnet, wie sie euphorisch betonte. »Marianne, sei nicht böse über mein Benehmen. Ich komme aus Surinam, ich bin in Surinam

Welcome to Surinam, Marianne. (Brenda)
Mit meiner Seelenfreundin Brenda, alias C.C.H. Pounder,
Mohave Desert 1987

geboren, die Vorfahren meines Familienstammes waren
Sklaven, und wir mussten in Surinam unter schwersten Le-
bensbedingungen in großer Armut überleben. Die Pesuada-
Suppe, die du uns zu Ehren benennen wolltest, kenne ich
nur zu gut. Meine Mutter ließ uns drei Schwestern in der
Obhut unserer Großmutter und Tanten in Surinam zurück.
Unser Vater hatte das Land, auf der Suche nach Arbeit,
schon lange verlassen. Ich war sieben Jahre alt, als meine
Mutter den Entschluss fasste, unserem scheinbar aussichts-
losen Frauenschicksal eine Wende abzuverlangen. Sie sparte eisern für eine Reise nach New York, wo sie Arbeit fand,

Tag und Nacht in verschiedenen Jobs arbeitete, mich und meine ältere Schwester ein paar Jahre später nachkommen ließ, um uns eine fundierte schulische Ausbildung, mit der Möglichkeit eines späteren Studiums, angedeihen zu lassen. Here I am, my friend, welcome to Surinam«, kam plötzlich rau über ihre Lippen.

»Welcome to my warm heart, C.C.H.«, hörte ich mich antworten, als wir uns ganz fest in die Arme nahmen.

And nothing's so tragic cause it's all about magic.
(Songzeile aus *Out of Rosenheim*)
Showtime im Bagdad Cafe, Dreharbeiten 1987 in Newberry Springs

»VERDAUE NICHT VERGANGENE TAGE – NÄHRE DICH VON KÜNFTIGEN DINGEN.«

So sprach Mae, Bewohnerin von Newberry Springs und begabte Statistin unserer Dreharbeiten, die sie mit ihrem gesamten Familienclan bestücken durfte, was ihnen für einige Monate existenziellen Frieden bescheren würde. Mae, Tochter eines indianischen Vaters und einer afrikanischen Mutter, trug ihre kreolischen Ohrringe hocherhobenen Hauptes. Als Familienoberhaupt hatte sie vier eigene Kinder, ihre Schwester mit zwei Kindern und ihre gesundheitlich angeschlagene Mutter durchzubringen; die Männer hatten sich alle aus dem Wüstenstaub gemacht, der Vater schon vor Jahren das Zeitliche gesegnet. Als begnadete Heilerin konnte sie bisher mit ihren Anbefohlenen überleben, denn immer mehr hilfesuchende Menschen vertrauten sich auf Empfehlung ihren heilenden Händen und weisen Ratschlägen an.

»Erwarte nicht den Tod, er ist in dir. Sei sein Kamerad und drücke ihn an dich; er ist wie du selbst und wird weiter mit dir leben« – mit diesen Worten hatte sie soeben noch den grauen Wangen eines schwerkranken Mitbewohners Farbe eingehaucht und ein lang ersehntes Lächeln in sein Antlitz gezaubert, wie sie mir an jenem Mittag bei unserer gemeinsamen Vorbereitungszeremonie für die Speisung des Teams anvertraute. Wir besprachen die Zusammensetzung einer meiner geliebten Überlebenssuppen, deren Existenz ich meinem schamanistischen Großvater zu verdanken habe. Mit Mae verband mich schon bei unserer ersten Begegnung, die in einem Trailer stattfand, wo ihr gerade das Kannibalen-Kostüm für das spätere Kannibalen-Fest des Films, angepasst wurde, ein tiefes Band des Vertrauens und der Zuneigung.

Das Leben ist wie ein Flugzeug – einmal an Bord, geht's auf zu unbekannten Zielen. (Golda Meir)
Eine glückliche Landung in Tel Aviv zur Premiere von Bagdad Cafe, 1989

Nun stand sie im Verbund mit ihrer Schwester und Nachbarin für uns mit parat, um das anstehende immense Pensum des Gemüseschneidens zu bewältigen. Freude kam in mir bei dem Gedanken auf, mich durch den entstehenden Rhythmus der Bewegung des Schneidens in einen meditativen Zustand versetzen lassen zu können. Aufpassen, Marianne, ja nicht in den Finger schneiden bei all der Romantik, musste ich meiner inneren Stimme wieder mal recht geben. Mae konnte mir bei diesen leisen Gedankengängen sowieso nicht folgen. »Leben wir mit dem roten Licht des Morgens und dem grauen Schimmer des Abends, und alles geht seinen bestimmten Gang – auf zur Tat!« Mit dem Ruf »Tuhuma Mukopuna – auf das Wasser des Lebens!« spornte sie uns an, und als Hüterinnen der Gewürze versuchten wir, Abrahams Suppenkessel eine besondere Ehre zukommen zu lassen!

Überlebenssuppentopf
»Chakalaka«

Rezept für 6 Personen –
in der Wüstenküche waren es 30!

4 Gemüsezwiebeln

4 Knoblauchzehen

1 Petersilienwurzel

½ Stange Lauch

4 EL Sonnenblumenöl

1 Bund Petersiliengrün

½ TL Muskatnuss, gerieben

1 Prise grüner Pfeffer

1 Prise brauner Zucker

1 EL Balsamico-Essig

150 ml Wasser

2 Karotten

3 Paprikaschoten in Rot, Gelb und Grün

1 gehäufter Schöpflöffel Brokkoli-Rosetten

3 Tomaten

½ TL Thymian

1 Msp. Oregano

1 Prise Salz

1 Prise Zucker

1 ½ l Hühnerbrühe

1 TL Kardamompulver

½ TL Zimt

1 Msp. Schwarzkümmelpulver

2 EL Sojasauce

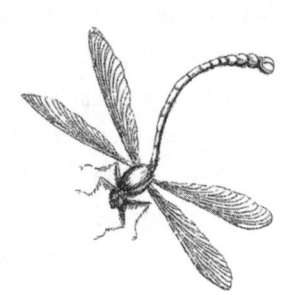

2 EL Zitronensaft
1 Kartoffel, mittelgroß
30 ml Weißwein, trocken
250 g Putenschnitzel
1 Frühlingszwiebel
4 Dörrpflaumen
½ TL Ingwer-Mus, frisch
1 Apfel, mittelgroß
4 EL Pinienkerne, gehackt
3 EL Zitronenminzeblätter
150 g saure Sahne

Die Gemüsezwiebeln pellen wir zusammen mit 3 Knoblauchzehen und hacken sie, zusammen mit der Petersilienwurzel und dem Lauch klein, übergeben sie als erste Gäste unserem Topf, in dem sich 3 Esslöffel erhitztes Sonnenblumenöl schon für die erste Fusion bereit gemacht haben. Wir rösten alles an und geben dann einen großen Esslöffel von gehacktem Petersiliengrün dazu, würzen mit der ersten Prise Muskatnuss und einer Prise grünen Pfeffers aus der Mühle, geben eine Prise braunen Zuckers und einen Löffel Balsamico-Essig dazu und löschen den Topfgrund mit etwa 150 ml Wasser ab, lassen es kurz sieden und ziehen den Topf zum leichten Abkühlen etwas auf die Seite.
Jetzt sind die vorbereiteten, geschnittenen Gemüsearten wie Karotte, Paprika und Brokkoli an der Reihe. Sie werden in dem wieder erhitzten Topf kurz angedünstet, mit den enthäuteten Tomaten beglückt, mit dem restlichen Muskat, Thymian, Oregano, Salz und einer Prise Zucker bestäubt, mit ca. 1 ½ Liter Hühnerbrühe aufgefüllt und etwa 5 Minuten leicht köcheln gelassen. Dann gibt man ½ Teelöffel Kar-

damom-, Zimt- und Schwarzkümmelpulver, 1 Esslöffel Sojasauce und 1 Esslöffel Zitronensaft dazu und lässt alles zusammen kurz aufwallen, bevor man nun die Kartoffelwürfel untermischt, einen Schuss Weißwein nicht vergisst und alles zusammen für etwa weitere 10 Minuten leise köcheln lässt.

Dieses duftende Elixier zieht man danach wieder vom Herd und lässt die Essenzen für eine Weile, vielleicht 30 Minuten, aufeinander wirken.

Nun geht es unseren Putenschnitzeln an den Kragen. Sie werden in Streifen geschnitten, zusammen mit einer kleinen Frühlingszwiebel, der verbliebenen gestiftelten Knoblauchzehe, wiederum ½ Teelöffel Kardamom, Salz und Pfeffer in 1 Esslöffel heißem Sonnenblumenöl angebraten, um dann Platz für die klein geschnittenen Dörrpflaumenstücke zu machen, die sich noch im Bratensatz wälzen wollen. Schon hat ein Teelöffel das Gemisch mit frischem Ingwer-Mus veredelt, dem sich 1 Esslöffel Sojasauce und 1 Esslöffel Zitronensaft zugesellen, als auch noch ein mit gehackten Apfelstückchen beladener Esslöffel auf seine Aufwartung besteht, die zum Finale mit einem neuen kräftigen Schuss Weißwein gefeiert wird.

Walle, walle, jetzt wird's allen noch mal kurz heiß ums Krägelchen, und schon wird man wieder beiseitegezogen und auf die Wartebank vertröstet.

Die gehackten Pinienkerne, die frisch gezupften Minzeblätter und die bereitstehende saure Sahne warten noch auf ihren Einsatzbefehl.

Zum Schnabulieren wird der große Suppentopf kurz in eine heiße Wallung gebracht, die Pfanne mit der Putenschnitzel-

Mixtur erhitzt, und dann geht es ratzfatz ans Servieren. Duftende Suppe in den Teller, einen satten Löffel des Putenschnitzel-Ragouts in die Mitte, einen frischen Klacks saure Sahne daneben, eine kleine Portion Petersiliengrün, eine kleine Portion Minzeblättergrün, einen kleinen Esslöffel voll Pinienkerne darüberstreuen und sich dann förmlich hineinlegen, nein lieber doch verspeisen, das Zauberelixier. Dazu Weißwein fließen lassen, Bierchen schütten, dunkles, saures Brot! – Buon appetito!

Aus *Mae's letter from August 1988, Newberry Springs* – Gewürz-Essenzen aus Maes Brief, die ich Ihnen, liebe Leser, nicht vorenthalten möchte:

Schwarzer Kümmel schützt vor dem Blick des Bösen – Kardamom verbindet die sich aufrichtig Liebenden und hilft, deine Worte zu erden – Zimt schenkt dir Freunde – durch schwarzen Pfeffer gibst du gehütete Geheimnisse preis – verbrenne eine Lotoswurzel, und die Liebe kommt zurück – heiliges Basilikum stärkt deine Erinnerung – nimm Kokosraspeln, um süße Worte zu finden – Sandelholz lindert den Schmerz der Erinnerung – koche Mandelpulver, Safran und schwarzen Kümmel in Milch, lass deine ganze Familie davon trinken, und alle werden beschützt sein!

Heart-felt thanks from Marianne, wherever you are, Mae.
August 2015

Pflaumenkäseküchlein –
Cup Cheesecakes with Plums

Rezept für 12 Stück –
Recipe for 12 pieces

3 Eier
70 g Zucker
70 g Butter
1 TL Backpulver
1 Pck. Vanillepuddingpulver
250 g Magerquark
250 g Sahne
1 Prise Salz
200 g Pflaumen
2 EL Puderzucker
2 cl Mandellikör
etwas Zimt

Wir trennen die Eier und schlagen die Eigelbe mit dem Zucker und der Butter mit dem Mixer cremig. Dann vermengen wir das Backpulver mit dem Puddingpulver, mischen beides unter den Quark und geben diese Mixtur zur Eiercreme. Die Hälfte der Sahne steifschlagen und unter die wartende Masse geben. Jetzt die einsamen Eiweiße mit der Prise Salz steifschlagen und ganz zärtlich unter den Teig heben.

Die gewaschenen, in Würfel geschnittenen Pflaumen wurden mit dem Puderzucker und einem 2-cl-Gläschen Mandellikör für eine halbe Stunde mariniert.

Jetzt werden die 12 Cappuccino-Tassen zu ⅔ mit der Teigmasse ausgestattet, jeweils mit einem gehäuften Esslöffel der präparierten Pflaumenstücke bereichert und bei 150° C ca. 50 Minuten gebacken. Da haben wir ja noch Sahne in petto. Nach Auskühlung der Kuchen ein kleines geschlagenes Sahnehäubchen auf die Tasse, eine Prise Zimt darüber und löffeln bis zum Tassengrund. Das wird munden, mmh.

Jack Palance and his Surprise-Kumquats

Von Jack Palance zu unserem Dinner als Nachspeise beigesteuert – leider gab es nur ein Probeglas, das war spitze, die anderen waren im Fond eines Autos nach Los Angeles weitergereist. Das Rezept haben Mae und ich damals von Jacks Gattin, die die anderen versprochenen Gläser entführt hatte, erkundschaftet. Ich habe es in meinem Fotoalbum wiedergefunden und darf das Geheimnis dieser Rarität hier mit Ihnen teilen, liebe Leser!

300 g Kumquats
150 ml Orangensaft
100 g Zucker
1 EL eingelegter grüner Pfeffer
2 Stück Sternanis
150 ml Wasser
3 EL Wermut
1 TL Senfpulver
50 g Walnusskerne

Ihr Zuhause haben die kleinen Zitrusfrüchte, genannt Kumquats, in China und Südamerika, hierzulande findet man sie am leichtesten im Delikatessen-Fachhandel.

Die Kumquats werden in kochendes Wasser gelegt, kurz aufgekocht, dann blanchiert, also kühl abgeschreckt. Die Kerne werden entfernt und die Früchte in Scheiben geschnitten. Wir kochen den Orangensaft mit dem Zucker, dem grünen Pfeffer, den Sternanis, füllen das Ganze mit 150 ml Wasser auf, geben den Wermut und das Senfpulver dazu, kochen alles zusammen noch einmal mit den Zitrusfrüchten auf. In bereitgestellte Einmachgläser geben wir ein paar Walnusskerne und verteilen die Kumquats mit anteiligem Saft und Gewürzen darauf. Mindestens einen Monat sollen sie nun eingelegt ruhen. Dann werden sie als eine Art Kompott, zusammen mit Ziegenkäse und grünen Oliven, genüsslich verspeist oder als Beigabe zu rohem Thunfisch unvergesslich werden. Ein Baguette mit Sardellenbutter komplettiert diese einzigartige Vor- oder Nachspeise.

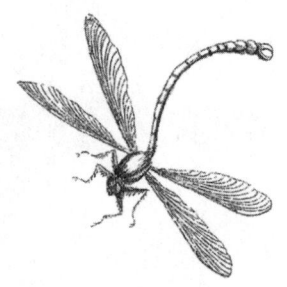

6

REGENWALD – TREIBHAUS DER NATUR

1. STATION
Reisen ist leben – Leben ist reisen
(Jean Paul)

Liebe Leser, bevor wir uns als heimlich Mitreisende auf die abenteuerliche Route von Maria Sibylla Merian und ihrer Tochter Dorothea in das 17. Jahrhundert begeben, darf ich Sie noch auf einen Abstecher in das imaginäre Areal des Regenwaldes entführen, dessen Überleben in unserer Zivilisation durch rigorose Ausbeutung seiner Holzvorkommen und Bodenschätze höchst gefährdet zu sein scheint. Nach dem Auftauchen meiner ungültigen Urkunde aus dem Jahre 1977, als ich mich zu dem romantischen Erwerb eines kleinen Regenwald-Biotops in Surinam für dessen Rettung überreden ließ, und der seelenvollen Begegnung mit meiner in Surinam geborenen Filmpartnerin C.C.H. Pounder aus unserem Film *Out of Rosenheim*, die vor ein paar Monaten stattgefunden hatte, wollte ich mich heute, an einem Sonntag des Jahres 1988, bei Jorges, einem befreundeten Geologen und Spezialisten für Urwald-Expeditionen, wieder einmal kundig machen. In fast jährlichem Zyklus nahm er die Strapazen voller Leidenschaft auf sich und wurde dafür durch abenteuerliche Erfahrungen reichlich belohnt.

Die heutigen Übermittlungen seiner Erlebnisse und der daraus gezogenen Erkenntnisse speicherte ich behutsam in meinem Gedächtnis, um sie von dort jederzeit wieder abrufen zu können. Meine Fragen über den »Mythos Amazonien«, den »Regenwald als Treibhaus der Natur«, wie es mein Großvater immer genannt hatte, gesellten sich mehr und mehr unserer Zwei-Personen-Tischrunde bei. Anfangs von Jorges noch freudig beantwortet und durch meinen feinen Dankeschön-Eintopf, mottogerecht mit Kokosmilch, Hühnerfleisch, Indio-Curry und Süßkartoffelmus untermalt, wurden die Ausführungen meines Gastes im Laufe des frühen Abends immer einsilbiger. Als ich versuchte, den Wandersmann auch noch auf den Pfad eines mentalen Kurztrips in das Land Dutch Guyana zu locken, das er von Studien kannte, aber persönlich noch nicht erkundet hatte, kam ich gar nicht mehr dazu, meine Bitte zu vollenden, denn die Hände meines Gegenübers hatten sich, wohl angeregt durch die fremdländischen Gewürze, zu einer geplanten Expedition mit dem Thema »Mariannes Körperlandschaften« in eine Startposition begeben, was meinerseits, beim ersten Begehungs-Versuch, mit einem Mineralwasser-Miniwolkenbruch beantwortet wurde. »Verleg du deine Touren an den schwülen Amazonas und zupfe lieber mal an deinen geliebten Flamboyant-Baumblättern, du Zupfhansel«, verabschiedete ich meinen wassertriefenden Heißsporn im offenen Türrahmen, der sich, kleiner Trost, zumindest meinem Essen schon ratzeputz gewidmet hatte.

»Grüß mir deinen mickrigen Surinam-Fluss, der kann doch seinem großen Amazonas-Bruder nicht das Wasser reichen«, konterte er mit beschwingtem Zungenschlag, an dem ich mit meinem speziellen Surinam-Kaffee-Mixgetränk, mit Champagner und Limettensaft, wohl nicht ganz so unschuldig war, wie ich jetzt tat.

»Navimi climi suhugu – Gott segne dich«, rief ich, wie so oft in dieser Zeit, meinem abtauchenden Reisenden, dessen Wege sich nicht mehr mit meiner Lebensspur kreuzen sollten, afrikanisch-surinamisch ins Treppenhaus hinterher.

Liebe Leser, »der Regenwald ist ein Lebensraum im Ausnahmezustand«, so pflegte es mein Großvater, ein fanatischer Verehrer dieses Breitengrades, gerne zu bezeichnen. Darf ich Sie zu einer Stippvisite in meine recherchierte Regenwald-Zone einladen?

Wie ein grüner Gürtel schmiegen sich die vom Schöpfer so genial erdachten Regenwälder, durch die Weltenmeere getrennt, um die Erdkugel. In der lebendigen Fauna des Regenwaldes, auch grünes Meer genannt, leben Millionen bekannte und unbekannte Tier- und Pflanzenarten, ein Superterritorium, z.B. auch das sich wandelnde Chamäleon, das mich besonders fasziniert. Die gesamte Welt dieser grünen Wildnis scheint durch ein faszinierendes Netz von Informationen und Symbiosen miteinander verwoben, um das vielfältige Zusammenleben zu gewährleisten. Vor allem die Raupen, Maria Sibylla Merians geliebte Zöglinge, sind auf ganz spezielle Pflanzen angewiesen. Unser Pflanzengrün liefert Energie als Grundstein allen Lebens, davon verzehrt ein ausgewachsener Elefant schon etwa 100 kg Gräser und Sträucher täglich, und auch unsere Schmetterlingsraupen verbrauchen viel Grünfutter, bevor sie sich, zu unser aller Freude, z.B. in das wunderschöne Nachtpfauenauge verwandeln und sich in die Lüfte erheben. Im dichten Dschungel lauert überall Gefahr, es herrscht ein permanentes Fressen und Gefressenwerden. Da ist die Kunst der Tarnung angesagt. Die Laubheuschrecke imitiert ein Baumblatt, die Gottesanbeterin spielt heute einen Zweig, da ist für ihre Galane Vorsicht angesagt, denn sie verspeist viele davon nach der Vereinigung, je nach Sättigungsgrad. Der kleine Faltengecko wurde Zeuge und tarnte sich vor Schreck hurtig als Baumrinde. Die Natter spielt auf gelangweilt und gibt sich mittig als Liane aus, um beim kleinsten Bewegungsfehler des getarnten Umfeldes zuzuschlagen. Es herrscht in diesen Gefilden ein steter Wettkampf, um zu überleben, wer entdeckt wird, wird gefressen! Arme Pflanzen, sie können ja, vom Schöpfer statisch platziert und mit dem Auftrag der absoluten Hingabe ausgestattet, nicht die Flucht ergreifen. In der Tier- und Pflanzenwelt der wilden Vegetation sind Warnschilder Mangelware. Vorsicht, giftig!, müssten Urwald-Ökotouristen vor der hochgiftigen Asselspinnerraupe und der rot leuchtenden Urwaldwanze gewarnt werden. Die Insekten- und Tierwelt entgeht durch jahrtausendelange Erfahrung und die dadurch entstandene Programmierung instinktiv so mancher Gefahrensituation, es sei denn, man ist durch artenspezifische Vorbestimmung für den Urwaldspeisezettel angemeldet. Es ist ein geheimnisvolles Phänomen des Dschungels, dass sich alle Insekten, Tiere und Ureinwohner durch den wiederholten Gleichklang der klimatischen Abläufe aufeinander einstellen und verlassen können, auch was die gegenseitige Verschlingung als Symbiose angeht. Schwacher Trost, Herr Darwin. Die tropische Äquatorsonne schenkt lebensspendende Wärme, und fast täglich brauen sich tropische Gewitter zusammen, die sich in sturzartigen Wassermassen entladen. Viele Bäume des Regenwaldes, speziell die Redwood-Bäume, die auch noch die Gabe haben, Stickstoffmasse auf direktem

Wege in Sauerstoff umzuwandeln, nehmen das Wasser mütterlich auf und schwitzen den durch die starke Feuchtigkeit entstehenden Dampf wieder aus.

Wieder thermisch zum Himmelsbogen aufgestiegen, senken sich Stunden später heftige Regengüsse auf die Erde hernieder, gekleidet in einen Wolkenbruch, der in seinem Gespann mit energievollem, gleißendem Sonnenlicht, von farbenkräftigen Regenbögen bekränzt, zu überraschen weiß.

Mit großen Augen und erschauernder Seele durfte ich dieses Phänomen bei einem Aufenthalt in Puerto Rico im Jahr 2001 schon leibhaftig erleben! Bereits bei der Ankunft schlug mir auf der Gangway des Flugzeuges die feuchtschwüle Luft mit einer solchen Intensität entgegen, dass ich bei den ersten Schritten nach Luft ringen musste. »Füge dich gleich ein in den Circulus aquarius und genieße die Fülle an wildem, reinem Süßwasser, das in den Industrieländern mehr und mehr zu einer empfindlichen Mangelware werden könnte, vor allem wenn die Idee der internationalen Privatisierung, vor der wir alle zittern, in der Realität Fuß fassen sollte«, informierte mich mein in New York lebender Freund und Gastgeber Ulrich, dem das tropische Klima behagte. »›Atme flacher, aber dafür rhythmisch, freue dich an der Fülle von Wasser, stelle dich in den Regen und breite dankbar deine Arme aus, und der Regengott wird dich mit Energiefeldern reich beschenken.‹ Diese Worte«, so sprach mein Gastgeber, »stammen von meinem Hausmeister Miguel, einem Indianer des Tiriyo-Stammes, der im Jahre 1977 plötzlich hier in Puerto Rico auftauchte und seitdem mein Haus in meiner Abwesenheit hütet. Er will uns später mit einem geräucherten Fisch überraschen.

Weißt du, Marianne, eine Studie besagt: 75 Prozent aller Amerikaner, auch Europäer, sind chronisch dehydriert, leiden an dauerhaftem Wassermangel. Bei vielen Menschen ist der Durstreiz schon so schwach, dass er häufig mit Hunger verwechselt wird. Rücken- und Gelenkbeschwerden, Tagesmüdigkeit und der Verlust des Kurzzeitgedächtnisses können die Folge davon sein. Also Prost!«, schloss Ulrich sein Referat ab und kippte sich seine Begrüßungs-Pina-Colada nicht zum ersten und letzten Mal die durstige Kehle hinunter. Für eine ausreichende Menge des angepriesenen klaren Wasserhaushaltes meines platonischen Freundes und für unser aller Wohlbefinden trug ich während der 14-tägigen Urlaubszeit, zusammen mit Miguel, Sorge. Mein Unterbewusstsein hatte meinen Bewegungen, die ich in der Schwüle abwickeln musste, einen neuen Slow-Rhythmus verpasst. Den Schweiß ließ ich, nach Miguels Ratschlag, geruchlos fließen, unglaublich – er schenkte meinem Körper sogar Abkühlung. Geduscht wurde spätnachmittags im Freien, Schulter an Schulter mit dem täglichen Wolkenbruch. Alle Drüsen meines Körpers bekamen durch den klimatischen Wechsel neue Impulse.

Meine Haut dehnte und reckte sich dem Regen und der Sonne entgegen, Falten wären auch mit Lupe nicht mehr auszumachen gewesen, auch nicht bei meinem unruhigen Freund, der oft alleine ausging und die Nacht zum Tage machte. Dafür wuchsen die bei Ankunft verholzten Pflanzen des seit Jahren nicht mehr zurückgeschnittenen, ungepflegten Gartens, dank meiner geleisteten Façon-Schnitte, nach einem wilden Wolkenbruch sogleich vor meinen ungläubigen Augen über sich selbst hinaus.

VIVAT – CRESZAT – FLOREAT: LEBE – WACHSE – BLÜHE

Regen brillant

mit tausend Brillantsplittern
schlägt der Regen
an das hohe Fenster

Brillanttropfen sammeln sich
zu größeren Diademen

überschwer geworden
tragen sie im Hinuntersausen

das aufblitzende Licht
mit sich

wie Sternschnuppen
erglüht und vergeht alles
im wilden Wind

JOSEF BRUSTMANN

Zurück im Regenwald, ist derweilen die Nacht eingekehrt, in deren Dunkelheit das Leben weiterpulsiert. Frösche und Kröten begeben sich auf Insektenjagd, während die rote Brüllaffenmutter einen sicheren Schlafplatz für sich und ihr Junges gefunden hat. Ein Sumpffrosch quakt verführerisch nach einer Partnerin, Tagesvögel wähnen sich auf ihren erkorenen Plätzen in Sicherheit, der Feind aber schläft nie. Gerade hat die giftgrüne Grubenotter einen unvorsichtigen Frosch auf Freiersfüßen verschlungen. Falsche Zeit, falscher Ort, entfährt es einer sich in Ruhegleitung befindenden Fledermaus, die sich am besten mal tot stellt, bis die Otter mit Frosch im Bauch Leine zieht. Kaum hält die erste leise Dämmerung Einzug, laden Vogelschar, Zikaden und Grillen zum großen Konzert ein, das, ein Phänomen, Satz für Satz nacheinander zelebriert wird, um sich nicht gegenseitig zu übertönen. Auch dem schwarzen Riesenskorpion in seinem Nachtschattenreich gehen die Konzerte nicht verloren und signalisieren ihm, nun langsam seine Tagesruhe einzuläuten. In der mittleren Etage nutzt ein zu früh aufgewachtes, hungriges Streifenhörnchen die Gelegenheit, um nach den ersten gefallenen Nüssen zu stöbern. Ganz oben im Kronendach des Regenwaldes, dessen Höhe oft mit Riesenbäumen von bis zu achtzig Metern überrascht, regieren die Seeadler, die sich schon mit den ersten Sonnenstrahlen in die Tiefe gleiten lassen, um dabei mit mutigen Balztänzen ein stattliches, ebenbürtiges Weibchen an Land zu ziehen. Im Regenwaldboden hat sich bereits ein Heer von Pilzen an die Arbeit gemacht, um gefallenes, unbeseeltes Holz durch Zersetzung der Materie zu einer Nahrungskette für Tausende von Käferarten und Ameisen aufzubereiten. Eine Echse, die sich im mittleren Bereich der Vegetation gerade eine frei gewordene Wohnung schnappen konnte, deren Besitzerin wohl heute Nacht im Bauch einer Schlange ihr letztes Quartier beziehen musste, stellt sich bis zum Sonnenaufgang erst einmal auf Nummer sicher bewegungslos.

Das Totenkopfäffchen der Nachbarsnische ist gerade dabei, sich zum Frühstück eine Riesenheuschrecke einzuverleiben,

als das Geräusch einer Motorsäge das ganze Baum-Konglo-
merat in die Flucht schlägt. Eine ganze Sippe von Ruder-
fröschen wird Zeitzeuge der schmerzhaften Fällung des
Urwaldriesen-Baumes. Sie hatten schon, wie seit Jahren
Usus, aus Sicherheitsgründen die neugelegten Eier ihrer
Weibchen über Nacht an den Rand von Bambusstämmen
in einem naheliegenden Bambuswäldchen geklebt. Würde
die Motorsäge auch in ihrem Biotop wüten? Nach altem
Stammesritual werden die Froschväter ab heute zur Wache
ihrer angehenden Nachkommenschaft erkoren, die Mütter
müssen sich, nach dem Willen der großen biologischen
Mutter, für etwa eine Woche aus dem feuchten Ambiente
verabschieden, um bei ihrer Rückkehr mit vielen unbefruchteten Eiern zu überraschen, die als Ernährungsgrund-
lage für die baldig ausschlüpfenden Kaulquappen zu dienen
haben. Die Froschväter haben in der Zwischenzeit die Aufgabe, hungrige Schnecken zu verjagen und die kostbare Ei-
erbrut mit Wasser zu bespritzen, um sie vor der Austrock-
nung zu bewahren. Die Ruderfrosch-Familie hat Glück, ihr
Bambus-Hag bleibt dieses Mal verschont, für die vielen
Froschkinder, gestärkt nach den erfolgreichen Fütterungs-
zeremonien der zurückgekehrten Weibchen-Riege, kann
dadurch ihr Biotop erst einmal erhalten werden.

»Täglich wurden große Bäume auf Riesenflächen abgeholzt
und ganze Flussläufe von Nebenflüssen des Amazonas versetzt, damit den ansässigen Fischern und ihren Familien-
mitgliedern die Möglichkeit entzogen, sich durch den Fisch-
fang das tägliche Brot zu verdienen.« Das hatte mir Jorges
erzählt. Dieser Situation war er bei einer seiner letzten Touren an seinem Amazonas-Lieblingsflusslauf hilflos ausgelie-

fert gewesen. Deshalb hatte er wohl die Expeditionen nach seinem Traumgefilde Amazonien, wie er es nannte, eingestellt und sich den Studien um das ehemalige Inka-Reich am Machu Picchu gewidmet, das er auf schon ausgearbeiteten, geplanten Touren auskundschaften wollte.

Ob er wohl im Jahre 2010 von der tröstlich-freudigen Nachricht erfahren hat, dass durch offizielle Ernennung des großen Zentralsurinam-Reservats zum Weltkulturerbe nun eine Fläche Surinams von 85 Prozent, mit einem großen Regenwald-Anteil, vor Abholzung und Ausbeutung geschützt ist?
Ich erinnere mich noch, wie ich diese Information bei einer Überlebenssuppen-Essenseinladung, mit dem Motto »Sehnsucht nach Surinam« thematisch herausgeputzt strahlend überbrachte. Das Essen war mit kreolischen Gesangs- und Musikeinlagen meiner Seelenschwester und virtuosen Akkordeon-Künstlerin Michaela Dietl bestens bestückt, Familie, Freunde und ich genossen einen wunderbaren Avocado-Nachtisch, gekrönt von einem kreolisch-afrikanisch-indisch-chinesisch-alemannischen musikalischen Tusch der Sonderklasse.
Ein Exposé über meine, wie ich fand, unumgängliche Expedition zu meinem Seelenland Surinam, auf den Spuren meiner verehrten Naturforscherin und Malerin Maria Sibylla Merian, konnte das von mir erwartete empathische Feuer meiner vom Surinam-Thema über die Jahre dauergestressten Familie nicht so ganz entfachen.
»Du bist doch gerade Rentnerin geworden, wie soll denn das gehen?«, wagte Schwester Renate einen ängstlichen Einwurf, und Tochter Danielas Blick sprach wieder einmal Bände. Sie

fand diese Idee in diesem Alter, bei diesen schwierigen klimatischen Verhältnissen, nun nach sechsundvierzig Traumlandjahren zu absurd, hatte einfach Angst um ihre geliebte Mutter, die nach ach so ruhigen Jahren wieder einmal mit den Weltenbummel-Semmelgeistern, so nannte es Großmutter Agnes, ihres *brainpool-cockpits* aufzuwarten wusste. So einfach war das, nur Schwiegersohn Carmelos und Enkelin Alinas Augen blitzten mit den meinen aufmunternd um die Wette. Da hatte wohl der sizilianische Blutanteil ein paar Wörtchen mitzureden gehabt. Maria Sibylla wurde von ihrer jüngeren Tochter Dorothea begleitet, vielleicht würde mich ja meine jetzt schon siebzehn Lenze zählende Enkeltochter auf meiner geplanten Abenteuerreise begleiten ...

»Ich komm mit dir mit ins Tropenland zur Wiege meiner geliebten kreolischen Musik, um dir auf Gedeih und Verderb zur Seite zu stehen. Ich werde dann versuchen, weitere Sklavenlieder für mich auszugraben, von denen ich schon ein paar in meiner Repertoire-Kiste wie einen Goldschatz hüte«, gab nun auch Freundin Michaela grünes Licht und erteilte mir mit einem selbst komponierten, zärtlich-furiosen Surinam-Lied schon vorab ihren Segen – der unser aller Herzen berührte und auch Danielas Augen erstrahlen ließ.

»Was Gott plant, wird das Leben halten!« Mit diesem Satz meines Lieblingsdichters Rainer Maria Rilke, der mich seit seiner Entdeckung in den Siebzigerjahren tröstend, aufmunternd und anspornend zugleich durch meine schicksalhaft eingeschlagenen Lebenspfade geleitet, schloss ich nun vehement das von mir angeschwungene Reisebüro meines Schöpfers, um durch Auflegung einer bunt bedruckten Aktie für ein Surinam-Grundstück im Werte von 2500 D-Mark für Aufmerksamkeit meiner Tischrunde zu werben. »Diese Aktie kommt aber bestimmt nicht aus dem Planungsbüro deines zitierten Gott-Vaters, da habe ich nämlich auch eine auf deinen Rat hin erworben. Da ist nix mit Baumhaus bauen, nicht mal einen Liegestuhl können wir uns auf unseren 500 Quadratmeter aufstellen, nachdem sich dieser karitative Öko-Deal in dunstige Luftschwaden aufgelöst hat«, stichelte mein bester Freund Michael, Maler, Karikaturist und Lebenskünstler von hohen Gnaden.

»Es hieß doch immer, lieber Michael, dass es sich bei diesen Grundstücken um ein Stück Regenwald handeln würde, dem dann, aufgrund eines ausgewiesenen Besitzers, eine weitere Abholzung erspart bliebe! Das klang für mich sehr naturverbunden und ausgeklügelt. Von einer Inbesitznahme unsererseits war nie die Rede, der durch die Aktion beschützte Regenwaldanteil sollte ja unangetastet nur noch sich selbst gehören, lieber Freund«, versuchte ich nun meine damalige begeisterte Einfädelung zu verteidigen.

Jedenfalls war uns schon seit Längerem bewusst, dass es sich bei unseren Grundstücken, die wir im Jahre 1977 für 5 D-Mark pro Quadratmeter, durch Urkunde bestätigt, zur Rettung des surinamischen Regenwaldes erworben hatten, um Wolkenquadrats-Felder gehandelt hatte, sonst wären sie jetzt im Weltkulturerbe-Aufnahmebestand aufgelistet worden. Immerhin hatte diese Immobilien-Organisation, ohne Anbindung an einen Immobilienfonds unseres Schöpfers, um das Jahr 1976 herum fast 150 000 Quadratmeter an den Mann, aber auch 500 Quadratmeter davon an mich gutgläubige Frau gebracht. Das Geld wurde der surinamischen Regierung für das geplante Naturreservat zur Pflanzung von Baumbeständen und Pflanzengattungen nicht übergeben, die Grundstücke waren nur Lichtgebilde auf dem nachgezeichneten Atlas einer gewieften *Sales Group* mit zeitweiligem Firmensitz in der Schweiz. Der *tricky* eingesammelte Zaster, vielleicht zuerst in hochelegante Jachten investiert, hat sich bestimmt wieder in Lug-und-Trug-Dimensionen verdünnisiert, das ist ein ehernes Gesetz von Ursache und Wirkung.

Waldpilz drüber, alles zersetzen lassen, geduldig warten und neue Samenkörner in diese Erde setzen – durch die juristische Verjährung ist ja sowieso schon alles sternenschnuppe! Vielleicht wurde ja auch ein Mitglied des Weltkulturerbe-Gremiums durch ein ähnlich dubioses Geschäftsgebaren geschädigt und kam so auf die glänzende Idee – was Böses will, das Gute schafft – Dutch Guyana als Weltkulturerbe auszuwählen. Hauptsache, der Schutz eines großen Regenwaldreservats ist gewährleistet. PAX VOBISCUM

Wie Sie sich ja vorstellen können, liebe Leser, habe ich während unserer Dreharbeiten in der Mohave-Wüste weiterhin versucht, meinem einmaligen Kollegen Jack Palance über mein noch weithin unentdecktes Land Surinam in drehfreien Zeiten die Würmer aus der Nase zu ziehen. Dabei erzählte er peu à peu, dass er bei seinem Besuch ebenfalls eine große Parzelle gekauft hatte – es war ein Projekt, dessen Taktik sehr an unseres erinnerte. Aber er wurde noch zur Besichtigung an den Ort des Geschehens eingeladen, was ihm einen intensiven Aufenthalt in Surinam über fast vierzehn Tage und eine unbezahlbare Freundschaft zu dem indianischen Forstmann Christophorus und seiner Familie bescherte. Er scheint damals sehr viel Geld in einen Fonds zur Rettung des Regenwaldes investiert zu haben, der dann leider nicht mehr aufzuspüren war. Dennoch glänzten seine wissenden Augen, als er von den Eindrücken berichtete, die sich beim Überflug des Naturschutzgebietes im Landesinneren und dem damit verbundenen spektakulären Ausblick auf den berühmten Granitgipfel des sogenannten *Duivelsei, Devil's Egg*, also des »Teufels-Eis«, in seiner Seele festgezurrt hatten.

Auch über das Naturphänomen der Rückführung großer Schlammmassen an die Uferzonen Guyanas, die der Amazonas bei seiner Mündung dem Atlantischen Ozean als Mitgift beisteuert, hatte er sich informiert und konnte darüber nur schwelgen. Die imposante Amazonasmündung befand sich mindestens tausend Kilometer entfernt im südöstlichen Teil der Meeresküste. Der Schlamm sinkt dort nicht, bleibt an der Oberfläche des Meerwassers, wird seit Jahrhunderten vom Wind zurückgetrieben. Bei Flut wird die Schlammmasse auch an der Küste von Surinam angeschwemmt, was zur Vergrößerung des Landgürtels und zur Erweiterung der Pflanzenfauna durch die natürliche Besamung beiträgt. Für die Freude an der Vielfalt der Menschen, Kulturen und Religionen in Surinam teilten wir unser Interesse geschwisterlich. Ich durfte Jack Palance als humorvollen, feinsinnigen Menschen und Künstler erleben, entgegen vieler Klischeevorstellungen, die ihn nur als »good guy and cowboy of good old America« und nicht als hochgebildeten Menschen zeichneten, der malte, Edgar Allan Poe und Shakespeare verehrte und letztere Helden in jungen Jahren sogar auf Theaterbühnen zum Besten geben konnte.

Vielleicht darf ich Ihnen etwas von einem Flugzeugabsturz andeuten, den er in jüngeren Jahren auf dem Weg zu einem Boxkampf, er war einer der Kontrahenten, überlebt hatte. Er hatte wohl sein traumatisches Erlebnis über die Jahre mehr und mehr überwunden, wie er mir anvertraute. Auf seinem Weg nach Surinam 1977, zwei Jahre nach der Unabhängigkeitserklärung, hatte er sich dem Piloten und Besitzer eines zweimotorigen Sportflugzeugs mit Haut und Haar ausgeliefert. Das Durchtauchen der Maschine in die feuchten, triefenden Nebelschwaden, von durchbrechenden Sonnenstrahlen geküsst, was das Entstehen von kleinen und großen Regenbögen verursachte, muss atemberaubend gewesen sein. Bei der Landung in Surinam wählte der Pilot einen großen Regenbogen als Eintrittsportal, manövrierte seinen berühmten Gast sicher über die holprige Piste des Flughafens der Hauptstadt Paramaribo, die damals schon fast 390 000 Einwohner zählte, etwa 40 000 registrierte Menschen lebten in oft unwegsamen Landgebieten. Die Nachkommen vieler geflüchteter Sklaven und abgetauchter Indianer-Familien hatten sich im unwegsamen Regenwald des tiefsten Landesinneren mit gegenseitigem Beistand eine Bleibe geschaffen, ihre Registratur dadurch zu einem sinnlosen Unterfangen gemacht.

Wie ein unendlicher Zauber mag sich der betäubende Morgenduft der Tropen über Jack Palance gelegt haben – welch ein Gegensatz zu den heimischen Bergen und Tälern im Umfeld seiner Farm in Pennsylvania. Die Bewohner von Paramaribo hatten sich aus kreolischen Familien, Nachkommen der früher versklavten Indios, dunkelhäutigen Maroon-Familien und nicht mehr zurückgekehrten Gastarbeitern aus indischen, javanischen und chinesischen Landen zu einem vielschichtigen *melting pot* zusammengewürfelt. Aber auch Mitglieder der ehemaligen holländischen Kolonialherren waren über die Jahrhunderte hier heimisch und sesshaft geworden. An den Häusern der Stadt erkennt man bis heute immer noch den architektonischen Einfluss der fast dreihundert Jahre herrschenden niederländischen Regierung.

Schon im Jahre 1667 hatten die Niederländer ihre neue Kolonie im Tausch gegen das Gebiet von Nieuw Amsterdam am Hudson River, der heutigen Weltmetropole New York, von den Engländern erhalten. Im Mündungsbereich der Flüsse Surinam und Commewijne wurden Zuckerrohrplantagen im Schwemmland der flachen Nordküste in riesigem Ausmaß angelegt, auf denen damals Zuckerrohr, Tabak und Pfefferfelder angebaut wurden. Rum, Vanille, Sukkade und das berühmte Kokosöl aus dem Kopra der in Scheiben geschnittenen Kokosnuss wurden für die Holländer produziert und in die ganze Welt exportiert. Für die riesige Zuckerproduktion wurde Anfang des 18. Jahrhunderts noch ein wöchentliches Volumen von 300 Tonnen Zuckerrohr verarbeitet, im Verhältnis zu einer heutigen Jahresmenge dieses Umfangs. Nun hätte ich beinahe den permanenten Abbau des lebenswichtigen Regenwald-Holzes, der ja in den Gegenden des Amazonas-Flusses immer noch wütet, vergessen. Im Mündungsdelta der beiden Flüsse versammelten sich die früheren Kauffahrtsschiffe aus aller Herren Länder, um hier die begehrten Waren von den schwer schuftenden Sklaven aufgeladen zu bekommen und zu verschiffen. Der Abbau und Export des Bauxit-Gesteins, aus dem später das vielverwendete Aluminium gewonnen wird, stellte damals und auch heute noch einen großen Marktfaktor dar, jedenfalls solange der Vorrat reicht.

Die Kolonialherren waren zwar erfahrene Meister darin, als Siedler dem Meer Lebensraum abzugewinnen, doch bei dem feuchtheißen Klima sahen sie sich nicht in der Lage, körperliche Arbeiten zu verrichten. So deckten sie sich schon gleich nach der Übernahme durch den Kauf von geraubten Sklaven aus vorwiegend afrikanischen Ländern ein, aber auch Sklaven aus Indien, China und Java wurden den holländischen Betreibern im Hafengelände angeboten. Auch von den Eroberern angetroffene Indio-Einwohner Surinams wurden zu Tausenden versklavt. Historisch spricht man für Gesamt-Guyana und das Amazonas-Gebiet bis zu ihrer Selbstbefreiung im 18. Jahrhundert von einer geschätzten Zahl von über 300 000 Sklaven, die man unsäglichen Strapazen unterzog und bis aufs Blut ausbeutete. Jack Palance fand bei seiner Reise in den Siebzigerjahren noch Reste armseliger Sklavenhütten in den Hinterhöfen ehemaliger holländischer Bürgerhäuser. Als wollten sie noch nachträglich Trost spenden, rankten sich füllige, duftende Vanillesträucher um die trostlosen Stätten, vor denen die Sklaven, wegen geringster Verstöße, nach Anweisung von den Bediensteten zu Tode gefoltert wurden. Das Foto einer Afrikanerin, deren Körper zur Abschreckung mit einem Fleischerhaken durchbohrt und an einem Galgen festgemacht wurde, zerriss mir fast das Herz. Mit dem Song *Strange Fruit* hat die unvergessliche Jazz-Sängerin Billie Holiday diesen geschundenen Körpern und Seelen unserer Brüder und Schwestern im Angesicht Gottes ein Gedenken hinterlassen. Immer wieder tauchen in meiner Erinnerung die schmerzerfüllten Augen meiner Partnerin C.C.H. Pounder auf, die in Momenten ganze Bände weinen, dann aber mit mir und Findlingshund Bagi um die Wette strahlen konnten. Welche Anblicke konnten wohl die Augen des kleinen Mädchens seiner Kinderseele nicht ersparen, als es sehnsuchtsvoll jahrelang auf die Rückkehr seiner Mutter und die damit verbundene Heimholung nach New York wartete?

Gelang es den Mitgliedern der Maroon-Sippen, sich in schweren Zeiten der Versklavung als Selbstversorger in das unzugängliche Innere Surinams zu flüchten, so traten fast 45 000 Surinamen die Flucht nach Amsterdam an. Sie trauten dem Frieden nach der Ausrufung der Selbstständigkeit nicht und wanderten nach Holland aus. Die meisten Mitglieder der Tiriyo- und Kariben-Indianerstämme blieben im Lande als Heger und Pfleger der Pflanzen. Ihr großes Wissen über die pharmakologischen Eigenschaften von Heilpflanzen setzten sie für Professoren der modernen Wissenschaft und der heiltherapeutischen Institute, vor allem Amerikas, ein, die im 20. Jahrhundert immer mehr Interesse daran zeigten. Auch Heilrituale ihrer Urahnen und z.B. Geheimnisse zur Glücksfähigkeit des Kindes in seiner frühen Kindheit geben sie an interessierte Besucher und Literaten weiter, im berührenden, unvergesslichen Buch *Auf der Suche nach dem verlorenen Glück* von Jean Liedloff zu entdecken.

Im Februar des Jahres setzt nach meiner Information die Trockenzeit in Surinam ein. Für die Bewohner und Besucher der Stadt Paramaribo ist es jetzt an der Zeit, die vielen Goldbäume zu bewundern und zu beschnuppern, die ihre duftenden Blüten zur Entfaltung bringen. Blühende Oleander- und Jasminbüsche, Hibiskus-Stauden mit rot lockenden Blüten stehen sich in dieser Blütenpracht in nichts nach. Ein Heer von bestäubenden Insekten, gefolgt von einer balzenden Schmetterlings- und Vogelschar, ist im Anflug, in den subtropischen Frühling einzustimmen. Passionsblumen klettern Lianen der Bäume hoch und verwandelten diese in fliegende Beete. Zirpende Chöre von Zikaden vermischten sich mit rhythmischer Cajun-Musik, von wilden Trommelwirbeln untermalt, die aus der Richtung der Stadt, wie berichtet, zu Jack Palance drangen. Er befand sich gerade mit seinem angehenden Freund Christophorus auf einer der alten, maroden Landungsbrücken, um sich zum Augenzeugen der gebrochenen Deichreste und der alten Grabsteine, den Spuren des vergangenen Jahrhunderts, zu machen ...

Über so eine Brücke ist vor dreihundert Jahren, an einem Septembertag des Jahres 1699, Maria Sibylla Merian (52) mit ihrer Tochter Dorothea (21) in Paramaribo, der Hauptstadt ihres Sehnsuchtslandes Surinam, angekommen.

Von der holländischen Familie, Verwandten ihres Stiefvaters Marell, abgeholt, bezogen sie ein kleines Holzhäuschen, das ihnen ein reicher Plantagenbesitzer auf Bitte der Familie am Rande der Stadt zur Verfügung gestellt hatte. Seine Verwunderung über die Pläne der beiden Damen aus seinem holländischen Abstammungsland behielt er wohl für sich. Zu ihrer Freude stellten sie fest, dass es um das Haus herum einen größeren verwilderten Garten gab, den sie sogleich als Fundstätte für ihre anvisierten Raupen- und Insektenschätze ansahen. Da ging es sogleich, obwohl von der dreimonatigen großen Seereise geschwächt, ans Auspacken. Auf was konnte das Forschungsteam im Reisegepäck auf keinen Fall verzichten?

Schachteln, Gläser, Malfarben und -pinsel, Pergamenthaut, Geräte wie Pinzetten zum Präparieren, Rizinusöl zum Einlegen, Mikroskope, sicher auch Bücher ihres Mentors Marell und des alten Merian-Vaters. Wie mag sich der erste Spaziergang vor der ersten Nacht unter dem Moskitonetz für die beiden mutigen Frauen dargestellt haben, wie mögen die ersten tropischen Früchte wie Orangen und Ananas ihre Gaumen gekitzelt haben? Wie fühlte sich wohl der erste Abend auf der Terrasse mit dem Blick auf die vom Mond beschienenen Nebelschwaden an, die die ganze Umgebung in einen durchsichtigen Schleier einbetteten und plötzlich von Tausenden leuchtenden Insekten durchflogen wurden? Welche Freude, die für Maria Sibylla schon gleich durch einen schmerzhaften Moskitostich ernsthaft getrübt wurde!

Maria Sibylla Merian

2. STATION
Menge den Tod mit dem Leben und teile beides in Augenblicke
(Marcel Schwob)

Geschwächt von den Strapazen der Reise, war sie nach ihrem ersten Mückenstich für mehrere Tage fiebernd ans Bett gefesselt. Tochter Dorothea, die sich rührend um die erkrankte Mutter kümmerte, fand in den ersten Tagen durch die ihr unbekannte, drückende Schwüle, die wie Blei auf ihren Schultern lastete, des Nachts kaum Schlaf. Eine geheimnisvolle Tierwelt versuchte die Nacht zum Tage zu machen. Zikaden sangen ohne Punkt und Komma, Termiten taten sich, konstant nagend, am Gebälk des Hauses gütlich, aufgescheuchte Riesenbock-, Herkuleskäfer und Kakerlaken, durch die beiden Eindringlinge ihres Hausfriedens beraubt, huschten nachts durch das Haus, um nach dem Rechten zu sehen. Riesige Garten-Ameisen, die sich wohl an der verschwundenen Blütenpracht schadlos gehalten hatten, attackierten Dorothea bei ihrer ersten Exkursion im Garten. Eine kleine, von nackter Hand aufgepickte braune Raupe mit weißen Punkten beantwortete Dorotheas Begrüßungs-Lupf mit einer kleinen Giftschwade, die sich heute wohl noch nicht gewaschen hatte. Aua!

Während Maria Sibylla die Tage ans Bett gefesselt verbrachte, trugen sie Fieberträume, die von Wachphasen abgewechselt wurden, auf sanften Schwingen zu vergangenen Stationen ihres Lebenswegs auf der anderen Seite der Welt. Sie befand sich im Traum auf Schloss Waltha, als die Nachricht vom Tod ihres Bruders Caspar aus Amsterdam eintraf.

225

Der verehrte Bruder, der sie dazu bewogen hatte, zu ihm nach Holland zu übersiedeln, lebte abwechslungsweise bei seiner Frau in Amsterdam und bei der Labadisten-Gemeinschaft auf Schloss Waltha, zu der nun seit dem Jahre 1685 Maria Sibylla mit Kindern und Mutter gestoßen war. Der Gründer der Religionsgemeinschaft, Jean de Labadie, lehrte die Menschen, ihr egoistisches Wesen durch selbstloses Dienen und durch Verzicht auf Besitz und Luxus zu überwinden, um nach dem Tod mit einer geläuterten Seele im Diesseits wiedergeboren zu werden. Diese innere Wandlung war dem Vorgang der Metamorphose der geliebten Schmetterlinge und deren Raupen, die Maria Sibylla sammelte und begabt zu Pergament brachte, gar nicht so unähnlich. Gegenüber forschenden Frauen, die sich wissenschaftlich betätigten, war man bei der Gruppe der Labadisten sehr tolerant. In einer Ehe sollten jedoch beide Partner der Glaubensgemeinschaft angehören. Das Bild ihres getrennt in Nürnberg lebenden Gatten Andreas Graff, der nach anstrengender Reise wie ein Häufchen Elend auf Schloss Waltha auftauchte, um sie und seine Töchter zu einer Rückkehr zu bewegen, stand in ihrem Fiebertraum wieder klagend vor ihr. Damals war sie standhaft geblieben, und so musste der Noch-Gatte unverrichteter Dinge wieder in seine Heimatstadt zurückkehren. Danach hatte sie ihre in dieser Zeitperiode undenkbare klare Entscheidung getroffen. Es war an der Zeit, die Scheidung einzureichen. Das holländische Schloss Waltha gehörte der Familie des Gouverneurs von Surinam, Cornelis van Sommelsdijk, zusammen mit seinen beiden Schwestern, die auf einer Farm in Surinam lebten. Sie waren ebenfalls Mitglieder der Religionsgemeinschaft und Mäzene der 350 Schlossbewohner, die dafür, bei freier Kost und Logis, ihre Arbeitsleistung in Küche, Garten und Werkstätten unentgeltlich einzubringen hatten. So sah sich Maria Sibylla Merian in ihrer Traumkulisse rückblickend bei ihren schriftlichen Abhandlungen und Skizzen sitzen, die sie nur abends anfertigen konnte. Es blieb zu dieser Zeit wenig Raum für das Auffinden von Raupen und deren Fütterung bis zur Ausschlüpfung ihrer geliebten Sommervögelein. Übergroß umschwirrte sie im Fieberland gerade ein riesengroßes Prachtexemplar eines *Papilio paradisea*-Schmetterlings, der sie mit schwirrenden Schlägen seiner metallicgrünen und gelbbraunen Flügel auf einen Rundflug einzuladen gedachte. Aufrecht sitzend fand sie sich, erschreckt durch die kalte Hand ihrer Tochter, die auf die schon kühler werdende Stirn der fiebernden Mutter wieder und wieder kalte Eisstücke, ein Überbringsel des Vermieters, gepackt hatte. »Die dreitägige Krise scheint überwunden zu sein«, konnte Tochter Dorothea aufatmend zu Buche schreiben. *Papilio paradisea*, diesem eindrucksvollen Regenwald-Schmetterling, war Maria Sibylla auf Schloss Waltha begegnet, als er im Verbund mit weiteren aufgespießten Schmetterlings-Genossen, getrockneten Eidechsen-Exponaten, in Spiritus eingelegten exotischen Riesenkäfern und farbenprächtigen Schlangen, von gerade aus Surinam zurückgekehrten Sektenmitgliedern präsentiert wurde.

»Weißt du, Dorothea, dieses außergewöhnlich schöne, aber unverkäufliche *Papilio*-Exemplar hatte meine Seele damals tief berührt und meinen Entschluss, meinem Traumland Surinam über kurz oder lang, vielleicht zusammen mit dir, im Rahmen einer kleinen Expedition, einen Besuch abzustatten, umso mehr angefacht. Hier sind wir beide nun also schicksalhaft gelandet, ich danke dir für dein Vertrauen und deine Fürsorge, meine geliebte Tochter. Auf Schloss Waltha stürzte ich mich nach meiner Scheidung von eurem Vater Andreas in ein Latein-Studium, unterrichtete euch Schwestern in Kunst und Geschichte, malte abends nach Vorlagen meines Vaters und meines unvergessenen Mentors Marell meine Insekten und Metamorphosen. Ja, da wartete auch noch die Pflege eurer Großmutter Johanna auf mich, neben den Aufgaben, die ich für die Glaubensgemeinschaft zu leisten hatte. Tag und Nacht waren ausgefüllt, es gab genug zu essen, ein Dach über dem Kopf und seelischen Frieden, bis dieser fanatische Prediger Yvon auftauchte, nur Unfrieden unter uns Bewohnern stiftete und alles an sich zu reißen gedachte. Wir wollten nur noch weg, viele verließen Waltha, aber wir waren ja mit unserer kranken Mutter an den Platz gefesselt«, berichtete Maria Sibylla, von aufgeregtem Zittern ihrer Hände begleitet.

Tochter Dorothea pflichtete mit einem tiefen Seufzer bei. Gerade noch labte sich ihre Mutter an einem Glas frischer Kokosmilch, mit einem kleinen Schuss Rum und Vanillegewürz veredelt, schien sich auf dem Wege der Gesundung befunden zu haben, da durchzogen fiebrige Schauer der Erinnerung die Seele von Maria Sibylla, und sie sank erneut aufs Krankenbett.

»Du hast ja alles so tapfer bewältigt und wir sind in Surinam, dem Ziel deiner Sehnsucht, gelandet. Ich bin bei dir, werde dir immer zur Seite stehen«, flüsterte Dorothea in das fieberheiße Ohr ihrer geliebten Mutter.

Liebe Leser, hier an dieser Stelle werden wir den beiden erschöpften Reisenden eine verdiente Ruhe gönnen. Dafür darf ich Sie als historische Erzählerin wiederum zurück in

Maria Sibyllas vergangene Zeit auf das Schloss Waltha einladen.

Ab dem Jahre 1688 ging alles Schlag auf Schlag. Zuerst kam erschütternde Nachricht von der Ermordung des Gouverneurs Sommelsdijk, der in seiner Region Surinam bei einem Aufstand erschossen worden war. Das war für die Mitglieder der Labadisten-Gruppe von Waltha eine Katastrophe, denn der Gouverneur war ja als Schlossbesitzer auch großzügiger Mäzen dieses Projekts gewesen. Dann kehrte eine Missionarsgruppe des Hauses, unter der Führung des Bruders Jasper Dankers, finanziell und ideell gescheitert, mit an Gelbfieber erkrankten Mitbrüdern, ohne verkaufbare Exponate und exotische Projekte, nach Waltha zurück.

Der neue rigide, moralistische Vorstand Yvon reagierte darauf nicht nur mit blanker Wut. Die gemeinsame Kassenführung wurde aufgegeben, und jeder hatte wieder für sich selbst zu sorgen, was für Maria Sibylla und ihre drei Familienmitglieder eine Katastrophe gewesen sein mag. Ihr Lieblingsbruder Caspar Merian, der sie immer unterstützt hatte, war in Amsterdam verstorben, von ihrem Bruder Matthäus dem Jüngeren konnte sie nichts erwarten. Als ihre Mutter Johanna im Jahre 1690 auf Waltha friedlich in ihren Armen entschlummerte, fiel auch noch deren kleine Rente weg, die ihr aus dem Merian-Fonds noch bis zu ihrem Tode testamentarisch zugestanden worden war.

Jetzt machte Maria Sibylla mal wieder Nägel mit Köpfen. Sie kündigte ihr Frankfurter Bürgerrecht auf, erhielt dadurch ihr kleines Vermögen, das sie noch dort für ihre geplante Rückkehr von Waltha angelegt hatte. Auch ihr deponierter Besitz – Kupferplatten von Werken aus früheren

Zeiten, Bücher, Vorlagen, Arbeitsmaterial – traf auf offiziellen Antrag bei ihr in Waltha ein.

Liebe Leser, jetzt darf ich meine Führung in die Vergangenheit Maria Sibylla Merians auch noch bis nach Amsterdam anno 1691 ausdehnen, übrigens im Hier und Jetzt eine meiner Lieblingsstädte.

Die Entscheidung war gefallen. Durch beste frühere Kontakte ihres verstorbenen Bruders Caspar zum amtierenden kunstsinnigen Bürgermeister Amsterdams, Nicolaas Witsen, ergatterte eine couragierte Frau und Mutter für sich und ihre Töchter ein kleines Häuschen in der Vijzelstraat, in der Stadtmitte von Amsterdam, das sie im Sommer 1691, nach anstrengender Anreise, mit neuem Elan einzurichten begann. Warum sie so erleichtert war, dem engstirnigen, von Moral nur so triefenden Prediger Yvon entkommen zu sein, kann man, bei ihrer angeborenen Freiheitsliebe, die sie in ihrem Lebenslauf durch Entscheidungsfreiheit auch durchzusetzen imstande war, nur erahnen.
Ein geheimnisvoller Wink des Schicksals führte ihre erstgeborene Tochter Johanna Helena mit dem Kaufmann Jacob Herolt zusammen, einem ehemaligen Labadisten-Mitglied der Waltha-Gemeinschaft. Er war eine gute Partie, wie es damals hieß, und baute eine erfolgreiche Handelslinie in Übersee mit Kontakten bis nach Westindien auf. 1692 wurde Johannas große Hochzeit in Amsterdam gefeiert, bei der Vater Graff zwar nicht anwesend, aber seinen Geist beileibe noch nicht ausgehaucht hatte, wovon Mutter Maria Sibylla ihre Tochter in Unkenntnis gelassen hatte. Beim Ausfüllen ihrer Reisepapiere und in ihrem notariell beglaubigten

Testament, das nur ihre beiden Töchter beerbte, hatte sie sich als »im Witwenstand« ausgegeben, wie die Autorin Natalie Zemon Davis in ihren Beschreibungen herausgefunden zu haben glaubt. Im Jahre 1701 gab danach Tochter Johanna ihrem Vater, der sich nach der Scheidung von Maria Sibylla wieder verehelicht hatte, Ehemann Jacob im Schlepptau, auf dem Friedhof in Nürnberg die verdiente letzte Ehre.

Man stelle sich vor, da lebte nun Maria Sibylla Merian dank ihrer unglaublichen Tatkraft und Courage inmitten der Stadt Amsterdam, das man zu dieser Zeit als den »Nabel der Welt« bezeichnete. Die Bevölkerung war bei ihrer Ankunft 1691 in den letzten Jahren auf über 200 000 Einwohner angewachsen, dank florierender Geschäftsbeziehungen mit dem Mittelmeerraum und dem Kontinent der entdeckten Neuen Welt. Der zuständige Hafen barst fast unter der Menge an Handels- und Passagierschiffen. Amsterdam war zu einem Mekka des Tanzes um das »Goldene Kalb« erblüht. Bevorzugt bewohnt wurde es von zu Reichtum gekommenen Bürgern und wetteifernden Händlern, im Konglomerat mit Einwanderern aus der ganzen Welt. Ein Sprachgemisch aus Spanisch, Französisch, Portugiesisch, Deutsch und Flämisch sprudelte durch die bevölkerten Straßen der aufgeregten Stadt, deren Hafen noch nie mit so vielen Handelsschiffen bestückt gewesen war.

Die Zuckerrohrplantagen der Kolonie Surinam, von peitschenschwingenden Verwaltern brutal regiert und durch reine Sklavenarbeit gewinnträchtig gemacht, brachten dem Städtebund in dieser Zeitperiode enorme Verkaufsumsätze. Der Rohrzucker im Verbund mit dem daraus gewonnenen Rum-Extrakt war mit dem Blut der ausgebeuteten Sklaven getränkt, die, meist aus Guinea und Angola kommend, über den Umschlagplatz Curaçao eingekauft worden waren.

Amsterdam ist zu dieser Zeit aber auch eine Stadt der Kunst und Kulturen. Der Maler Rembrandt, den Maria Sibylla immer sehr bewundert hatte, lebte und wirkte in der Stadt, so auch der Philosoph Spinoza. Durch seine Verehrung für Gott und Natur im Schulterschluss war er ihr in seinen Gedankengängen sehr nahe, gerne würde sie diesem Künstler ihre Verehrung eines Tages persönlich übermitteln.

Für die reiche Gesellschaft Amsterdams galt es als extrovertiert und außerirdisch, wie man es bezeichnete, Naturalien aus ihren holländischen Kolonialgebieten zu bestaunen und zu erwerben. Mehr tot als lebendig landeten diese Exponate mit den Schiffsladungen in der brodelnden Hauptstadt. Diese Sammlungen, die mitunter auch muskulöse junge Sklaven beinhalteten, von einer reichen Bürgerin Amsterdams für spezielle erotische Dienste geordert, waren zu einer Leidenschaft der feinen Gesellschaft geworden. Die größte und schönste Sammlung an Exponaten, Insekten und Schmetterlingen aus den Tropen, speziell aus den drei Guyana-Staaten, fand die Wissenschaftlerin bei Bürgermeister Witsen höchstpersönlich vor.

Ihr wunderbares Raupenbuch, mit dem von der Künstlerin präsentierten Geheimnis von deren Verwandlung, hatte in seinem Umfeld und in Fachkreisen, durch die Bewerbung ihres Stiefvaters Marell, gebündelt mit leidenschaftlicher Reklame ihres Stiefbruders Caspar, schon vor Maria Sibyllas Ankunft begeisterte Aufnahme erfahren. Durch Einladungen zu Ausstellungen in Orangerien, Volieren und speziellen Raritäten-Kabinetten, die gerade en vogue waren, bekam sie

Zutritt auch zu den gehobeneren Kreisen. Sie übersetzte die Eindrücke, die diese exotischen Naturmotive in ihrem inneren Auge hinterließen, in eindrucksvolle Bilder, die später in einigen Häusern reicher Bürger zu bestaunen waren. Auch die beiden Töchter Johanna und Dorothea malten mit Leidenschaft, unterstützten ihre Mutter bei der Ausarbeitung von Bildern und standen ihr in Fleiß in nichts nach. Mit Caspar Commelin, dem Leiter des Botanischen Gartens in Amsterdam, verband sie eine besondere Bekanntschaft. In seinem Refugium konnte sie malen, studieren, diskutieren.

Mit dem Malen und dem Verkauf von Blumen-, Vogeldarstellungen, Schmetterlingsbildern und speziell gemischten Farben, Malutensilien und Malunterricht für eine gut betuchte Kundschaft konnte sie sich mit Tochter Dorothea über Wasser halten. Ihre ältere Tochter Johanna befand sich ja schon unter der schützenden Haube ihres Ehemannes. Der Entschluss, nach Surinam zu reisen, um an Ort und Stelle mit ihren Studien fortzufahren, reifte mehr und mehr in Maria Sibylla heran, vor allem seitdem sich, durch den sich auftuenden Broterwerb über die »malende Kunst«, die Chance aufgetan hatte, Erspartes anwachsen zu lassen. Sie wollte in nicht allzu ferner Zeit in ihr gelobtes Land reisen, um weiterzuforschen und sich mit Leidenschaft der Forschung, Dokumentierung und Zuordnung der einmaligen Bewohner des Regenwaldes hingeben. Der Metamorphose der exotischen Schmetterlinge wollte sie ihr besonderes Augenmerk widmen, die aufgespürten Schätze ihrem feinsten Pergament künstlerisch anvertrauen. Für das geplante Buch »Die Insekten aus Surinam«, das nach seiner Fertigstellung *Metamorphosis Insectorum Surinamensium* benannt wurde, hatte sie für den Entwurf bereits eine plastische Vorstellung entwickelt. Acht Jahre Vorarbeit, Sparen, der Verkauf von Bildern und Equipment ... dann war es so weit. Jetzt schlug die Stunde null, und ein lange vorbereiteter und gereifter neuer Lebensabschnitt kam zum Tragen.

Die Tochter Johanna zeigte keinerlei Interesse, sich bei diesem Projekt einzubringen, sie war ja verheiratet. Bürgermeister Witsen versuchte die entschlossene Maria von ihrem, wie er fand, gefährlichen Vorhaben abzubringen und warnte sie vor gefährlichen Moskitos, den körperlichen Herausforderungen der geplanten Expeditionen in das Innere der Urwaldzonen, vor allem vor dem heißen feuchten Klima, das er nur mörderisch nannte. Er wusste durch die Erfahrung seiner Surinam-Reisen, wovon er sprach. Das große Problem der Sklaverei versuchte er gar nicht erst auf den Tisch zu bringen. Doch dann gab er auf.

»Diese Frau wird jetzt zusammen mit ihrer jüngsten Tochter Dorothea reisen, da geht kein Weg vorbei. Ich werde ihnen noch Briefe für den amtierenden Chef der Polizei und den neuen Gouverneur zu ihrem Schutze ausfertigen lassen. Außerdem leben die beiden Schwestern des ermordeten Gouverneurs noch auf der Farm Providentia am Surinam-Fluss. Dort können sie ebenfalls unterkommen«, beschwichtigte er die Ängste seiner Gattin, die um die Sicherheit der beiden alleinreisenden Abenteurerinnen bangte. Mittlerweile hatte sich tatsächlich Tochter Dorothea entschieden, ihrer Mutter bei diesem beschwerlichen Unterfangen zur Seite zu stehen. So wurde das aufregende Unternehmen von Bürgermeister Witsen noch mit einem großzügigen finanziellen Reisestipendium unterstützt, das sich vor seiner Gattin am besten nicht sehen lassen sollte. Dafür wollte ihn die Ausreißerin bei ihrer Rückkehr, die sie sich für fünf Jahre später ausgemalt hatte, für seinen Ausstellungs-Pavillon mit noch nie geschauten gesammelten Kostbarkeiten beglücken. Eine Höhe der Stipendiumssumme war bei den Recherchen nicht zu finden.

Wie gut es das Schicksal doch mit der mitreisenden einundzwanzigjährigen Tochter Dorothea gemeint hatte, denn gerade auf dieser Reise lernte Dorothea Maria den Chirurgen Philip Hendrik kennen und lieben, und er machte sie nach der glücklichen Rückkehr der beiden Frauen nach Amsterdam zu seiner Ehefrau.

3. STATION
Patiencya ist ein gut Kräuterlein
(Maria Sibylla Merian)

Liebe Leser, der Name Patiencya steht für Geduld, die nötig war, um Maria Sibylla wieder auf fest stehende Beine zu bringen, was der aufopfernden Pflege ihrer Tochter Dorothea zu verdanken war. Schon ging es in der unmittelbaren Umgebung von Paramaribo ausgestattet mit Schmetterlingsnetzen, Botanisiertrommel, vorbereiteten Kästchen für das zu erwartende Fanggut samt Farbkasten, auf Erkundung und Bergung der gefundenen Schätze, was von den holländischen Farmern der Zuckerrohrplantagen immer mehr mit Argwohn betrachtet wurde. Ihre angeblichen aufsehenerregenden Entdeckungen, wie der wunderschöne, bis jetzt unbekannte Tagfalter in Ultramarin, Grün und Purpur, mit Silberfäden durchzogen, der aus einer gelben Raupe schlüpfte, die mit braunem Kopf, rosa Streifen, bestückt mit vier schwarzen Stacheln und pinkfarbenen Beinen, zu überraschen wusste, interessierten jene einen feuchten Kehricht. Es war ihrer ungesunden Neugier nicht entgangen, dass die holzfarbene Puppe, die zu diesem Himmelsfalter gehörte, wie Maria Sibylla ihn begeistert nannte, ihr von einer afrikanischen Sklavin überbracht worden war.

Das gute Verhältnis zu dieser Sklavin und zu einer Indianerin des Aruak-Stammes, mit großem Wissen über Pflanzenmedizin, energetische Ernährung und schamanistische Rituale ausgestattet, beruhte bei allen drei Frauen auf Gegenseitigkeit. Wie man herausgefunden hat, nahm Maria Sibylla die Indianerin mit auf ihre spätere Heimreise nach Amsterdam. Diese naturkundige Frau, die sie in ihren Aufzeichnungen »meine Indianin« nannte, stand ihr bei der Ausarbeitung ihres Surinam-Metamorphosen-Buches mit Rat und Tat als Co-Autorin zur Seite.

Durch die menschenwürdige Behandlung, die Maria Sibylla den Sklaven, die ihr vom Plantagenbesitzer gegen Bezahlung überlassen wurden, angedeihen ließ, wurde das Verhältnis zu den Bauern und Zuckerrohrproduzenten Paramaribos immer mehr belastet. In den Hafenkneippen gossen sich, schon nach ein paar Monaten Aufenthalt, Spott und Häme über die zwei unbemannten Damen, die so gar nicht an den Zuckererträgen interessiert zu sein schienen. Auch für den Rum, den die Bauern exportierten, ein Produkt, auf das sie nicht nur mit Stolz herniederblickten, sondern dem sie auch selbst an den Wochenenden bis zur Bewusstlosigkeit frönten, zeigten die beiden Forscherinnen so gar kein Interesse. Auch an ihren männlichen, süßen Früchten schienen diese Frauen nicht die Bohne interessiert zu sein, was die Lage nicht besser machte.

Obwohl die Situation immer angespannter wurde, gingen die beiden vor Neugierde berstenden Forscherinnen, im Gespann mit den gemieteten Sklaven – ihrer wohl gekauften schwarzen Lieblingssklavin und ihrer zur Freundin gewordenen indianischen Frau –, im Konvoi auf Entdeckungsreise in den tieferen Teil des Urwaldes. Früh mussten sie aufstehen, um der großen Hitze zu entrinnen. Ein Teil der Pfade wurde erst nach beschwerlichem Freihacken begehbar gemacht. Neben den gesammelten Schmetterlingen, Raupen, Kokons, Käfern, kleinen Eidechsen und nie gesehenen Raritäten, die später zu Exponaten wurden, war auch die tägliche Ernte der Urwaldpflanzen zum weiteren Überleben der Vielfraß-Raupen unumgänglich. In Vielzahl warteten sie im Wohnhaus auf das zugehörige »tägliche Blatt«, das, wegen der besseren Haltbarkeit, oft gleich zusammen mit der Wurzel geborgen wurde.

Immer wieder ersteht das Innere des gepachteten Holzhäuschens, nach fast einem Jahr Aufenthalt von Mutter und Tochter, vor meinem inneren Auge. Ein Sammelsurium von aufgestapelten Kästen, mit Terpentinöl ausgestrichenen Spanschachteln, gefüllt mit den präparierten Tag- und Nachtfaltern, im Gespann mit Gläsern voll von Lurchen, Eidechsen, kleinen Schlangen, die sich ohne Wenn und Aber ein totes Leben lang dem Branntwein zu ergeben hatten, tut sich in meiner Imagination vor mir auf. Auch Spinnen, Käfer und Heuschrecken, die dieses Schicksal branntwein umflort teilen mussten, hatten ja einen Anspruch auf einen räumlichen Anteil bei ihrer Lagerung. Nun gab es da noch die Abteilung der lebenden gefräßigen Raupen und die Ruhegemächer der noch verpuppten Falter, in denen sie auf ihre Befreiung warten mussten. Verdrahtete Käfige, in denen die ausgeschlüpften Schmetterlinge bis zu ihrer Präparierung kleine Flüge absolvieren durften, hätte ich jetzt beinahe in meinem angedachten Ambiente ausgelassen. Maria Sibylla addierte auf ihrer Sammelliste sogar ein kleines Krokodilbaby, über dessen letzte Minuten mir auch heute wieder sorgenvolle Gedanken durch den Kopf kreiselten.

»Tja, die Wissenschaft forderte und fordert ihren Tribut, nicht nur damals bei hilflosen, auf den Rücken gelegten Insekten ohne Lobby«, tönte die sarkastische Stimme eines guten Freundes bei einem Blitzbesuch über meine Schulter, und das während meiner selbsterwählten Schreibklausur!

»Versuch du lieber, das leere Netz einzuholen, das du wieder und wieder für deine treulose Freundin, die dich mir nichts, dir nichts verlassen hat, auszulegen beliebst, und bring mich ja nicht runter von meiner Schreibeuphorie«, konterte ich mit lauem Gefühl im Magen.

»Ich hab mich kundig gemacht: Wie man liest, war Frau Merian eine Meisterin im Nadelstich durch das Köpflein, um die Schmetterlinge in einer reisetauglichen Katatonie auf den Weg nach Amsterdam und ins Jenseits zu versetzen. Wie verfuhr denn dann das selbsternannte weibliche Forscherteam mit den Eidechsen, Schlangen und den kleinen unschuldigen Fröschen? Da kann man ja nicht von einer artgerechten Tierhaltung sprechen«, zischelte er weiter, was ich mit freundlichem Hinauswurf, einem Glas selbst gemachter Holundermarmelade und einer Tafel Kokosmilch-Schokolade, in seine Jackentasche gesteckt, beantwortete.

Nach diesem Schlenker in mein aktuelles Hier und Jetzt anno 2015 darf ich Sie gleich wieder über den Ozean, zurück nach Paramaribo, in das Jahr 1700 geleiten, liebe Leser. Maria Sibylla und Tochter Dorothea hatten sich bereits bei ihrer Ankunft in Amsterdam mit der holländischen Landessprache vertraut gemacht. Hier kam nun »Nigger

English« dazu, so nannte man die Mixtur der kreolischen und englischen Sprache. Mit dieser Sprache hatten sich die beiden im ersten Jahr nach ihrer Ankunft in Surinam intensiv auseinandergesetzt, um die für sie so wichtige Kommunikation mit den Sklaven und den an ihrer Seite forschenden indianischen Ureinwohnern abwickeln zu können.

Nur durch die Protektion der Erben des ehemaligen Militärbefehlshabers Laurens Verboom, der bei einem Militäraufstand, ebenso wie der Gouverneur Sommelsdjik, von Mitgliedern der eigenen Truppe umgebracht wurde, war es in den letzten Monaten noch möglich, unbeschadet in Paramaribo zu verweilen. Maria Sibylla schlug die Warnungen der Familie Verboom in den Wind. Es gelang dann doch Tochter Dorothea und ihrer besten Freundin Laurentia Maria Verboom, der Vater-verwaisten Tochter der restlichen Verboom-Familie, die bislang uneinsichtige Forscherin zu überzeugen, ihrem Standort den Rücken zu kehren, um auf längere Sicht ihre existenzielle und persönliche Sicherheit zu gewährleisten.

Einen Großteil der gesammelten, schon archivierten Exponate, ihrer kostbaren Schätze der Natur, wie es Maria Sibylla nannte, durfte sie vor ihrer Abreise wohlverwahrt bei der Familie Verboom gelagert wissen. Jetzt war es an der Zeit, einer Einladung der beiden Sommelsdjik-Schwestern auf ihre große Zuckerrohrfarm Providentia Folge zu leisten, die nach einer Strecke von 65 Meilen, nur mit Paddelbooten der Indianer, dem Surinam-Fluss aufwärts folgend, zu erreichen war. Die Plantagenbesitzerinnen hatten kundige Indios des Aruak-Stammes angeheuert, die kontinuierlich die nicht gefahrlosen Bootstransporte von Waren und Personen nach Paramaribo und zurück abwickelten.

Mit zwei Booten machte man sich im April 1700, ein Jahr nach der Ankunft der Abenteurerinnen in Paramaribo, auf die nicht ungefährliche Reise zur Plantage Providentia. Die Farm hatte sich unter der Leitung der beiden Sommelsdjik-Schwestern mit der Gewinnung von Zucker- und Gummi-produkten aus Kautschuk, dem Export von Kokosnuss, Ko-kosöl und tropischen Früchten einen Namen gemacht. Auch die afrikanische Sklavin war gemeinsam mit Maria Sibyllas indianischer Beraterin, schon in Vorfreude auf eine verspro-chene gemeinsame Heimreise nach Amsterdam in vier ge-planten Jahren, mit bescheidenem Sack und Pack dem holz-stämmigen Begleitboot zugestiegen. Beide Boote wurden von erfahrenen Indios gepaddelt und navigiert. Die anstrengen-de Bootsfahrt, flussaufwärts durch unwegsames Urwald-gebiet, beschenkte Maria Sibylla und Dorothea mit bisher ungekannten Einblicken in die Flora- und Fauna-Welt des Dschungels. Von der Ansammlung einer rot befiederten, rie-sigen Flamingo-Sippe, die sich auf seichteren Seitenarmen ihre Nahrung suchte, und blühenden Vanillebäumen, die die Ufer säumten, wusste Maria Sibylla in ihrem Stundenbuch zu schwärmen. Die dichte Palmenansiedlung, nicht mehr weit vor dem Ziel, hatte sich eine nicht mehr zählbare, große Papageien-Horde zu eigen gemacht, um lauthals kreischend den Empfang der neuen Providentia-Bewohner gebührend zu feiern. Wie auf ein Kommando flogen sie plötzlich, schnat-ternd und lärmend, für einen frühabendlichen Rundflug himmelwärts. Das brachte jetzt wohl auch einige neugierige Familienmitglieder einer größeren Sippe von Totenkopfaffen auf den Plan, die auf den ausladenden Ästen einiger Man-grovenbäume, wie jeden Tag um die Zeit des Sonnenunter-gangs, ein paar Stunden Schlummerruhe gehalten hatten.

Da gab es einen heftigen Stoß, durch den die staunende Maria Sibylla beinahe über Bord gegangen wäre. Das Boot hatte sich in einer der riesigen Wurzeln eines Baumes verfangen, die über die Regenzeit von Wasser bedeckt und daher nicht sichtbar waren. Dem vorausfahrenden Boot schien soeben ein quertreibender Affenbrotbaum die Weiterfahrt zu erschweren. Da galt es jetzt für die Führer, Lösungen zu finden, zumal es Krokodile vorzogen, die höhlenartigen, ausladenden Wurzelwerke der Mangrovenbäume für ihre Rückzugsdomizile zu beschlagnahmen. Gelassen umschifften die verantwortlichen Kapitäne mit ihren Booten die gefahrvolle Zone, in der sich schon eine schimmelige Krokodil-Spähernase abwartend in Position gebracht hatte. Weniger gelassen reagierten die anfangs neugierig von Ast zu Ast mitschwingenden Affen, als sie anscheinend plötzlich die Führer der Boote als konstante Jäger ihrer Spezies ausmachten. Hurtig begaben sie sich, unter dem Ausstoß von schrillsten Warnlauten, auf den Rückzug. Schon einige Mitglieder dieser Affenfamilien hatten die Aruak-Indios das Zeitliche segnen lassen, bis man sie, als logische Konsequenz dieser Handlung, einige Zeit später auf einem selbstgebauten Hausgrill wiederfinden konnte. Auch für die in das Innere des Urwaldes geflüchteten Afrikaner, die späteren Buschneger, wie man diese Mitglieder der dunkelhäutigen Maroons-Gruppe benannte, stellten die kleineren Affenarten, wie auch Kapuzineraffen, gegrillt eine bevorzugte Delikatesse dar.

Den Rückweg flussabwärts würden die Indios auch dieses Mal, beladen mit Zucker, Rum und Kokosöl, das in kleineren Mengen von holländischen Siedlern bestellt worden war, vielleicht auch mit Personenfracht zu bewerkstelligen haben. Trau, schau, wem, von einer Affenfamilie war auf dem restlichen Wege nichts mehr zu vermelden. Alle hatten sich, durch Gefahrensignale gewarnt, in Sicherheit gebracht.

Mit kräftigen Paddelschlägen brachten die Indios die Boote nach fast sechzig bezwungenen Meilen in die letzte Phase der beschwerlichen Reise bei Regenzeit. Durch einen mit Seerosen besetzten Kanal – alten Gemälden oft auszumachen – gelangte man nun endlich zum herbeigesehnten Anlegeplatz vor dem Hauptportal des eindrucksvollen Herrenhauses der Plantage, das von einer blühenden Hibiskushecke, im Halbkreis angelegt, eingesäumt wurde. Hier spürte man das Gestalten einer weiblichen Seele.

Mit großer Freude wurden die bei der Providentia-Verwaltung in Diensten stehenden Indios, die Frauen sowie Maria Sibyllas männlicher Sklave von den Eigentümerinnen begrüßt. Dem vierblättrigen Frauenkleeblatt wurde ein schon möbliertes, weiß gestrichenes Holzhaus zugewiesen, der männliche Sklave bekam ein eigenes Zimmer im Wohnbereich der vielen kleinen Häuser am Ufer des Flusses, die ausschließlich als Unterkünfte für die bereits ansässigen Sklaven und die in Arbeitsfron stehenden Indios dienten. Hier auf der Farm konnten die Frauen in ruhigeren Gefilden arbeiten. Bei ihren Sammeltouren begleitet wurden die Forscherinnen, die ja mit der kundigen Indianin und der eigenen, ergebenen afrikanischen Sklavin auf eine große Unterstützung bauen konnten, von Stammesbrüdern der bootstüchtigen Indios versorgt. Es gab Fisch, der mit Zitronensaft und Gewürzen nur in der Sonne gedünstet wurde. Dazu wurde Brot aus der Cassave-Pflanze gereicht, in Kombination mit aufgeschnittenen Eischeiben von unbefruchteten Eiern, die man einer Eidechse abgeluchst, in eine Kiste mit Sand gesteckt und von der Beiköchin Frau Sonne gleich mit abkochen gelassen hatte. Auf einem kleinen Grill warteten eiweißhaltige Maden auf ihre Abnehmer, die aber bei den Damen aus Europa, außer einigen höflichen Probierbissen, keinen Abnehmer verzeichnen konnten. Mit den Papaya-Früchten wurde das Mahl, neben der Beigabe eines durstlöschenden Hibiskustees, mit Zitronensaft und einem einheimischen Blütenhonig vermischt, abgeschlossen. Das Mahl fand natürlich neben dem Grillplatz, unter einem Dach aus Palmenblättern, im Freien statt. Die stammesälteste zahnlose Großmutter war gerade noch dabei, eine Maniokwurzel zu zerkleinern, um sie danach in einem ausladenden Mörser in einen Brei zu verwandeln, der mit dem Cassave-Brot aufgetunkt werden konnte und zum Ende der Mahlzeit aufgetischt wurde, um die Verdauung zu erleichtern.

Ein Teil des Maniok-Muses ging in einen Kanister, wo der berüchtigte Maniok-Zaubertrank durch Gärung für das nächste Tribal-Ritual vorbereitet werden sollte. Die Aruak-Indianerinnen der Sippe hatten aus Baumwollbändern Hängematten geflochten, in denen die männlichen Konsorten, in ungebeichteten Maniok-Träumen – man hatte schon einmal vorgekostet – wortkarg baumelten.

»Meine Raupen hängen genauso wie diese Indianermänner in den Hängematten, aus denen sie nie mehr herauskommen«, bemerkte Maria Sibylla ironisch, auf ihrem dreibeinigen Schemel balancierend, und nahm dankend das Geschenk eines kleinen Kanisters mit Ölbaumöl in Empfang. Ihre Freundin und Begleiterin, selbst eine Aruak-Indianerin, wie wir wissen, übersetzte während dieses Aufenthalts.

»Die Samen des Ölbaumes werden von uns ausgekocht, das ausgetriebene Öl wird von der Wasseroberfläche abgeschöpft, um damit offene Wunden, Ekzeme und Verbrennungen zu heilen. Du kannst es auch zur Auffüllung deiner Öllampe benützen, es brennt und hüllt den Raum segnend ein, Maria Sibylla. Die grünen Blätter des Ölbaumes kannst du auch als Abführmittel benützen, die grünen Bananenblätter legen wir auf frische Bisswunden zur besseren Heilung, außerdem bringen sie der malträtierten Haut angenehme Kühlung«, übermittelte die Indianin mit leuchtenden Augen.

Auch Tochter Dorothea erhielt die Antwort auf die schon lange brennende Frage, woraus die rote Farbe der indianischen Körperbemalungen bestehe. »Es sind die Samen des Rocu-Baumes, die ins Wasser gelegt werden. Die eingebettete rote Farbe, die sich auf dem Boden eines Gefäßes sammelt, wird befreit, das Wasser wird langsam abgegossen und die Farbe getrocknet. Für die schwarzen Farben werden Tabrouba-Früchte ausgepresst und in die Sonne gestellt, bis sich eine schwarze Farbe einstellt, die dann ornamental auf unsere Körper aufgetragen wird«, wurde die Indianin nicht müde, auch Dorotheas Interessen zufriedenstellend zu stillen.

Ein bisher nicht gekanntes Rezept nimmt Maria Sibylla mit auf die Weiterreise nach Providentia. »Dieser Saft tötet, vorsichtig aufgetragen, sogar Fliegenmaden, die sich durch ihre Eier unter der Haut eingenistet haben«, zelebriert Aruak-Grandma plastisch die Anwendung und kippt sich einen kräftigen Schwupp des ausgepressten Tabrouba-Saftes, der sich auch den Weg über ihre Wangen sucht, auf das schüttere Haupt. Aufgeregt versucht ihre Tochter, unter dem Gelächter der Kinder, die Farbe mit einem Ölsamenöl zu entfernen, denn diese Farbe geht, für mindestens eine Woche, eine nicht mehr abzuwischende Verbindung mit der Haut ein. Den verbliebenen Rest der Flasche erhält die afrikanische Sklavin, unter deren Kopfhaut es für das angepriesene naturale Medikament mit Tücken einiges zu erledigen gibt. Maria Sibylla beschloss nach diesem eindrucksvollen Treffen mit der Aruak-Familie, auf einem weiteren Studienbesuch nicht nur den liebenswerten Kindern der Sippe durch persönliche Geschenke Ehre zu erweisen. Sie würde sich hinfort nicht nur für die Metamorphosen der Schmetterlinge, Informationen über Pflanzen und Insekten, sondern auch für die Zubereitung der exotischen Speisen und die Kultivierung der tropischen Pflanzen, mit ihrer Verwendung als Heilmittel, durch gezielte Befragung der Indianer und afrikanischen Sklaven interessieren. »Zuerst meinem Stundenbuch wie so vieles anvertraut, werde ich, zurück in Amsterdam, diese Erkenntnisse durch Veröffentlichung den Menschen zu ihrem Heile zugänglich machen«, spricht sie leise vor sich hin, während sie gerade dabei ist, auf der sonnengeschützten Terrasse ihres neuen Lebensrefugiums eine Skizzen-Abfolge von Ei, Raupe, Puppe, Falter ihres gerade ausgeschlüpften *Jatropha*-Edelfalters zu zelebrieren.

Maria Sibylla Merian malte die Lebenszyklen der Schmetterlinge eingebettet in ihre pflanzlichen Welten. Ihre Studien über die Metamorphosen der Schmetterlinge zeigen, dass Tod nicht gleichbedeutend sein muss mit der Auslöschung aller Existenz, dass die Dinge einem ständigen Wandel unterworfen sind, einem Wechsel zwischen Sterben und Wiedergeburt, der Leben auf Dauer erst möglich macht.

Auf der Providentia-Plantage ging das Leben seinen Gang. Es wurde mit Unterstützung von Dorothea, der Indianin, der Sklaven und Indios gesammelt, entdeckt, gemalt, geschrieben. Die Sklaven der Plantage brachten Würmer und Leuchtkäfer als Geschenk, tauchten für die Forscherinnen nach seltenen Muscheln und Meerestieren, übertrugen ihre Geheimnisse bezüglich der *Senna-* und der *Flos pavonis-* Pflanze auf die wissenshungrigen Frauen, weihten sie ein in afrikanische und indianische Zeremonien der rituellen Stammesgewohnheiten. Hier auf der Sommelsdjik-Farm hatte man die Sklaven mit dem Brandzeichen ihres Besitzers gekennzeichnet, und sie wurden bei der geringsten Verfehlung bestraft, auch wenn die Schwestern sich der schlimmsten Foltermethoden enthielten. Maria Sibylla bemühte sich, alle Sklaven, die ihr dort begegneten oder mit denen sie arbeitete, mit großem Respekt zu behandeln. Ihre eigenen Sklaven gruben Pflanzen aus und schlugen Wege frei, um besser in die Tiefe des Regenwaldes vordringen zu können. Und die Ausbeute war heute wieder groß. Vom gelb-orangeweißen Aurorafalter über den weiß-braun-schwarz gemusterten *Caligo teucer* hin zum braun-gelb-blauen *Catagramma mionina*, einem seltenen Bläuling, von zig Raupen, die sich, noch nicht identifiziert, hungrig in Gläsern umringelten, über schillernde Käfer in allen Größen, Exemplare von giftgrünen Peitschenschlangen bis zu purpurfarbenen Meeresschnecken und behaarten Vogelspinnen – heute schien es einen Erntedanktag der besonderen Art zu geben, als sich zwei Moskito-Indianer, ihrer Purpurschnecken-Beute beraubt, auf Rachefeldzug begaben.

Stich eins und Stich zwei wurden von der Indianin sogleich mit dem Saft der Baumwollblattwurzel beträufelt, doch der

Angriff der beiden Moskitos sollte das Lebensrad Maria Sibylla Merians und der ihr anvertrauten Frauen schon bald um 180 Grad drehen!

4. STATION
Viele wunderlich rare Sachen, die noch nie ans Licht gekommen
(Maria Sibylla Merian)

Das war ein Andrang im Amsterdamer Stadthaus, dessen Räume sich, in den nebeligen Novembertagen des Jahres 1701, mit Wonne für eine spektakuläre Ausstellung zur Verfügung gestellt hatten. Die Menschen strömten in Scharen, Bürgermeister und Mentor Nicolaas Witsen präsentierte stolz die Schätze, die seine verehrte Künstlerin Maria Sibylla Merian, unterstützt von Tochter Dorothea, bei ihrer Rückkehr im September aus dem fernen Surinam mitgebracht hatte. Auf den Zeichnungen tummelten sich Schnecken, Krebsarten, Seeigel und Seesterne in Konkurrenz mit Kakerlaken, fliegenden Ameisen und Vogelspinnen, die sich als Interessengemeinschaft das Ambiente eines Guajave-Baumes teilen. Man entdeckte z.B. die Darstellung eines jungen Alligators im Kampf mit einer rot-schwarz getigerten Korallenschlange und einer Vogelspinne im Siegeszug über einen kleinen Kolibri-Vogel, den sie wohl bis auf das letzte Tröpfchen Blut zu berauben gedachte. Schlange, Alligator, Kolibri und Vogelspinne! Die zugeordneten Exponate der dargestellten Tiere waren, im Zustand ihres ausgehauchten Lebensodems, ebenfalls zu bestaunen, was so

247

manchen Besucherrücken nie gekannte Schauer bescherte. Für eine Vielfalt von präparierten Raupen gab es keine Pflanzen und für die zugeordneten Schmetterlingen keinen Nektar mehr. In einer nie gesehenen Einmaligkeit gaben sie sich, aufgespießt in lackierten Glaskästen, dokumentiert in herrlich satten Farben, den erstaunten Augen der Besucher preis. Da entdeckte man den manioksüchtigen beige-braun gezeichneten »Schwärmer« in Kompanie mit einer Buckelzirpe, den dunkelbraunen, mit weißen und schwarzen Linien beschenkten Augenspinner-Falter, samt zugeordneter Raupen-Familie, plündernd auf einem Korallenbaum. Der in den Zweigen des Mombin-Strauches beheimatete Blaufee-Falter, zusammen mit dem blau-braun gezeichneten *Caligo*-Exemplar, eines ihrer Lieblings-Sommervögelein, labte sich am Nektar der Blüte, während sich seine Raupen an den Blättern der Pflanze gütlich taten. »Aus den Eintragungen in ihrem Surinam-Stundenbuch ist zu entnehmen, dass es ihr nicht gelang, die Eingeborenen ihres Surinam-Umkreises vom Nährwert der Mombin-Pflaume zu überzeugen«, tönte die sanfte Stimme Dorotheas aus einem Nebenraum, der den Käfern und kleineren Insekten-Exponaten, wie z.B. Heuschrecken, Kakerlaken, Wanzen und Zikaden, zugeordnet war. Hier gab es auch einige präparierte Fledermaus-Objekte, Hauptfeinde der singenden Zikaden, zu bestaunen. Neben ihrer agilen Mutter hatte sich Dorothea, die sich Anfang Dezember mit dem Dr. Philip Hendriks verehelichen sollte, mit rot angehauchten Wangen, redegewandt zu Führungen für eine heiß interessierte Gästeschar bereit erklärt. Herr Doktor, ein Chirurg aus Heidelberg, ebenfalls Gast auf dem Kauffahrtsschiff »Frieden«, hatte das Herz der Tochter auf der dreimonatigen Rückfahrt von

Surinam nach Holland berührt und nach der gemeinsamen Fürsorge, die man der geschwächten Mutter nach der Gelbfieber-Erkrankung angedeihen ließ, im Sturm erobert. Jetzt präsentierte die strahlende Tochter schillernde große Käfer mit ornamentalen Zeichnungen, wie den einmaligen Harlekinbock, den kulinarischen Begleiter des Zitronenbaumes, und einen bizarren Mondhornkäfer mit schwarzem Geweih und Flügeln, auf einen braunen, kräftigen Körper montiert, buhlend um die Gunst der zahlreichen Betrachter. Diese Runde schien heute der seltene »Prachtkäfer«, von seinem Schöpfer mit leuchtend grün-rotem Panzer und einer markierten roten Augenpartie ausgestattet, einzuheimsen. Doch halt, einen hätte sie jetzt bald übersehen. Da präsentierte sich noch die akribische Zeichnung einer ungewöhnlichen Rarität. Der sagenumwobene »Laternenträger«, der sich zwischen in Branntwein eingelegten Spezies, wie einem grau geschuppten jungen Gecko-Weibchen, von einem unausgebrüteten Ei flankiert, einem grünfarbigen Leguan, von Baum- und Mussurana-Schlangen eingesäumt, mit seinem kleinen Krokodilantlitz und dem beflaumten, des Nachts phosphoreszierend leuchtenden Falter-Körper mehr als behauptete. »Meine Damen und Herren, Sie sollten wissen, dass die afrikanischen Sklaven in diesen Käfern Seelenanteile von ihren zu Tode gekommenen Leidensbrüdern und -schwestern auf dem Wege zu ihrer neuen Wiedergeburtsstätte zu spüren gedachten und diese Laternenträger-Arten auch deshalb mit großer Ehrfurcht betrachteten«, drang Dorotheas Führungsdialog an Maria Sibyllas Ohr, die sich zur gleichen Zeit an der Seite ihres Bürgermeisters befand, der von der aufgeräumten Stimmung und Begeisterung seiner Gäste nur strahlend profitierte. Durch den großen Erfolg dieser Ausstellung brauchte er die finanzielle Unterstützung für die verehrte Forscherin nicht länger vor seiner Gattin zu vertuschen. Gerade befand sich unsere heil Heimgekehrte, innerlich zitternd ob der Anstrengung, inmitten einer großen Menschenschar vor dem später auf Kupferplatte gestochenen Bild der Tafel 38, das die Baumwoll-Pflanze *Jatropha*, mit ihren wundheilenden Blättern und ihrer entgiftenden Wurzel darstellte. Von den Aruak-und Tiriyo-Indianern wurde diese Wurzel als geheimes Heilmittel bei giftigen Schlangenbissen und Moskitostichen eingesetzt. »Betrachten Sie diesen traumhaft schönen Tagfalter, Herr Witsen, von dem ich Ihnen ein besonders schönes Exemplar als Geschenk für Ihre private Sammlung mitgebracht habe. Dieser imposante Große Antäusschwärmer, lateinisch *Cocytius antaeus Drury* bezeichnet, mit dieser, wie in feinster Handgravur der Natur hergestellten, schwarz-weißen Zeichnung, in orangene Farbflächen eingebettet und mit gelb-roten, langen Fühlern ausgestattet, hat die Baumwoll-Pflanze, mitsamt seinen riesigen Raupen im Vorstadium, zu seinem Refugium erklärt«, berichtete Maria Sibylla ihrem Förderer, selbst Sammler und Forschender. Ihr künstlerisches Schaffen, ihr couragiertes Engagement als Malerin und Wissenschaftlerin hatte er von Anfang an bewundert. Unter einem präparierten Augenschmaus, einem rot gefiederten Ibis, einer surinamischen Flamingo-Spezies, nahm die jetzt schon wirklich ermattete Maria Sibylla an der Seite ihres begeisterten Bürgermeisters ihren Ruheplatz an einem runden Tisch für eine verdiente Kaffeepause ein. Hier hatten auch Laurentia Verboom, die in Amsterdam, zusammen mit der Indianin, bei Verwandten untergekommen war, und die, durch Maria Sibylla zwar offiziell vom Sklaventum befreite, aber immer noch in ihren Diensten stehende Afrikanerin Platz genommen.

Es gelang mir auch durch intensivste Recherchen nicht, die Namen der beiden mitgebrachten Frauen auszumachen, in den Stundenbüchern der Malerin war dahingehend kein Eintrag ausfindig zu machen. Der Historikerin Natalie Zemon Davis ist es nach jahrelangen Nachforschungen überhaupt erst gelungen, die beiden von Maria Sibylla eingeladenen weiblichen Passagiere aufzuspüren und die Zugehörigkeit der Indianin zu ihrem Aruak-Stamm dingfest zu machen.

Natalie lebt heute in Toronto und hat neben der Autorin Charlotte Kerner die Lebensgeschichte von Maria Sibylla von einem feministischen Aspekt her in Augenschein genommen. Gleich kehren wir wieder in das Jahr 1701 an unsere illustre Tischrunde in Amsterdam zurück, zu der sich jetzt noch Dorothea mit ihrem Mann Philip zugesellt hatte. »Ich war im Frühjahr 1701, nach gleichzeitig zwei schmerzhaften Moskitostichen, für fast zwei Wochen in ein schweres Fieberdelirium gefallen, das sich mit schrecklichen Kopfschmerzen angekündigt hatte. Dann bekam ich einen nicht enden wollenden Blutsturz, den ich beinahe mit dem Tod hätte bezahlen müssen. Meine Tochter wachte damals zusammen mit meiner Sklavin und meiner indianischen Herzensfreundin Tag und Nacht an meinem Krankenlager. Meine Gesichtsfarbe und das Weiße in meinen Augen wurden gelbquittig, das Fieber stieg, fiel immer wieder etwas zurück, stieg am Abend wieder in schwindelnde Höhen, was den zu Rate gezogenen Hausarzt der Familie Sommelsdjik dazu veranlasste, mich aufzugeben. Nicht so meine Indianin. Sie braute einen Teeaufguss aus Wurzeln und Blättern des Baumwoll-Strauches, mit denen die Indios giftige Schlangenbisse zu behandeln pflegten, und versetzte diese Essenz noch mit einer salicylsäurehaltigen Weidenrinde, die eine Senkung des Fiebers bewirken sollte, was nach endlos scheinenden Tagen dann auch geschah. Die feuchten Wickel an den Füßen und über den ganzen Körper, die mir meine Tochter, unter der Assistenz der Indianin zukommen ließ, taten ein Übriges. Das führte zur unabänderlichen Entscheidung, die Heimreise mit dem nächstmöglichen Schiff verfrüht anzutreten. Die fünf geplanten Jahre konnte ich nun abschreiben, so machten wir uns schon nach zwei Jahren auf die Heimreise. Schlingernd durch ein Sturmgebiet, Luft-Mief in den Kabinen, meine oft Koma-artigen Erschöpfungszustände, Magenbeschwerden und traktierende, hämmernde Kopfschmerzen, aber wir vier Frauen standen unseren Mann. Ich lag ja mehr meinen Mann, doch mit Gottes Hilfe standen wir im seelischen und körperlichen Zusammenhalt diese schwere Reise durch«, hatte die Heimkehrerin schaudernd ihren Rückblick beendet, die kleine frierende Hand unter der männlichen Beschützerhand des Bürgermeisters versteckt.

»Wie fühlt ihr euch im Haus der Kerkestraat, das ihr Haus zum Rosenzweig genannt habt? Wie bin ich erleichtert, dass ich dieses städtische Anwesen, samt Werkstatt, Lagerräumen, mit genug Zimmern, nach der glücklichen Ankunft im September jetzt für euch und eure Afrikanerin ergattern konnte. Nun kann geheiratet werden, Dorothea, da gibt's Platz für viele Kinder, und meine Galeria Insectorum vegetiert auch nicht mehr alleine in dem Haus vor sich hin«, stellte er mit freudiger Stimme in den Raum. Das Schicksal von Maria Sibylla, die er seit ihrer Rückkehr sogar duzen durfte, ging ihm sehr nahe und das schon seit ihrer ersten Ankunft in Amsterdam. Auch er hegte ein großes Interesse an der ethnografischen Beobachtung der sich entwickelnden Gesellschaft, verurteilte die Menschenrechtsverletzungen in den holländischen Kolonien. Auch Nicolaas Witsen interessierte sich brennend für die Fauna des Regenwaldes, teilte brüderlich die Leidenschaft Maria Sibyllas für den Kosmos der tropischen Natur, ihrer unauflöslichen Zusammenhänge und Wechselbeziehungen im Rahmen einer neuentdeckten Ökologie. Durch die gemeinsame Begeisterung für die Metamorphosen der Schmetterlinge, ihren Reifeprozess durch eine ständige Verwandlung innerhalb der endlosen Kette von Tod und Wiedergeburt, von flintenbestückten Ratskollegen milde belächelt, war ihm diese lebenstüchtige, geistvolle Frau vertraut wie eine Seelenschwester.

Das war beim besten Willen von seiner Angetrauten nicht abzuverlangen, die seiner passionierten, wertvollen Sammlung, die er auf längeren Reisen in Südamerika zusammengetragen, auf Sammlerbörsen eingetauscht und erworben hatte, eine Bewunderung und einen stummen Aufenthalt in den Privaträumen bis dato strikt verweigert hatte. Blass und müde war Maria Sibylla, von den Strapazen der Krankheit, der anstrengenden Reise, des Einzugs in die Kerkestraat kombiniert mit der intensiven Vorbereitung und Ausstattung der aktuellen Ausstellung deutlich gezeichnet. So schlug die Indianin vor, die erschöpfte Maria Sibylla in ihr neues Domizil, das diese sich mit ihrer afrikanischen Dienerin und dem verlobten Paar Dorothea und Philip teilte, zu begleiten. Hier wäre noch genügend Platz für sie vorhanden gewesen, doch nach der gemeinsamen Ankunft in Amsterdam war das Verhältnis zu Maria Sibylla merklich abgekühlt, was in ihren Augen mit dem Einfluss von Tochter Dorothea zu tun hatte. Die Merian, wie sie ihre alte Freundin jetzt zu nennen pflegte, hatte ihr nämlich für Pflanzen- und Insektenbeschaffung, Beratung und textliche Mitarbeit an ihrem geplanten surinamischen Meisterwerk das Tragen der Schiffsreisekosten, eine spätere Namensnennung und angemessene Honorierung versprochen, das alles nur per Handschlag.

Die Indianin war bei Laurentia Verboom mit untergekommen, arbeitete als schamanistische Beraterin und hatte sich wohl den attraktiven holländischen Vetter von Laurentia an Land gezogen, dann verlaufen sich ihre Spuren im Stundenbuch von Maria Sibyllas Lebensweg.

Johanna hatte ihre Mutter vor ein paar Tagen von einem länger geplanten Aufenthalt in Surinam, der durch die Geschäftsbeziehungen ihres Mannes mit Guyana nötig wurde, in Kenntnis gesetzt. Die Schiffsreise sollte schon in den ersten Januartagen des Jahres 1702 angetreten werden. Johanna plante, ihre Mutter später, von Surinam aus, mit Präparaten und Exponaten von Tieren aus der Urwaldzone zu versorgen.

Jetzt lag es an dem Engagement von Maria Sibylla, mithilfe ihrer guten Geister daranzugehen, die große Umsetzung ihres lange geplanten Werkes *Metamorphosis Insectorum Surinamensium* mit sechzig geplanten Tafeln, die alle vor ihrer Ausmalung zuerst in Kupfer gestochen werden sollten, auf feste Beine zu stellen.

Um eine Basis für ihr benötigtes Arbeitsmaterial zu erlangen, ging die Künstlerin jetzt daran, ihre Surinam-Präparate zu veräußern und anstrengende Auftragsarbeiten anzunehmen. Dann war es nach zwei arbeitsreichen Jahren an der Zeit, ihre eigenen Ersparnisse wieder für ein leidenschaftliches Projekt zum Einsatz zu bringen. In Surinam hatte sie ihre Vorlagen für die geplanten Seiten schon als Skizzen entworfen, die Stundenbücher beherbergten schon gefertigte Texte und deren genaue Zuordnung. Nun musste sie erst einmal für die Kupferstiche ihres geplanten Werks mit sechzig Farbtafeln aufwarten, deren Skizzen sie schon in Surinam entworfen hatte. Diese Skizzen werden im Aquarell-Stil auf Folien gemalt und dienen dann eins zu eins zur Vorlage der Kupferstiche, die dann wiederum von Hand koloriert werden, so hat es mir ein guter malender Freund erklärt. Wichtig für die spätere optimale Qualität der Bildwerke ist auch die Qualität des Papiers. Man liest in ihren Aufzeichnungen, dass sie Kupferstecher beschäftigte, die ihr bei der Ausarbeitung der benötigten Stiche zur Hand gegangen sind. Im April des Jahres 1705 präsentierte sich das fertige Werk *Metamorphosis Insectorum Surinamensium* in holländischer und lateinischer Sprache dem begeisterten Betrachter meisterlich und brillant. Sie überraschte mit einer Fülle von akribischen Metamorphosen der Schmetterlings- und Insektenarten, schenkt ihren Lesern Informationen über die Zubereitung der Pflanzenrezepte, die als Heilmittel von den Indios oder den Maroons von Generation zu Generation übermittelt wurden. Auch die Zubereitungen der fremdländischen Speisen wurden von Maria Sibylla hinterfragt und dann in ihren Stundenbüchern für die spätere Publikation zwischengelagert. Sie sparte auch nicht mit Ratschlägen über die Pflege und Veredelung der Pflanzen, die sie neben den Menschen ihres Landes auch an die Einwohner Surinams weiterzuleiten gedachte. Auch aus dem ethnologischen Blickwinkel heraus hat sie ihre Erkenntnisse durch fürsorgliche Beobachtungen geschöpft und diesem wunderbaren Buch anvertraut.

Es gibt eine holländische und eine lateinische Ausgabe, bei deren Übersetzung Dr. Commelin, der Direktor des Botanischen Gartens Amsterdams, einige Wörter mitzureden beliebte. Wie man nachlesen kann, kam es nicht zu einer deutschsprachigen Ausgabe, da sich nur ein Dutzend Personen für diese Ausführung interessiert zu haben schienen.

Das Essen sorgfältig zubereiten, denn jede Zutat ist kostbar.

Liebe Leser, ich habe Sie auf unserer Reiseroute schon einmal auf die Insel Puerto Rico gelockt und Ihnen von den verholzten Pflanzenzweigen berichtet, die ich mit meiner Gartenschere aus ihrem Dornröschenschlaf befreien durfte. Nach nur ein paar Tagen konnten sich meine Augen kaum mehr sattsehen an den blühenden Oleander-, Jasmin- und Hibiskusbüschen, die schon in der Gefolgschaft von Malven, Passionsblumen und kurzfristig erblühten Orangen- und Zitronenbäumen, um die Wette duftend, von aufgerufenen Lichtquellen freudig in Empfang genommen wurden. Schon der erstfolgende Wolkenbruch hatte, nach meinem chirurgischen Eingriff, ein großes Quantum der exotischen Pflanzen des jahrelang vernachlässigten Gartens aus ihren Gefängnissen befreit, worauf sie sich mit einer explosionsartig ausgetriebenen Blütenpracht zu bedanken wussten. Schon hatte sich Mae, die im afrikanischen Ghana geborene und in Puerto Rico gestrandete Lebensgefährtin des indianischen Hausverwalters Miguel, den Sie ja schon kennenlernen durften, einen kleinen Tragekorb mit Hibiskusblüten gepflückt.

Neben dem, unsere Nasen schon mit anregenden Düften bezirzenden ghanaischen »Chakalaka«-Eintopf würde uns Mae aus den Blüten zum Ausklang ihres Dinners einen aromatischen Tee zaubern. Ob mein Freund Ulrich, Hausbesitzer und Lebenskünstler der dritten Art, dem mit so viel Liebe zubereiteten Mahl Folge leisten würde, stand ein paar Stunden vor dem zu erwartenden Gaumengenuss noch immer in den Sternen. Am helllichten Nachmittag hatte er ein Pina-Colada-Mixgetränk der Marke »Something special« mit durstigen Schlucken zu sich genommen. Der Verkäufer des abenteuerlich in Szene gesetzten Kiosks offerierte diesen Willkommenstrunk aufs Haus auch der »Lady from Germany«, was von mir zum Glück radikal abgelehnt worden war. »Lovely service for lovely tourists«, flötete ein schwarz gelockter junger Puertoricaner bei der Darreichung des geheimnisvollen Bechers, nach dessen Genuss mein Freund sofort das Bewusstsein verlor, aber dafür Bekanntschaft mit dem Boden machte. Ulrichs ordentlich gefüllte Brieftasche befand sich, in Gefolgschaft mit Passport, Führerschein und Kreditkarten, noch an Ort und Stelle, wovon die leer geräumten Taschen der Schicksalsgenossen, die in größerer Anzahl das ausgetretene Pflaster der Hafenstraße belegten, nur noch träumen konnten. Ich hatte die umherliegenden Menschen, meistens Touristen, in meiner Arglosigkeit als rumgeschädigte Alkoholleichen eingestuft. Eine herbeieilende Polizei-Miliz verhinderte nach dem Anschlag durch die verordnete K.-o.-Kräutermedizin einen der üblichen Übergriffe der Kiosk-Gang und brachte mich und den bewusstseinsgetrübten Freund, samt lädiertem Fußgelenk, bis zum sicheren Vorgarten seines Anwesens. Nun war es an Hausmeister Miguel, seinen ausgeknockten

»Chief« auf die altgediente Ledercouch zu hieven und aus seinem angelegten Kakteen-Steingarten einen schwarzen Granitstein als »medical assistent« vorzustellen, der bei Anfrage wohl einige Unfallberichte auf Lager gehabt hätte. Miguel setzte Ulrichs verletzten Fuß auf den Stein, umwickelte ihn mit frischen Blättern eines Bananenbaums, beträufelte diese mit Öltropfen, die seine Lebensgefährtin Mae aus dem Extrakt der Teufelskralle gewonnen hatte. Die Knöchelzone wurde noch einmal mit einem Ledernetz umwickelt und stabilisiert, bevor es an der Zeit für einen Zauberspruch aus den Archiven seines Tipiyo-Stammes war, mit dem er sich, obwohl Tausende von Kilometern entfernt, immer noch tief verbunden fühlte.

Und Miguel sprach:
»Großer Fuß, ich stelle dich auf einen harten Stein. Ich habe Klage an deinem Bein, ich habe Klage an deinem Blut, welches dir so wehe tut. Es sei weiß oder schwarz, dann rotgrau, dann rot. In drei Tagen sei es tot.«
Drei Mal.

Miguel zog danach fürsorglich die Vorhänge des Raumes zu, hängte einen großen Vogelfederbund in den Türrahmen seines Anbefohlenen. Eine undefinierbare Felldecke sollte sein Sorgenkind schützen und wärmen, dessen mentale Balance nach den K.-o.-Tropfen immer noch außer Kraft gesetzt schien. Mae, Köchin aus Leidenschaft, hatte schon ein paar Mal an den Essenstisch gerufen, um unsere Mägen mit einem afrikanischen Erdnussragout, das seit Jahrhunderten den mir wohlbekannten Namen Chakalaka trug, zu verwöhnen. Erinnern Sie sich noch an die Umbenennung mei-

ner geplanten »Pesuada Armen-Suppe« in den afrikanischen Namen »Chakalaka«, die bei den Dreharbeiten in der kalifornischen Wüste stattfand, liebe Leser?
Heute bekamen wir von Mae das herrlich duftende Originalgericht aus Afrika vorgesetzt.

Chakalaka di Ghana

Für 4 Personen

2 junge Hähnchen kompletto
1 ½ l Wasser
Salz, Pfeffer
1 ½ Tassen Erdnüsse, salzlos, gerieben
2 Zwiebeln, klein geschnitten
2 Auberginen, geschält und geschnitten
2 Kartoffeln, in Würfel geschnitten
½ TL Kardamom
½ TL Kreuzkümmel
½ TL Zimt
30 g Butter
4 EL indische Minze, gehackt
4 Tassen gekochter Reis
4 Eier

Mae zerteilte das Hähnchen und löste die Knochen aus. Dann wurden die zerlegten Hühnerteile, Hühnerschenkel und -flügel blieben ganz, in einem hohen Topf mit 1 ½ Liter Wasser, einer Prise Salz und Pfeffer für ca. eine halbe Stunde leise geköchelt. Die Hühnerteile wurden herausgenommen und zum Zerteilen zur Seite gelegt. Jetzt kamen die zerkleinerten Erdnüsse, die vorbereiteten Zwiebeln, Auberginen- und Kartoffelstücke in der entstandenen Hühnerbrühe für 30 Minuten zum Zuge. Nun war es an der Zeit, dem Eintopf durch die Zugabe der Gewürze Kardamom, Kreuzkümmel, Zimt, Salz und Pfeffer eine noch delikatere Note zu geben. Zum letzten Aufwallen gab Mae noch die Butter, die gekochten Hühnchenteile und 2 Esslöffel der gehackten Minze dazu. Der durch den Raum schwebende Duft ließ uns schon vorab das Wasser im Munde zusammenlaufen. Der in etwas Salzwasser gekochte Reis wartete schon in einer Schüssel dampfend auf seinen Einsatz.

Zum Anrichten benützte Mae tiefe Suppenteller, platzierte auf jedem Tellerboden ein Eigelb, schichtete darauf eine Portion gekochten Reis, der mit zwei Suppenkellen des duftenden Hühnerragouts beschenkt wurde.
Obenauf streute man nach Gusto die restlichen Minzeblätter.
Als Beilage gab es Rote-Bete-Salat, Senfgurken und Mango-Chutney, wahlweise eine süße Beilage mit Bananen, Ananas und Mango-Früchten.
Aus den nachmittags geernteten Blüten wurde dazu Hibiskustee gereicht.
Ach, wie das mundete!

Nun war meine Überraschung angesagt, denn ich konnte mit meiner vorbereiteten Kokos-Hühnersuppe nach japanischer Art, nach Maes Gewohnheit nach dem Hauptgang genossen, große Freude spenden.

Mariannes Kokos-Hühnersuppe Yakitori

Für 4 Personen

1 daumengroßes Stück Ingwer
2 Stängel Zitronengras
4 Kaffirlimettenblätter
600 ml Hühnerbrühe
200 g Zuckerschoten
4 kleine Frühlingszwiebeln
½ Chili
400 g Hähnchenbrustfilet
1 TL frischer Koriander
500 ml Kokosmilch
4 TL Limettensaft
3 TL Asia-Fischsauce

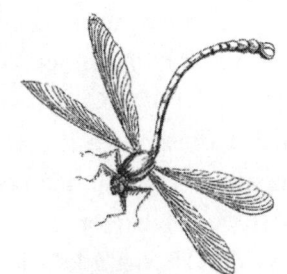

Ich schnitt den Ingwer in Scheiben, halbierte das Zitronengras, schnitt die Limettenblätter klein und gab alles in einen Topf zusammen mit der Hühnerbrühe, ließ alles etwa eine Viertelstunde kochen und zog es dann zum Abkühlen beiseite, um diese Essenz noch besser aufeinander wirken zu lassen. Jetzt waren die Zuckerschoten dran, die ich schon geschnitten hatte. Auch Frühlingszwiebeln und Chilischote landeten in feine schräge Scheiben geschnitten auf dem Topfesgrund.

Das Hähnchenbrustfilet, in mundgerechte Stücke zerteilt, beschloss, heute mit den Korianderblättern, dem Limettensaft und der Fischsauce einen interessanten Reigen zu zelebrieren. Zum Finale wurde die Suppe mit Kokosmilch aufgegossen und noch einmal zu ein paar letzten Aufwallungen angestiftet. Diese wunderbare Suppe hatte ich schon am Nachmittag vorbereitet und hatte sie jetzt kurz vor dem Verzehr für Mae und Miguel vollendet, von denen diese neue Geschmackskomponente freudig schlürfend genossen wurde.

Plötzlich trat unser abgestürzter Freund, federnden Schrittes, von verlockenden Gerüchen angelockt, wie neugeboren durch den Vorhang, den Mae aus feuerroten, herabhängenden Chilischoten gestaltet hatte. Von der zufriedenen Miene des wieder einmal erfolgreichen Medizinmannes Miguel flankiert, hatte er sich zusammen mit seinem großen Hunger der Tischrunde beigesellt. Fast hätte er sich in die Töpfe hineingelegt, so gut bekamen ihm die raffiniert gewürzten Speisen, deren Reste er mit Scheiben von Miguels Spezialbrot aus Mehl, Maismehl, Trockenfrüchten, Mandeln und Nüssen bis zum letzten Tropfen ausgetunkt hatte.

Für das Abendessen war heute noch eine Überraschung angesagt. Auf dem alten Küchenbuffet hatte Miguel für das Abendessen selbst geräucherte Fische abgelegt. Gerne war er bereit, das einmalige Räucherverfahren, im Tausch gegen das Rezept meiner japanischen Hühnersuppe, auf den Tisch zu legen.

Fische in Papier geräuchert

Wie er vorschlug, eignen sich dafür am besten fette
und halbfette Exemplare, z.B. Lachs, Weißfisch
oder Barsch. Sie brauchen:
mehrere ganze Fische, Salz, Pfeffer grün, Butter
Pergamentpapier

Und so hat es Miguel uns übermittelt:

Die Fische werden ausgenommen, versteht sich, von den
Flossen befreit, gewaschen, mit einem Tuch getrocknet.
Dann werden sie innen mit Salz eingerieben und mindestens eine Stunde der Wirkung des Salzes anheimgegeben.
Ein paar von den Räucher-Kandidaten kann man danach
noch eine kleine Prise von den grünen Pfefferkörnern ver-
passen. Pergamentpapier wird mit Butter eingestrichen und
um die Fische gewickelt. Um diese eingefassten Fische werden dann noch mehrere Schichten Tageszeitungspapier,
Qual der Wahl, gehüllt, das angezündet und restlos abgebrannt wird.
Wenn die Zeitung bis auf das Pergament abgebrannt ist,
hat man den schmackhaften Garzustand erreicht. Dazu
werden geriebener, milder Meerrettich, feinste Avocadocreme mit Shrimps und saure Sahne gereicht.

Miguel und Ulrich, wieder mordsfidel, tranken dazu mexi-
kanisches Bier, Mae und ich bevorzugten kalifornischen
Rotwein, als ich für einen Nachtisch in eigener Regie meine
Aufwartung machen konnte.

Kokos-Kaffee-Cocktail à la Marianna

3 cl Espresso
3 cl ungesüßte Kokosmilch
2 cl Kokossirup
2 cl Kaffeelikör
2 cl Mekong-Whisky
1 Spritzer Limettensaft

Den abgekühlten Espresso zu jeweils drei Eiswürfeln in ein größeres Cocktailglas geben, Kokosmilch, Kokossirup, Kaffeelikör, Mekong-Whisky und den Limettensaft zugeben, gut vermischen und ganz genüsslich auf der Zunge zergehen lassen. Ich glaube, meine Freunde hörten an diesem Tage die Engel singen, und das hatte seine Gründe, denn nach diesem luziferischen Cocktail war Erzengel Gabriels beloved Longdrink Pina Colada, aber dieses Mal pur, in O.k.-Fassung, als Schlummertrunk an der Reihe. Die Welt ist ja schließlich polar!

St. Gabriels Pina Colada classico

1 Ananas
5 cl weißer Rum
3 cl Coconut Cream
2 EL gestoßenes Eis
Minzeblättchen zum Dekorieren

Eine Hälfte der Ananas aushöhlen, von der zweiten zwei Halbmonde abschneiden, aus restlichem Fruchtfleisch Saft herstellen. Alle Elixiere im Shaker mit gestoßenem Eis vermischen, in Ananasschale geben, mit Ananasscheiben und mit Minze dekorieren, mit Strohhalm trinken.

Miguels Hymne an Mae nach der dritten Schale Pina Colada:

Ich reiche dir drei Prisen Salz für den Schwung deiner Hüften, Rosmarin für deinen Stolz, Sesam für deine strahlende Haut und Zwiebel für den Mond auf deinem Haar, ich mische dir Piment für unsere Umarmungen, Avocado für deine Stimme, Kurkuma für deinen Schutz, roten Pfeffer für meine Kühnheit! Und ich reibe Ulrich und Peter zwei Fingerspitzen Sandal auf die Handflächen, das lindert den Schmerz der Erinnerung, und nehme Safran zu mir für die lebenslange Treue meiner Seele.

Und Miguel, der Tipiyo-Indianer, gab uns an diesem Tag noch mit auf den Lebensweg: »Behandelt und wählt euer Gemüse ernsthaft, mit reinem Geist. Versucht nicht, die Qualität zu bewerten. Wir Indianer unterscheiden nicht zwischen Delikatessen und einfachem Essen. Es gibt nur einen Geschmack, den der Welt an sich, wie sie ist. Denkt daran, dass ein köstlicher und ein gewöhnlicher Geschmack das Gleiche ist. Erkenne, dass auch einfaches Gemüse die Kraft hat, dir alles Gute zu bringen.«

Miguel, hab Dank!

Zurück zu Maria Sibylla

Sie lag, nach dem fulminanten Ausstellungstag, in ihrem ausladenden Bett noch lange wach. Es war ihr als Willkommensgeschenk von einem wohlgesinnten Schreinergesellen gebaut worden. Freunde und die Familie des Bürgermeisters hatten zusammengelegt, um den neuen Hausstand auf Vordermann zu bringen. Der angehende Schwiegersohn Philip erbat sich die große Parterre-Wohnung, hatte sich dafür aber bereit erklärt, die günstige Hauptmiete für die Wohnbereiche beizusteuern, sodass für Mutter Merian die anstehenden Nebenkosten und die günstige Miete ihrer nicht zu kleinen Werkstatt und Galerie im Hinterhof des Hauses anfielen. Sie hatte sich im oberen Bereich des Fachwerkhauses wieder ein gemütliches Zuhause geschaffen. Die bei Bürgermeister Witsen untergestellten Kupferplatten sowie Druckmaschinen, Farbtöpfe, Pergament-Leinwände, Farbpulver hatten sich, im Konglomerat mit den weitgereisten Utensilien, vollendeten und angedachten Bildern, Skizzen, Schachteln mit präparierten Exponaten, Pinseln, Pinzetten, Farbtuben, noch von Moskitonetz umhüllten Strohhüten, im neuen Ambiente sehr schnell eingelebt, die Kostbarkeiten der Ausstellung noch gar nicht mit eingerechnet.

So wäre eigentlich alles im Lot gewesen, doch ein Gefühl der großen Trauer über die geplante Abreise ihrer ältesten Tochter sammelte sich unter Maria Sibyllas Zimmerdecke. Seit ihrer Rückkehr vor zwei Monaten hatte sich die seelische Verbindung zu ihr durch die intensive Zusammenarbeit spürbar verstärkt, während sich Tochter Dorothea, stark auf ihren Mann konzentriert, mehr und mehr Freiraum von ehernen Mutterbanden zu ertrutzen begann. Maria Sibylla sollte Johanna, die erst wieder nach ihrem Tod im Sommer des Jahres 1717 zur Erbaufteilung nach Amsterdam zurückkommen sollte, nicht mehr in die Arme schließen können. Das Versprechen, ihre Mutter zur existenziellen Absicherung mit Präparaten und Exponaten aus der Urwaldzone zu versorgen, wurde von ihr all die Jahre kontinuierlich in die Tat umgesetzt. Das war auch mehr als nötig, denn die Mutter hatte die Jahre nach dem Weggang von Johanna eine schwierige Zeit zu überstehen. Sie gab wieder Malunterricht, übernahm zeitintensive Auftragsarbeiten für den erblindeten Maler Georg Eberhard Rumphius, der mit seinen von Maria Sibylla Merian gezeichneten Objekten, wie Schnecken-Typen, Muschelarten und Seepferdchen für das Naturalien-Kabinett »D'Amboinsche Raritätenkammer«, das er im Jahr 1705 neu auflegte, ohne den Namen der Illustratorin zu nennen, einen großen Erfolg einheimste. Aber unsere verehrte Künstlerin war über die Jahre beileibe nicht untätig. Ihr ganzes Sinnen und Trachten war darauf ausgerichtet, den sechzig schon in Surinam vorgestalteten Bildentwürfen in Kupferstichtechnik ein unendliches Leben einzuhauchen.

Um das finanzielle Budget für Arbeitsmaterial und Druckkosten aufzustellen, die benötigten Kupferplatten befanden sich ja samt technischem Equipment noch in ihrem Besitz, ging die Künstlerin schon ab dem Jahre 1703 mit ihren dreiundfünfzig Jahren daran, ihre wertvollen, heiß begehrten Surinam-Tierpräparate und -Insektenexponate zu veräußern. Nach zwei arbeitsreichen Jahren war es an der Zeit, das Erarbeitete, Ersparte und Gespendete für ein weiteres leidenschaftliches Projekt in einen kollektiven Topf zu

werfen. Wie gesagt, die Skizzen waren entworfen, die dazugehörigen Texte und deren exakte Zuordnungen schon in
ihren aufgerauten Stundenbüchern beherbergt, als jetzt die
Stunde für die Erstellung der Kupferstiche geschlagen hatte.
In Aquarell-Technik wurden die Skizzen auf Folien gemalt,
wo sie sich im Verhältnis eins zu eins, Stich für Stich, den
wissenden Händen des Kupferstechers auszuliefern hatten.
Dieses Mal konnte zuerst eine Frau als Täterin ausgemacht
werden, nach einigen anstrengenden Wochen kamen noch
Tochter Dorotheas feingliedrige Hände, gemeinsam mit
zwölf kräftigen Männerhänden, zum Einsatz. Bei Recherchen entdeckt man zwischen den Zeilen der Stundenbücher,
dass den beiden engagierten Frauen, gegen anständige
Bezahlung drei professionelle Kupferstecher-Meister zur
Hand gegangen waren, was bei dem abzuarbeitenden Ar-
beitspensum von sechzig Tafeln gar nicht so schwer nach-
zuvollziehen ist. Die vielen Kupferstichdrucke warteten
schon ungeduldig auf den Empfang der notwendigen
Handkolorationen, die zu ihrer meisterlichen Vollendung
nicht zu umgehen sein würden. »Nur durch die zusätzliche
Verwendung unseres qualitativ hochwertigen Papiers können wir vom künstlerischen Maßstab her mit einem opti-
malen Ergebnis rechnen, so sprach mein schon heimgegangener Lieblingsbruder Caspar, ein Meister seines Fachs, den
ich gerade sehr stark an meiner Seite vermisse. Schon in
meinen Jugendjahren durfte ich mein neugieriges Näschen
in das Geheimfach seiner technischen Raffinessen stecken«,
berichtete Maria Sibylla einem holländischen, stämmigen
Gesellen, der heute, neben seiner von Erfahrung geprägten
Stichelei, nur Augen für die dunkelhäutige Dienerin der
Hausherrin zu haben schien. Diese Avancen fielen beim ze-

remoniellen täglichen Einschenken des schwarzen Kümmeltees, mit Zimmet, Vanille und Süßholz-Zucker aufbereitet, auf den fruchtbaren Kräuter-Boden der Teekanne.

Nach dem Glauben von Maria Sibyllas treu ergebener ehemaliger Sklavin, Tochter einer afrikanischen Maroon-Sippe, schützte dieser Tee seinen Genießer, durch den starken Anteil des schwarzen Kümmelsamens, vor dem Blick des Bösen. Die Blicke, die heute alle mit nach Hause nehmen durften, waren durchdrungen von Menschenliebe, Lebensfreude und einem Respekt füreinander. Die afrikanische Surinamesin hatte auf ihrem Kopfkissen, noch vor dem Einschlafen, einen tanzenden Lichtstrahl ausgemacht, der nur ihr gehören sollte. Im Jahre 1703 und 1704 hatte sich Tochter Dorothea mit großem Fleiß darangemacht, die beiden Bücher »der Raupen und ihrer unglaublichen Verwandlung«, mit Unterstützung des Bürgermeisters, bei bester Akzeptanz der Kundschaft herauszubringen. Heute, Mitte April 1705, war es, der finanziellen Probleme und Widersprüche zum Trotz, gelungen, wieder im Amsterdamer Stadthaus den fertiggestellten, surinamischen Prachtband, in holländischer und lateinischer Sprache, ausgestattet mit farbenprächtigen, erstklassigen Kupferstichdrucken und eingesäumt von informativen Textblöcken, zu präsentieren. Zum Bedauern der Künstlerin und ihres Mentors Witsen war eine deutsche Ausgabe nicht zustande gekommen, da sich die Idee einer vorauszubezahlenden deutschen Subskribenten-Reihe nicht in die Tat umsetzen ließ. Dafür barsten die Wände der Ausstellungsräume bei der Präsentation der sechzig kolorierten Original-Tableaus vor Stolz, von denen angeblich bei der Verteilung des Erbes von Maria Sibylla im Jahre 1717 nur noch zwanzig Erstausgaben aufzustöbern waren. Ich kann mir schon vorstellen, wo sich die restlichen versteckt hielten, aber darüber später mehr, liebe Leser.

Katapultieren wir uns doch einfach von unserer Hier-und-jetzt-Position, Augen zu, in die aktuelle Vergangenheit und freuen uns zusammen mit dem Amsterdamer Bürgermeister Nicolaas Witsen über seine letzte kulturell erfolgreiche Amtshandlung. »Jetzt ist mein Werk getan«, diesen Ausspruch stellte die aufgewühlte Künstlerin, von der glückhaften Akzeptanz des Publikums überwältigt, an den Anfang ihrer Dankesrede, die, neben ihren Töchtern Dorothea, der abwesenden Johanna, dem Bürgermeister und seiner Gattin, versteht sich, ihrem verstorbenen Vater Merian, ihrem Stiefvater Marell, dem Stiefbruder Caspar, den Schwestern Sommelsdjik, den assistierenden Werkstattgesellen und -meistern, dem Übersetzer Dr. Commelin, auch an ihre beiden Schützlinge aus Surinam gerichtet wurde. Nur ihre afrikanische Dienerin konnte die Danksagung, unauffällig an die breite Schulter ihres Verehrers gelehnt, mit offenem Herzen in Empfang nehmen. Die große mentale Unterstützerin und Beraterin, die noch immer namenlose »Indianin«, fehlte, denn es fehlte auch der ihr versprochene Titel im Impressum des surinamischen Insekten-Prachtbandes.

Liebe Leser, gönnen Sie sich doch den kleinen Zeitvertreib, die ausgelassenen Personen des Dankesrituals ausfindig zu machen. »Maria Sibylla Merian befindet sich in diesem Moment auf dem Höhepunkt ihrer Schaffenskraft, mit diesem Werk wird sie den ausgetretenen Künstlerweg eines berühmten Vaters verlassen, meine Damen und Herren«, plötzlich gebot Nicolaas Witsen seiner euphorischen Rede Einhalt, von den traurigen, tränenumflorten Augen und einem trockenen Schluchzen Dorotheas zutiefst berührt, die in einem der Stühle zusammengesackt war. Anfang dieses Jahres hatte sie ihr kleines Kind verloren, was sie als Mutter untröstlich und ihren Ehemann gramgebeugt hinterlassen hatte. War ein Mädchen oder ein Junge Dorotheas vom Licht der Welt in Empfang genommen worden, wie lautete der Name des kleinen Erdenbürgers? Nichts darüber ist den Artikeln und Büchern über Maria Sibylla Merian zu entnehmen. Das holländische Stundenbuch Maria Sibyllas, mit den genauen Aufzeichnungen des täglichen Zusammenlebens der Wohngemeinschaft und des ab 1705 weiterhin tapferen künstlerischen Schaffens der Wissenschaftlerin, ist durch einen prekären Umstand, über den ich Ihnen, liebe Leser, gleich berichten werde, für die Nachwelt verloren gegangen.

Nach der bejubelten Präsentation des Meisterwerks aus Surinam sollte nichts mehr wie früher sein. Ein dunkler Schatten – vielleicht war es das mentale Kraftfeld der gekränkten Indianin – hatte sich auf das Haus in der Kerkestraat gelegt. Die weise Schamanin wurde von Tochter Dorothea immer mehr auf Abstand gehalten. Maria Sibylla versuchte, sich durch Malunterricht, Verkauf ihrer Bilder und Tierpräparate, die von Tochter Johanna kontinuierlich aus Surinam übersandt worden waren, über Wasser zu halten. Noch hatte Schwiegersohn Philip einen größeren Teil der Lebenshaltungskosten übernommen, als sich die »schwarze Wolke« wieder über dem Haus mit dem Rosensymbol zusammenbraute. Das über den Tod seines Kindes gebrochene Herz konnte nicht mehr repariert werden, Dorotheas Ehemann segnete im Jahre 1711, zum großen Entsetzen der verbliebenen zwei Frauen, das Zeitliche. Ein glückhafter Umstand war das zeitnahe Auftauchen des Gelehrten Conrad von

Uffenbach in der Malwerkstatt von Maria Sibylla und Dorothea Merian, um einige kolorierte Arbeiten und Exponate zu erwerben.

Durch diesen Umstand wieder couragiert, verlegte die Frauenwerkstatt in den Jahren 1713 auf 1714 erfolgreich die beiden Raupenbücher in holländischer Sprache. Aus den wiedergefundenen Briefen an den alten Freund der Familie, Johann Georg Volkamer, in deutschen Landen geblieben, spricht eine ernsthaft besorgte Frau im Umfeld einer seelisch angegriffenen Tochter über ihre Existenzängste. Nur die Malerei mit den schöpferischen Gestaltungen ihrer Bilder, der Kontakt mit Malern und Gelehrten, interessierten Käufern und die Treue ihrer mittlerweile verehelichten, afrikanischen Haushälterin geben ihr den nötigen Lebensimpuls. Der Tod ihres Mentors Nicolaas Witsen hatte sie, neben den Todesfällen in ihrer Familie, schwer getroffen, der Kontakt zu dem Botaniker Commelin war durch dessen Missgunst seit der bewunderten Erschaffung und Verlegung des Surinam-Werks abgebrochen. Als sich im Jahre 1715 der verwitwete Maler Georg Gsell aus St. Gallen, seit 1704 in Amsterdam wohnhaft, mit dreien seiner fünf Töchter, an der Seite der ihm rückhaltlos ergebenen Tochter Dorothea, in Maria Sibyllas Haus breit machte, eiskalt Atelier und Werkstatt für seine Auftragsarbeiten mit nutzte, musste der Schock für Maria Sibylla, deren guter Name und begnadete Meisterwerke Herrn Gsell nicht unbekannt waren, unsäglich gewesen sein. Die massive Eingrenzung ihres Lebensraumes, die Blockierung ihres künstlerischen Aktionsfeldes, auch Dorothea forderte ihren angestammten Arbeitsplatz ein, der dominante Auftritt des Freundes ihrer Tochter, der auch noch begann, Maria Sibyllas Arbeiten gegen ihren Willen zu veräußern, musste Gift für ihren geschwächten Gesundheitszustand gewesen sein, der noch 1715, im ersten Jahr nach dem Einzug der Familie Gsell, bei Maria Sibylla mit einem lebensgefährlichen Herzinfarkt zu Buche schlug.

Das dunkle Wolkenelixier braute sich, weiter schleichend, über dem Haupte der Künstlerin im Kerkestraat-Domizil zusammen. Schon im darauffolgenden Jahr 1716 gelang es dem wendigen Maler Georg Gsell, bei der zweiten Holland-Reise des russischen Zaren Peter I. durch einflussreiche Freunde zu diesem einen persönlichen Kontakt herzustellen. Als selbsternannter Kunstberater stellte er dem Zaren die diesem noch unbekannten, originalen Kupferstiche des Surinam-Werks, die Raupen- und Blumenbücher sowie originale neue Werke der Künstlerin Maria Sibylla Merian, seiner Fast-Schwiegermutter, vor. Schon bei einem früheren Besuch Amsterdams hatte der Zar, in Begleitung seines Leibarztes, in einer Privatgalerie einige Original-Zeichnungen, in Kompanie von hochinteressanten, naturwissenschaftlichen Begleittexten gefunden und erworben und war seitdem zu einem glühenden Verehrer der Künstlerin geworden.

Nach ihrem Tod erfolgten über die Vermittlung von Tochter Dorothea noch einige Käufe für den Zaren, die sich später auf den restlichen Aufkauf aller verfügbaren Werke Maria Sibyllas ausdehnten. Als Käufer fungierte damals, im Auftrag des Zaren, der Kurator des Zaren, Georg Gsell, der sich später, bei freier Kost und Logis, zusammen mit seiner späteren Ehefrau Dorothea und seinen zwei Töchtern in dessen Anstellung befinden würde. Als Verkäufer fungierte Georg Gsell zusammen mit seiner späteren Partnerin

Dorothea Gsell-Merian, so nannte sie sich nach ihrer Heirat mit dem Maler Gsell, die im Spätherbst 1717 in St. Petersburg erfolgte. Schon bei einem Besuch des Zaren Peter in Amsterdam im Jahre 1716 durfte Maria Sibylla den hohen Gast und glühenden Verehrer ihrer Kunst nicht in Augenschein nehmen, das hatte sie einer klaren Ansage von Herrn Gsell zu verdanken. Seit ihrem Herzinfarkt saß die Malerin, von ihrer afrikanischen, treuen Seele fürsorglich umsorgt, in einem Rollstuhl, sodass sie bis zu ihrem Tod am 13. Januar 1717 das obere Stockwerk nicht mehr verließ. Die Räume ihres Wohnbereichs in der Kerkestraat wurden auch noch von den in die Beziehung mit eingebrachten aufsässigen drei Kindern Georg Gsells frequentiert, der sehr oft durch Abwesenheit glänzte, sodass die vielgeliebte afrikanische Freundin der entmachteten Hausherrin Maria Sibylla in diesem Hause auf einigen Hochzeiten zu tanzen hatte – und sie tanzte, wie sie tanzte vor Glück auf ihrer eigenen Hochzeit, blieb aber ihrer geliebten Herrin, seit deren Herzattacke, im Tagesdienst treu ergeben zur Seite.

Am Vormittag des 13. Januar 1717 hauchte die siebzigjährige Malerin und Wissenschaftlerin Maria Sibylla Merian, heute berühmte Tochter des berühmten Vaters Matthäus Merian der Ältere, ihr Lebenslicht in den Armen ihrer afrikanischen Schutzpatronin aus – bereits am Nachmittag des Todestages erschien der Leibarzt des Zaren, Robert Areskin, und kaufte in dessen Auftrag eine Mappe mit original handsignierten farbigen Gemälden für 3000 Gulden, die bar ausbezahlt wurden. Gleichzeitig erwarb Herr Areskin das aktuelle, originale Stundenbuch der letzten zwei Jahre, so wäre auch das erstmalige Abtauchen dieses Dokuments, das nach dem Tod des Leibarztes erst einmal in das Archiv der Botanischen Kunst der Russischen Akademie der Wissenschaften in St. Petersburg gewandert ist, schon erklärt. Diese Akademie erwies sich in den Achtzigerjahren als wahre Fundgrube für noch unentdeckte Arbeiten der verehrten Künstlerin. Die Autorin Elisabeth Rückert hat sich in ihrem Essay »Maria Sibylla Merian, Unternehmerin und Verlegerin« akribisch mit ihren letzten Lebenstagen befasst. In den Anfängen meiner Aufstellung der letzten beiden Lebensjahre der Künstlerin, bis hin zu ihrem Todestag am 13. Januar 1717, wurde die Dramatik ihrer zuletzt gelebten Lebensumstände anfangs von mir mit einem Strom von Tränen quittiert, die nach und nach von sonnendurchwobenen Winden getrocknet wurden. »Maria Sibylla Merian, Verlegerin eines surinamischen Meisterwerks, starb 1717 – unvermögend, wie das Totenregister vermerkt. Ihr surinamischer Schmetterlingstraum hatte sie an den Rand des Ruins gebracht, aber der Weltruhm war ihr gewiss«, so hatte es ein männlicher Rechercheur in den Sechzigerjahren ganz easy und smooth in einem Bericht über sie formuliert!

»Das Menschenlebn ist gleich einer Blum«, hätte der wunderschöne Seelenschmetterling unserer unvergessenen Künstlerin darauf geantwortet.

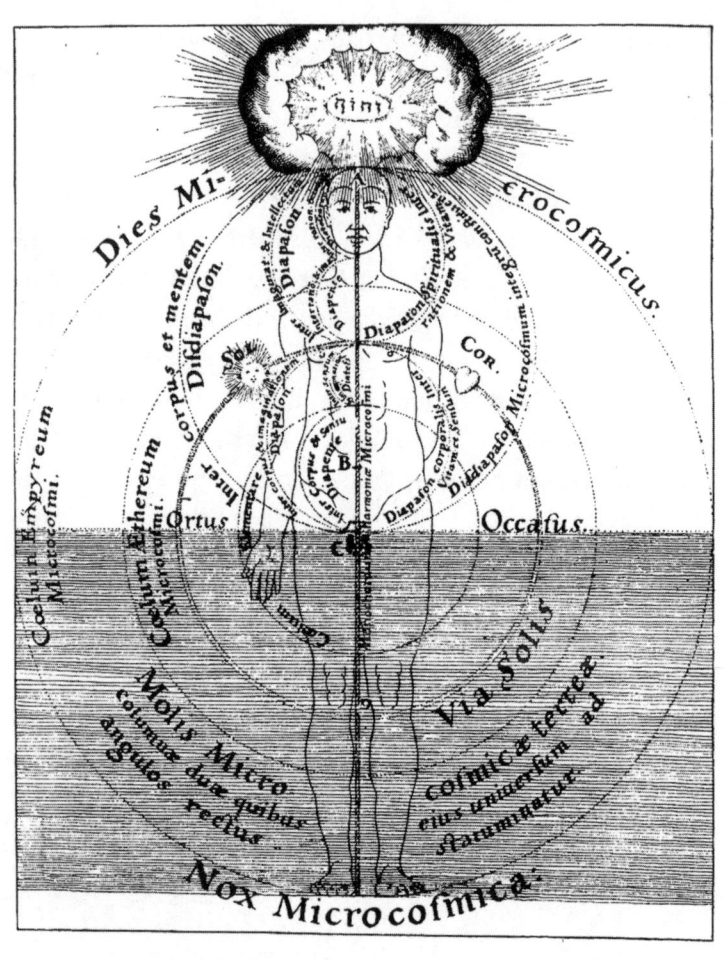

Erschöpfe in jedem Augenblick die positive und negative
Ganzheit der Dinge.
MARCEL SCHWOB

Wie schon berichtet, ist Herr Georg Gsell zusammen mit
Dorothea Maria Hendrik und zweien seiner fünf Töchter
im Oktober des Jahres 1717 einer Einladung des Zaren
nach St. Petersburg, bei freier Kost und Logis, gefolgt. In
diesem Glücksmonat heiratete er auch die Tochter, die sich
in Russland fortan Dorothea Gsell-Merian nannte. Herr
Gsell wurde von dem Zaren Peter I. im Jahre 1720 zu seinem Kunstberater ernannt, mit dem Aufgabengebiet, Ge-
mälde der niederländischen Kunst für seinen Peterhofpa-
last in St. Petersburg zu erwerben. So reiste Dorothea im
Jahr 1736 nach Amsterdam, um für den Zaren, einem be-
sessenen Sammler, der Arbeiten ihrer Mutter, ihr Erbteil
war schon an ihn verkauft, habhaft zu werden. Ab dem
Jahr 1727 unterrichtete das Ehepaar Gsell-Merian Malerei
und Zeichnung an der Russischen Akademie der Wissenschaften. Herr Gsell zeichnete sehr gerne die Eingeweide
von Löwen und Fischen, so steht es in einer Biografie geschrieben.

Merken Sie etwas, liebe Leser? Ich bin diesem Mann nach
fast dreihundert Jahren immer noch nicht so gut gesonnen,
wie es sein sollte, wie Sie miterleben konnten, hat das ja
auch seine Gründe. Das Armenbegräbnis von meiner Seelenschwester kann ich ihm wegen der 3000 Gulden nicht
verzeihen. Jetzt werde ich im Namen von Maria Sibylla und
zu seiner Ehre noch mitteilen, dass er sich, neben seinen
Eingeweide-Illustrationen, in den Jahren 1730–1732 für
die Ausführung von sieben eindrucksvollen Ikonen an der
Peter-und-Paul-Kathedrale in St. Petersburg verantwortlich
zeigte. 1723 wurde Dorothea Gsell-Merian vom Sternen-
himmel noch einmal mit einem kleinen zarten Mädchen
beschenkt, dem man den einmaligen Namen Salome

Abigail gab, und Maria Sibylla kann, heute, gestern und morgen, mit stolzgeschwellter Brust auf ihre einzige Enkeltochter herunterlächeln. Was aus ihr geworden ist, fragst du mich, holde Seelenschwester Maria Sibylla? Deine Tochter Dorothea behielt auch nach dem Ableben des Zaren den Familienwohnsitz in St. Petersburg. Sie gab, zusammen mit ihrem Mann, Mal- und Zeichenunterricht an der St. Petersburger Kunstakademie, und er unterrichtete den Herrn Euler, dessen Bruder der berühmte Mathematiker Euler war. Wie sie wohl aussah, deine kleine Enkelin Salome? Ob sie auch Mutter werden durfte? Ich werde weiter recherchieren, vielleicht finden wir noch Unterlagen.

Lass mich dir noch von deiner Tochter Johanna berichten: Sie hat so viel geweint, als sie viel zu spät von deinem Tod und deinem zweijährigen Rollstuhl-Handicap erfuhr, sie fuhr sofort mit ihrem Mann mit dem nächsten Schiff zurück nach Surinam, wo ihr Jacob in Paramaribo ein Waisenhaus leitete, das habe ich auch erst die letzten Tage erfahren. Und nun halte dich fest, der siebengescheite Naturforscher, Herr Carl von Linné, der immer deine Zugabe von Eidechsen oder Äffchen kritisierte, weißt du noch, hat vierzig Jahre nach deinem Heimgang einen Schmetterling nach dir benannt und sich überall wichtig damit gemacht. »Phalaena merianella« hat er ihn getauft. Und dann musste ich bei meiner Suche feststellen, dass es sich bei diesem Exemplar um eine Stofflöcher produzierende Motte handelt – aber mit drei silbernen Streifen, wie Herr von Linné immer wieder betonte! So ein Neidhammel, aber der Name gibt schon was her, könnte ich ja direkt meinen neuen Künstlernamen daraus machen – »Phalaena Merianella« kommt gut, was meinst du?

Ach ja, dein Armengrab gibt es schon seit fast hundert Jahren nicht mehr, aber wir haben entdeckt, wo es auf dem Leidse-Kerkhof-Friedhof war. Jetzt haben die eine Schule darübergebaut, das passt prima, denn wir wollen dir im nächsten Jahr für meinen Dokumentarfilm *Gegen den Strom heim nach Surinam* in der Nähe der Kerkestraat eine wunderschöne Holzplastik von einem begabten Bildhauer aufstellen. Alles wird seine Zeit haben, und die Zeit, die ich in den letzten Jahren immer wieder mit dir verbringen durfte und noch verbringen darf, macht mich froh und manches Mal traurig zugleich. Aber ich habe begriffen, auch traurige Herzen kann man reparieren, man muss nur das Herz dazu haben.

Big hug für Maria Sibylla von Maria Anna!

> So muss Kunst und Natur
> stets miteinander ringen,
> bis dass sie beiderseits
> sich selbst bezwingen,
> damit der Sieg besteht
> auf gleichem Strich und Streich;
> die überwunden wird,
> die überwind zugleich.
> MARIA SIBYLLA MERIAN

279

Geliebtes Mariannchen!

Venus vom Walchensee
Phantom aus der Wüste
GI Mutti in Arkansas
U Bahn Love
Plattlinger Gastarbeiterfrau
Tandlerin deiner Träume
Sonne Mond und Sterne
Tochter der Agnes
Danielas Mutter
Und von den Frauen der Welt
Freundin der Bescheidenheit
Mit unbescheidenen Gedankenflügen
Unterfüttert
Die ihrer Hausziege beibringt
Sich auf ihrer Wippe
Zum Uranus zu schleudern
Du bringst uns allen
Das Zaubern bei

Dafür liebe ich dich
Und will mich gern immer und immer
Wieder in der Brandung deiner Phantasie baden

Auf immer
Dein Percy

VON PERCY ADLON AUS LIMA ZU
MEINEM SIEBZIGSTEN GEBURTSTAG

EPILOG

Der Lebensweg des Menschen steht bei seiner Geburt schon
fest – jeder Anfang hat das Ende schon in sich.
Mein Mentor

Liebe Leser, hier sitze ich an meinem Fenster mit Blick
auf meinen herbstlichen Blumengarten, habe gerade
vor ein paar Wochen die mit Sehnsucht erwartete Zahl Sieben zum Siebzigsten in den Lindenbaum meines Gartens
geritzt. Meine Botschaft, Siebenmeilenstiefel für meine baldigst anzuberaumende Reise nach Surinam bei Amazon bestellt zu haben, hinterließ meine Tochter Daniela nicht gerade in gelöster Stimmungslage. »Noch sehe ich dich mit
deinen siebzig Lenzen nicht durch den Dschungel streifen,
dieses Bild macht mir Angst«, breitete sie ihre Gedanken
sorgenvoll vor mir aus.
»Ich werde ja in einem Team geborgen sein, fotografieren,
studieren und Menschen aus verschiedenen kulturellen Lebensräumen in Augenschein nehmen.« Die Pflanzenwelt
des Regenwaldes wird sich mir auftun, all die exotischen
Tiere, die dort leibhaftig für mich zu entdecken sind. Wir
Europäer können eine Reise in diese subtropischen Gefilde
sowieso nicht zu den Regenzeiten antreten, dahingehend
bin ich schon von Fachleuten aufgeklärt worden. Nach
meiner Seelenreise für dieses Buch, im Gespann mit Maria
Sibylla Merian, fühle ich mich durch das Aufstellungsprinzip, das sich bei meiner empathischen Identifikation mit
dieser historischen Persönlichkeit intensiv auswirkte, zur
Zeit sehr erschöpft. Während der biografischen Begleitung
der Malerin und Wissenschaftlerin, die seit meiner Entde-

ckung, mit neunzehn Jahren, in meinen Gedanken und in meiner Seele Einzug gehalten hatte, musste ich mit leichtem Erschauern feststellen, dass sich in unseren Lebensabläufen zeitliche Schnittflächen mit ähnlichen Ereignisstrukturen aufgetan hatten. Mit dreizehn Jahren wurde ich, das »andere altkluge Mädchen«, von gleichaltrigen Jugendlichen an einen Baum gefesselt und mit positivem Ausgang zwangsuntersucht, wie schon an Sie übermittelt, liebe Leser. Auch das »andere befremdliche Mädchen«, Maria Sibylla, wurde im selben Alter beim Einsammeln ihrer Raupen, Puppen und Schmetterlinge von einer Gruppe Jugendlicher gestellt, ihre lebenden Insekten-Schätze vor ihren Augen verbrannt, was das Mädchen danach, wie auch mich, in eine schwere Fiebererkrankung gestürzt hatte. Die Künstlerin heiratete mit neunzehn Jahren einen attraktiven sinnlichen Mann, der ihr freiwillig die Kompetenz der Entscheidungen über Haushaltsführung, Malschule, Kindererziehung abtrat. Ihre naturphilosophischen und akribischen Gedankengänge, ihre Passion für den Kosmos der Insekten wurden akzeptiert und nie ironisch kommentiert. Dieser Umstand passt genau auf mein gelebtes Profil während meiner Ehezeit. Auch was die Vorliebe für das weibliche Wesen schlechthin betrifft, gibt es Überlappungen, nur die allzu große Verschmelzung mit Bacchus, dem König der süffigen Rebe, zelebrierte Andreas Graff, der Ehemann Maria Sibyllas, ohne identische Nachfolge meines Gatten. Die Trennung, von uns beiden Frauen eingeleitet, entsprang einem schicksalhaften Impuls, auch das spätere Zusammenleben mit der Mutter und den Kindern bis zu ihrem Ableben hat ähnliche Züge. Vom Schutz eines Bürgermeisters, den Maria Sibylla durch den Amsterdamer Bürgermeister Witsen

Himmelhoch jauchzend,
zum Tode betrübt.
(Johann Wolfgang von Goethe)
Großvater Franz-Xaver und
Großmutter Theresia heiraten 1918

Vater, ich rufe dich. (Soldatengebet)
Mein verehrter Vater Georg Deil,
gefallen am 7. April 1945

Der Himmel ist zu den Füßen
der Mutter. (Persischer Volksmund)
Meine Schutzpatronin und geliebte
Mutter Agnes

O sole mio. Fritz und Marianne
am Hochzeitstag

Was für ein Glücksgriff:
Schwiegersohn Carmelo Granata

Mit gleicher Liebe lieb ich meine Kinder. (Friedrich Schiller)
Alina, Daniela und Marianne, Dreigespann der Familien-Frauenlinie

genoss, könnte ich aus meiner intensiven Zeit in Reichertshofen einiges berichten, tue ich aber nicht. Ich lasse Sie lieber wissen, liebe Leser, dass der berühmte Maler Joachim
von Sandrart, ein Schüler des berühmten Vaters Merian, ab
1650 der Besitzer des zu meiner Zeit abgebrannten Schlos-
ses Stockau war, in dessen ehemaliges renoviertes Bauern-
haus der Gärtnerei ich im Jahre 1999 für zweieinhalb Jahre
einzog. Joachim von Sandrart, befreundet mit Andreas
Graff und seiner verehrten Malerin Maria Sibylla, gründete
in Nürnberg die Teutsche Malerakademie, konnte aber für
seine Freundin wegen des Frauentabus keinen spezifischen
Eintrag erwirken. Auf geheimnisvolle Weise war ich wieder
an einer merianischen Schnitt-Linie gelandet. Am meisten
Kraft kostete es mich, Maria Sibyllas Zeit von 1711 bis zu
ihrem Todestag am 13. Januar 1717 mit meiner tiefen Empathie nachzustellen. Die Aufzeichnung ihres Herzinfarkts
und der Fakt ihres trostlosen Armenbegräbnisses bescher-
ten mir sehr melancholische Momente, von plötzlich auf-
tauchenden Herzschmerzen begleitet.
Ich brauche noch eine längere Zeit, um das Grundwasser
meines körperlichen Elektrizitätswerks wieder auffüllen zu
lassen, versuchte ich Daniela ein beruhigendes Mäntelchen
um ihre angespannten Schultern zu legen. Seit meine Enkeltochter Alina nicht ausschloss, ihre Nanni, so nennt sie
mich, auf ihre geplante abenteuerliche Route München–
Surinam an den Atlantischen Ozean zu begleiten, trägt Daniela ihr berechtigtes Sorgenpaket nun auch noch im Dop-
pelpack.

Doch alles hat seine Zeit, wie Salomon sagte, und meine
Seele trägt das vorbestimmte Planquadrat Surinam im fein

gezeichneten himmlischen Raster. Ich glaube an eine Vorbestimmung der Lebensabläufe, die ja durch den vermeintlich
freien Willen außer Kraft gesetzt werden könnten, so wird
jedenfalls von einigen Freidenkern argumentiert. Wie mir
mein verehrter Religionslehrer der Realschule übermittelte, glaubte er an den von Gott vorgezeichneten Weg, mit
der Möglichkeit, diesen durch freie Entscheidung zu ver-
weigern, was aber bei Übertretung eines vorgegebenen
Raum- und Zeit-Radius gefährliche Konsequenzen innerhalb des Ursache-Wirkung-Prinzips zur Folge haben könnte. Wieder lese ich in den alten Aufzeichnungen meines medizinischen Mentors von der Angst des Menschen vor
seiner anonymen Schicksalslinie und deren unberechenba-
rer Zufälligkeit, von der sich wohl viele Menschen bedroht
fühlen. Dieser Angst versuchte er bei seinen Patienten immer durch Rat und Tat Herr zu werden.

»Schicksal ist eine Instanz, die dafür sorgt, dass du und jeder einzelne Mensch seine vorgeschriebene Bahn annimmt.
Je mehr du dich weigerst, bestimmte Probleme durch Ler-
nen aus Erfahrung zu erlösen, je mehr du auf Widerstand
mit deinem aufgesetzten Schicksal gehst, umso mehr wirst
du durch die Umwege das erfahrene Leid als negativen Aspekt kennenlernen. Du musst dich bemühen, deine eigene
Bahn zu entdecken, und versuchen, dich immer mehr in sie
einzufügen, und zwar freiwillig, dann wirst du deine Existenz nicht als Zwang erleben. Deine totale Freiheit be-
kommst du nur, wenn du dich in die Ordnung des Kosmos
einzufügen imstande bist, Marianne«, habe ich in den letzten Tagen einen Eintrag in meinem alten Tagebuch wiedergefunden. Wie klar sich diese Aussagen meines medizinischen Ausbilders, ich war damals siebzehn und unerfahren,

mit meinen heutigen Erkenntnissen, geschöpft aus den Erfahrungen der letzten siebzig Jahre, decken, ist frappierend. Im Jahre 1967, dem Geburtsjahr meiner Tochter Daniela und dem schmerzhaften Trennungsjahr von meinem väterlichen Mentor, habe ich eine Eintragung gefunden, die Sie, liebe Leser, bestimmt interessieren könnte. Es geht um den Willen zur Macht, der in uns Menschen wütet. »Der Machtwille als größter Menschenfeind und sein Gegenpol, die Demut und die Liebe des Menschen.«

»Nur die Kraft der Liebe kann auf allen Ebenen des Seins das Böse transmutieren und somit die Welt verändern. Kampf bringt wieder Kampf, Hass mutiert immer wieder zu Hass, Druck bedingt immer wieder Gegendruck in der Abfolge. Du hast die Macht des Dienens und der Demut schon in dir verinnerlicht, Marianne, und dadurch schon einen großen Vorsprung auf deinem Lebensweg geschaffen«, vernehme ich immer noch die Worte meines Lehrers in mir. Wer bereit ist, die Verantwortung für sein Schicksal zu übernehmen, verliert die Angst, weil er sich in die Gesetzmäßigkeit des Universums eingebunden fühlt und dadurch seinen Urgrund wiederfinden kann. Diese wiedergefundenen, geschriebenen Worte aus meiner Lehrzeit und die Aufforderung zur Übernahme der persönlichen Verantwortung, ohne Schuldzuweisung an ein Gegenüber, erinnern mich an einen bedenklichen Vorfall, der sich vor einigen Monaten bei einer Lesung im Theater Worms ereignete, wo mein Musiker und ich plötzlich von zwei Männern am Bühnenrand nach Übermittlung eines meiner Lebensmottos an mein Publikum attackiert wurden: »Wenn du weißt, was du tust, bist du verantwortlich für das, was du tust, aber vergib den Menschen, die noch nicht wissen, was sie tun.«

Freunde, die ein Haus besuchen, sind seine Zierde. (Ralph Waldo Emerson)
Meine Geburtstagsfeier zum 65. in Schäftlarn im Kreise
meiner Familie und nahestehender Freunde

Schwester und
Herzensfreundin
Renate, 1977

An diese Worte, von Jesus Christus von Nazareth in einen lebendigen Raum gestellt, halte ich mich in voller Konsequenz. Die beiden Herren, die einer anderen Religionsrichtung angehörten, sprachen von ihrem gelebten Prinzip der uneingeschränkten Rache und Strafe, das Bestandteil ihres Glaubens sei, verbaten sich vor allem auch meine Worte, die von einer notwendigen Vergebung und Versöhnung unter uns Menschen sprachen, das alles von Drohgebärden untermalt. Mein Angebot, den zweiten Teil des Programmes für eine konstruktive Friedensdiskussion zu nützen, wurde abgelehnt und die prekäre Situation nur nach dem zufälligen Auftauchen einer Fernsehkamera durch die Flucht der beiden Angreifer entschärft.

»Wenn Sie mit Ihrer Botschaft von Liebe und Vergebung so weitermachen, Frau Sägebrecht, dann werden Sie bald enden wie der Martin Luther King. Dann tritt sie auch noch mit jüdischem Musiker auf«, knallte uns ein Zuhörer der ersten Reihe auch noch vor den Latz.

Es gab aber auch Besucher, die mir anschließend schrieben und sich für den Vorfall, einschließlich ihrer Passivität, entschuldigten. Ich sage es hier noch einmal klipp und klar und ohne Angst: Ich bin eine praktizierende Christin, mit einer intensiven Verehrung von Jesus Christus ausgestattet, der seit meiner Kindheit ein großes Vorbild für mich ist. Mein größter Wunsch: Die Religionskriege mögen aufhören und eine Akzeptanz und Toleranz der verschiedenen Glaubensrichtungen untereinander Wirklichkeit werden.

Ein unvergesslicher Anblick, über den ich immer wieder privat und bei meinen Lesungen berichte, tat sich bei einem Pilgergang bei der Ankunft auf der Hügelkuppe des Ölbergs von Jerusalem auf, der für mich zu einer unvergesslichen

Metapher wurde. Der Weg hinauf führte geradewegs auf die jüdische Synagoge zu, an deren linker Seite sich die russisch-orthodoxe Kirche Aug in Aug im Gegenüber mit der christlichen Kirche befand. Hier gibt es noch Platz für eine Moschee, und auch Buddha und Krischna könnten noch ein geheiligtes Domizil für ihre Glaubensbrüder und -schwestern bekommen, dachte ich in diesem Moment inständig.

Für die gläubigen Ungläubigen könnten ja dann Riesen-kaufhaustempel und Bankkathedralen als symbolische Ersatzkirchen-Aushängeschilder genutzt werden. Jetzt lasse ich aber lieber mal unsere Kirche im Dorf, in dem ich seit fast vierzehn Jahren ungeschoren, hinter einer kräftigen Hecke, die es schon vor meinem Einzug gab, als Single-Gemeindemitglied leben darf.

Heute habe ich ein schriftlich gegebenes Interview korrigiert, dessen Kopie ich hier vorliegen habe. Die Journalistin hatte gefragt, ob ich vom Verhalten der Menschen oft enttäuscht wäre, da ich meistens sehr offen und weitherzig auf die Menschen zuginge. Ich lese Ihnen mal meine Antwort vor: Ich bin eine alte Seele, über die Jahre eine Philosophin geworden. Ich sage immer, der, dessen Bewusstsein weiter ist, der muss den Himmel höher hängen. Ich behandele die Welt so, wie ich möchte, dass sie mich behandelt. Auch wenn es Enttäuschungen gibt, handele ich im Sinne von Jesus Christus und jammere nicht herum, sondern behandele alle Menschen, mit denen ich zu tun habe, gut und mit Respekt. Das fängt schon bei meinen Nachbarn an. Ich liebe die Menschen, Ich mag es, diese zu studieren, seit ich mich erinnern kann. Jeder Mensch ist einmalig, und das ist so spannend. Ich liebe es, andere Menschen zu fördern, wie es in unserem Film *Out of Rosenheim* mit Brenda geschah,

Mein einmaliger Ziegenbock Cäsar und Huhn Jolantha, 2015

Amir, König der Winde, mein adoptierter Araber-Wallach

Kater Berlioz, letzter Vertreter einer fünfköpfigen Stammessippe

Wüsten- und Familienhund Bagi

Tiere sind die Diener des Göttlichen – sie geben uns Liebe, Botschaften und Heilung.
CHINESISCHES SPRICHWORT

und neue talentierte Seiten an ihnen zu entdecken. Als ich vor Jahren hierherzog, ganz in der Nähe des Ortes, an dem ich aufwuchs, wo ich meine Grundschule absolvierte, gab es viele Zweifel. An so einem kleinen, überschaubaren Ort als Promi-Tussi zu leben, wie es Freunde bezeichneten, würde das gut gehen? Aber warum denn nicht? Man muss nur gegenseitig respektvoll miteinander umgehen.

Heute sagen mir Dorfureinwohner: »Wenn du bei uns sterben tätst, dann würden wir dir ein Marterl machen.« Das ist ein selbst geschnitztes Kreuz, mit einem Dacherl und dem Namen eingesetzt, als ein Ausdruck der Wertschätzung. Das freut mich von ganzem Herzen, manch ein Kollege gönnt mir diese unschuldige Freude nicht und hält das alles für kindisch. Ich sag dann, macht ihr sarkastischen Kollegen eure permanenten Happenings auf den »roten Teppichen«, ich kehre so lange die Straße vor meinem Haus und vor meinen Nachbarhäusern rhythmisch mit meinem Strohbesen. Om, om, alles gut so, wie es ist! Auch dass sich jetzt nach fast vierzehn Jahren bei der Wanderbärin Sägebrecht die Reise-Hummeln angemeldet haben, die Tochter Dani halt gar so scheut!

Liebe Leser,
der Dichter Hans Blüher sagte: »Der Mensch ist nicht, was er denkt, sondern er ist, wie er gedacht wurde.« Da bleibt für mich jetzt nichts mehr zu sagen. Ein herzliches Dankeschön für Ihre Treue und tapfere Reisebegleitung. Auf ein wohliges Wiedersehen mit Sack und Pack, Bildern, Text und Film und geheimen Urwaldrezepten, die ich Ihnen von meiner geplanten Reise nach Surinam, meinem Sehnsuchts-Regenwaldland und Weltkulturerbe von heute mitbringen werde.

Was der Schöpfer plant,
wird das Leben halten.
(Rainer Maria Rilke)
Marianne und Sina auf
dem Weg nach Surinam

ALOHA, Ihre Marianne Sägebrecht

Eine Reise

Der Himmel sei mein Dach,
der Sterne Glanz mein Segen,
während dieser Nacht
soll all mein Bestreben –
ruhen still und sanft.

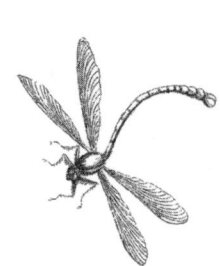

Des Morgens, wenn ich weiterzieh',
der Sonne Strahlen wärmen,
lass ich Gedankenkreise ziehen
und blicke in die Ferne.

Steck' mir ein Blümlein in mein Haar
Und singe frohe Weisen,
tanze barfuß Schritt für Schritt,
wie schön es ist, zu reisen.

ANNA BURCHARD

Von Kaliforniens Ufern den Blick
gewandt gen Westen

Von Kaliforniens Ufern den Blick gewandt
gen Westen,
forschte ich, unermüdlich, suchte, was noch
unentdeckt,
ich, ein Kind, uralt, über Wogen blickend in die Ferne, zum Haus der Geburt, Land der Wanderungen,
blickend von den Ufern meines Westmeers,
der Kreis ist fast geschlossen;
denn westwärts brach ich auf von Hindustan,
von den Tälern Kaschmirs,
von Asien, vom Norden, von Gott, vom Weisen
und vom Heros,
vom Süden, von blumenreichen Halbinseln und
von Gewürzinseln,
lange bin ich gewandert seitdem, gewandert bin
ich um die Erde rund,
nun wende ich mich der Heimat wieder zu,
hochzufrieden und froh.
(Wo aber befindet sich das, weshalb ich aufbrach
vor so langer Zeit?
Und warum ist es unentdeckt noch immer?)

WALT WHITMAN, CHILDREN OF ADAM/KINDER
ADAMS, ÜBERSETZT VON KAI GREHN

Das Leben wird vorwärts gelebt und rückwärts verstanden.
(Sören Kierkegaard)

DANKE SAGEN

Nach einer geistigen Befruchtung schon vor Jahren nahmen sich die Inspiratoren der Milchstraße, wie ich sie immer nenne, für dieses Buch, eines meiner Herzensanliegen, eine besonders intensive Reifezeit. Mein angeborenes hohes Energiepotenzial ließ mich in den letzten neun Monaten, trotz aufwühlender Lebenskonstellation, immer wieder blindlings an meinem Schreibtisch Platz nehmen, um mich vertrauensvoll dem Tastenfeld meines Laptops hinzugeben. Nach Salomons Plan ist es jetzt, zu meiner großen Freude, aber auch der des Verlages, an der Zeit. Noch zwei Mal tief atmen, und das sehnlichst erwartete Langzeitbuchbaby darf das Licht der Welt erblicken.

Hier mein Dankeschön an die fürsorgliche Hege, mentale Unterstützung und Geburtshilfe meiner Familienmitglieder, Freunde, Berufskollegen und dem motivierten Superteam des Verlagshauses nymphenburger: Frau Brigitte Fleissner-Mikorey, Verlegerin; Frau Sabine Jaenicke, Ex-nymphenburger-Programmleitung; Frau Tanja Frei, Lektorat; Frau Christine Gerstacker, Lektorin; Frau Susanne Schmutterer, Presse; Frau Sissi Klauser, Vertriebsleitung; Frau Helga

Schreiber, Buchhaltung i. R.; Frau Marlene Ehard und Frau Lydia Martin, Sekretariat; Herr Wolfgang Heinzel, Artdirector; Frau Ina Hesse, Herstellung; Frau Rosa Fischli, Empfang; Herr Anton Jakimik, Koordination; und all die guten Geister des Verlags für die jahrelange hochmotivierte und professionelle Zusammenarbeit.

Meiner Tochter Daniela, Schwiegersohn Carmelo mit Familie Granata, Sizilien, Enkelin Alina, Schwester Renate und Hans, Fritz und Maja mit Familie, Tante Rosa und Familie Meyhöfer für jahrelangen Zuspruch und liebevolle Zuwendung, Hilde und Balthasar, Carola und Robert, Georg und Gabi für Fürsorge und liebevolle Nachbarschaft.

Meinen Freunden für Ermutigung und Vertrauen, Monika B. und Günther, Monika V., Franz und Gitti, Anni und Alfred, Andi, Petra, Otto, Kai, Rena, Angelika F., Michael, Alexandra und Lola, Elisabeth und Bernd, Klaus und Siegi, Andrea und Holger, Rolf A. und Herrmann, Bobsi und Lilly, Bettina M., Cornelia B., Veronique W., Alvin, Michi und Chris, Thomas K. und Peter, Josef und Daniel, Siegfried und Roy, Wigbert und Wicker, Percy und Eleonore A., Rolfito, Kai G., Dankwart B., Christian Reinisch/Carpe Artem, Olivia Reineke Agentur, Doris Galerie Thoma, Carmen Galerie Pratschke, Dimitri, Jani und Jorgo – Team Aquamarin München, Team »Meins« Bauer Media Group. Meinen Freunden und Künstlerkollegen Vivian Baer, Anna Burchard, Josef Brustmann, Andi Arnold, Ralf Glenk, Martin Ernst, Michaela Dietl, Lenn Kudjrawitzki, Michael Schmölzl, Sandrina Sedona, Daniela Nienhaus, Bruno Hetzendorfer und Michael Douglas für Freundschaft und kreative Kooperation.

Meinen Tieren Berlioz, Radschi † Husky † und Kiki †, Amir und Cäsar für ihre Liebe und Seelenenergie.

300

Meiner Apotheke Gottes für Herz und Nervenkraft Frauenmantel, Rosmarin, Schachtelhalm, Spitzwegerich, Minze, Passionsblume, Lavendel, Weidenrinde, Kalzium, Selen, Magnesiumsulfat, Natriumbicarbonat, Vitamin B 12, Augentrost und Schwedenbitter.

FLORI LEGIUM

Mein Abschiedspräsent für Wiedersehen, Wiederschauen, Wiederlesen:

Mariannes Marmelada Tropica

Ergibt ca. 5 Gläser

450 g Mango
450 g Maracuja
450 g Aprikosen
Saft von 3 Orangen
Saft von 1 Zitrone
1 Orangenschale gerieben
1 TL Zimtblüte
3 Sternanis
1 Stange Vanille ausgekratzt
500 g Gelierzucker 3:1
1 Packung Zitronensäure
2 TL Williamsbirne

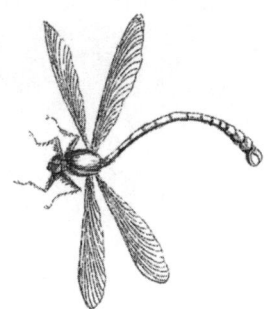

Zimt und Anis mörsern, den Vanilleextrakt hinzugeben. Zusammen mit dem Saft von 1 Orange in eine Tasse geben und ca. 1 Stunde wirken lassen. Danach durch ein Sieb streichen. Dann die Früchte klein schneiden, in ein Topf geben, den restlichen Orangensaft und Zitronensaft dazugeben. Die Essenz aus der Tasse durch ein Sieb streichen und ebenfalls hinzufügen, dann kommen Gelierzucker und Säure dazu. Das Verhältnis von Frucht zu Zucker sollte 3:1 sein, notfalls Orangensaft ergänzen. Alles aufkochen und abkühlen lassen.

Die Einmachgläser heiß ausspülen, die Marmelade einfüllen und nach Geschmack bei zwei Gläsern 1 TL Williamsbirne dazu. Aber bitte nur für die Erwachsenen – Gläser am besten markieren!

Quellen

Folgende Quellen (ohne Anspruch auf Vollständigkeit) haben mir große Dienste geleistet:

Maria Sibylla Merian, Das Insektenbuch. Metamorphosis Insectorium Surinamensium, Reprint 1992.

Maria Sibylla Merian, Neues Blumenbuch, Reprint 2003.

Sowie die Briefe von Maria Sibylla Merian, zu finden in der Universitätsbibliothek Erlangen.

C. F. A. Bruijning, Surinam, 1957.

Ortrud Grön, Ich habe einen Traum, München 2009.

Alexander von Humboldt, Vom Orinoko zum Amazonas. Reise in die Äquinoktial-Gegenden des neuen Kontinents, Wiesbaden 1956.

Helmut Kaiser, Maria Sibylla Merian, München 1999.

Charlotte Kerner, Seidenraupe, Dschungelblüte. Die Lebensgeschichte der Maria Sibylla Merian, 1998.

Jean Liedloff, Auf der Suche nach dem verlorenen Glück, München 2013.

Olga Pohlmann, Maria Sibylla Merian, Frankfurt 1955.

Friedrich Schnack, Maria Sibylla Merian. Die Reise nach Surinam 1699, 1956.

Nathalie Zemon Davis, Metamorphosen. Maria Sibylla Merian/ Elisabeth Rücker, Maria Sibylla Merian, Unternehmerin und Verlegerin/ Sam Segal, Maria Sibylla Merian als Blumenmalerin. In: Kurt Wettengl, Maria Sibylla Merian, Künstlerin und Naturforscherin, Katalog, 2013.

Bild- und Textnachweis

S. 164: shutterstock; 176, 191: Ullsteinbild; 187: Peter Iovino; 292 oben und unten: Günther Siegert; 298: Photo- und Presseagentur GmbH Focus.
Alle anderen Abbildungen entstammen dem Privatarchiv von Marianne Sägebrecht.

Die Übung mit der Spirale von S. 90 stammt aus: Jeanne Ruland, Feen, Elfen, Gnome. Das große Buch der Naturgeister. © 2010 Schirner-Verlag, S. 271–273. Mit freundlicher Genehmigung.

Die Illustrationen entstammen den Werken von Maria Sibylla Merian.

Träumerisch, tiefsinnig, humorvoll:
Bücher von Marianne Sägebrecht

Eine Reise in die Welt der
Kräuter mit Marianne Säge-
brechts besten Überlebens-
suppen-Rezepten.
ISBN 978-3-485-01398-7

Marianne Sägebrecht
schwört: Die dritte Lebens-
phase kann Spaß, Glück
und Erfüllung bringen!
ISBN 978-3-485-01372-7

Mehr als eine Autobio-
grafie: ihre Botschaft, ihr
Lebenstraum und ihre
Vision.
ISBN 978-3-7844-3086-7

Geschichten und Gedanken,
Rezepte und Meditations-
bilder von der beliebten
Schauspielerin.
ISBN 978-3-485-01372-7